DESIGN BEYOND FOOD

食物設計

——台灣第一本「食物設計」實戰聖經——

UOVO Food Design Studio

詹慧珍、黃若潔

——著——

Part 1 食物設計是什麼

—第一章—

食物設計八個大哉問

—第二章—

無所不在：生活中的食物設計

DESIGN BEYOND FOOD

導論

一窺餐盤內外的世界

「爲什麼要談食物設計」是本書的第一個提問，也是最核心的問題，這個問題可作爲人類歷史發展千年以來，在飲食行爲演進紀錄的一個探討追蹤，也是對人類因應氣候環境問題，在飲食行爲改變和食物系統創新取得成果的充分肯定。要回答這個問題，我們先聚焦「食物與人」微觀的角度切入思考，接著從「食物與社會」、「食物與環境」宏觀的角度回應。

我們希望透過國內外案例與開放式問題提供線索與入口，案例來自食物設計師、獨立工作室、餐飲產業、食品業者、研究生及個人實驗性的展演或作品；扣緊議題式的食物設計思考（Critical Food Design Thinking）脈絡，邀請大家開始培養「審視」的習慣，練習反覆叩問自身與食物、與社會、與環境的關係。畢竟食物設計的本質就是透過「食」的設計思考，讓你發現問題、尋找答案，一窺餐盤內外的世界，當你參與其中時，便能一起塑造食物的現在和未來。別忘了，You are what you eat。

食物與人

「如果一個人沒有好好地吃，他必不能周全思考、好好去愛、安然的入夢。」

——維吉尼亞．吳爾芙，英國作家

在人類歷史上，「食物」不僅扮演著人類生存不可或缺的角色，更在與自己生活的連結之外，承載著人類不同民族所代表的文化底蘊，是一個不用任何言語，就能輕易傳遞不同族群、不同國家之風俗習慣、階級、制度、思維、儀式等人類活動總和的載體，所以食物牽涉的議題又多又廣，擁有強大的社會功能性。再者，當代人們追求的，不再是藉著食物滿足生理溫飽的原始價值，而是透過對食物的反思與想像，解放自己不受制於價格與速度的迷思，期望能從食物滿足個人的感官刺激、情感寄託、文化傳承、藝術創造等附加價值，此時，食物就不再只是食物，而是可以被感官、感覺、感知，情境化、儀式化、表演化的物件。當食物成爲可以被賦予更多訊息的載體時，我們又會如何以食物爲媒介表達概念、解決問題、創造體驗？

——找回與食物的緊密感

人們在生活中，每天都在選擇，選擇是經由人的自由意志比對下產出的結果。我們選擇每天外出時該穿什麼衣服，代表當天的心情，或者代表當下的心理狀態、對社會議題的訴求等等。《食物與人——Daily Food Outfit》的計畫便是這般實驗：我們大膽假設「如果有一天，你可以選擇食物做爲你的外衣，你會選擇什麼食物？」，募集五十三位自告奮勇來當模特兒的素人，請他們帶著與自己最切身相關的食物，裸身拍下他與食物之間最珍貴的故事，包括自身回憶、成長經歷等，將飲食記憶透過視覺圖像的分享，傳遞食物與人關係的情感與想像。攝影記錄的過程當中，我們發現，人對自己所選擇的食物反映出當下的心理狀態。根據這些狀態，衍生下列四個概念：「記憶_memoir」、「分享_sharing」、「讚頌_joy」、「實驗_experiment」，我們將展區設計成試衣間，邀請民眾進入這四個不同的食物旅程，引領大家思考自己與食物、食物與人的關係，也作爲對自己身體的審視和紀錄。

《食物與人——Daily Food Outfit》是一個充滿反思、體驗、誘惑、藝術和想像的計畫，做爲引領大家探索食物設計的引子，也是每個人可以在生活中練習的小實驗。目的是想讓你知道，食物設計最重要的核心命題就是處理「食物與人」的關係。

《食物與人——Food Daily Outfit》展場。計畫團隊：食物設計師詹慧珍，自由圖文工作者蔡佩玲，台灣裔自由攝影師Ester Ch。圖源｜作者提供

——食物與人可以多親近？

英國倫敦一間透過連結「食物與人」創造循環經濟的社會企業 Company Drinks，爲解決城鄉人口不均、年輕人外移、社區傳統採摘產業式微的問題，設計開發出以當地社區居民傳統產業「採摘蛇麻草」（Humulus lupulus，可用於加工啤酒）的「集體記憶」爲原料製成的各式飲品。居民可以參與整個飲料製作的生產系統，包括種植、採摘、釀造、裝瓶、分銷、銷售、投資等，每一個環節產出的活動與行爲都成爲產品的設計元素，呼籲人們認識原料、採購眞食材做飲料，創造出的商業模式也成功連結當地社區人與人之間的情誼和交流，重新塑造社區新型態的生活方式，並且提升當地居民的身分認同感，找回年輕人對自己家鄉的情感連結。

台灣藝術家張碩尹，則透過跨領域合作，與韓國巫師Bujeokchongtong[1]打造一個生產祭祀用米酒（Makgeollii）[2]的機器／裝置／寺廟，利用微生物技術，藝術家採集巫師身體中的細菌，培養菌群，並以巫教的祭壇用米發酵，最終產品是由巫師的微生物菌群所特製的米酒，透過米酒探索食物、藝術、科學和人類精神性之間的關係。

Company Drinks 的飲品承載著當地社區居民的集體記憶。圖源｜Company Drinks官網

想一想，

食物之於你的關係或意義到底是什麼？

綜合上述案例，從食物與人的觀點來看，食物設

1｜在韓國，朝鮮巫教爲世俗界和精神世界的橋樑；巫師（韓語「巫堂」）常被視爲擁有特殊能力的個體，能夠與自然靈界、祖先或神明交流，並在社會上扮演先知、醫生乃至心理治療師的角色。透過韓語稱爲「巫教」（mashin）的儀式，巫師的靈魂不需要漂流至遙遠的靈界，相反地，神靈會進入巫師體內，經由這樣的過程，巫師便成爲神明。

2｜韓國米酒馬格利，又稱農酒，是朝鮮半島一種用米發酵製成的濁米酒。馬格利酒精含量6～8%，帶有甜味。在梨花盛開季節生產的馬格利，加有梨花的味道，因此稱爲「梨花酒」。韓國人一般在吃綠豆餅或蔥餅時配以馬格利米酒。

計談的不只是食物本身，還有更多背後看似不相關的概念或實驗，但這些「不相關的」、「看不見的」往往超越了生理層次，反倒讓你我用不同的觀點看見食物本質的意義，探究食物與人的關係，也能從中發現哲學、文化人類學的樣貌，這也是爲什麼我們要談食物設計的重要性之一。

我們希望讓你知道，食物設計不單只是關注盤子內食物與人的飲食行爲，也包含盤子外任何心理性、知識性、精神性、社會性、批判性、實驗性、推測性、永續性等舉凡能增進我們與食物之間的行爲與活動，橫跨感官、經濟、心理、空間、包裝、科技、環境、系統、藝術、教育等不同面向，皆爲食物設計的範疇。

食物與社會

「設計師總是為人類製造東西，提供人類開的汽車、穿的衣服……但人們真正比其他任何東西都還需要的，其實是『食物』。」——**瑪萊雅・弗赫桑（Marije Vogelzang），荷蘭食物設計師**

飲食是人類共同的社會行爲與感官經驗，每年上千次的食物經驗，透過採集、烹調、切割、食用相互影響的過程，「吃」成爲最重要的「儀式」，也是最重要的社會活動，吃和行爲、階級、文學、教育、政策、性別等社會面向脫離不了關係，這也是越來越多人開始關注食物設計的原因之一。

——以食物爲設計溝通的媒材

荷蘭著名的恩荷芬設計學院（Design Academy Eindhoven，簡稱DAE）的食物設計系所Food Non Food的創立者瑪萊雅・弗赫桑（Marije Vogelzang），擅長將食物當作設計溝通的媒材，探討人與社會的關係，其作品《吃大便》（Eat Shit）從「吃」及「大便」的本質，去探討現今社會從文化、醫療、禁忌、都市化、廢棄、營養、能量所延伸的各種議題。她的另一個著名代表作《SHARING DINNER》，這一場「聖誕晚餐」將桌布吊在天花板，藉用餐者只露出自己的臉以及手來食用這一頓大餐，藉以除去代表身分地位與階級的衣著和配件，每個人的餐盤上只有料理的一部分，必須透過分享，才能吃到一份完整的餐食，透過她的詮釋，重新回應了聖誕節團聚、分享的意義。

二〇一三年在耶路撒冷舉辦的設計週，設計師歐默・波拉克（Omer Polak）、米哈爾・艾維塔（Michal Eyyatar）和廚師艾雷茲・科馬羅夫斯基（Erez Komarovsky），共同設計以耶路撒冷的代表食物「麵包」來承載猶太文化意涵，作品名為《Blow Dough》（吹麵團）。設計師歐默・波拉克說：「我們想要做一個具有強烈文化意涵的作品，在猶太地區與整個中東地區最常見也最受歡迎的食物就是麵包了，例如皮塔麵包（pita bread）、貝果、各式小麵包等，因此我們決定選擇最簡單的原物料，將麵粉和水以「再設計」的方式來呈現作品。」過去皮塔麵包大多被拿來裝其他食物，例如沙拉、肉等，但歐默・波拉克把焦點直接放在皮塔麵包本身。

這場互動性的實驗，你會看到一個個參與實驗的民眾穿著一致的工作服，戴上工業用耳機和手套，他們在麵團內混入彩色的天然香料和蔬菜汁，並放置在一張張特製的桌面上。桌底下安放了一台台原用來吹玻璃的工業用吹風機，每台能達到六百度的溫度。「實驗員」們在吹風過程中加入的香料也同時在麵團中四散，讓香味更能包裹著麵包的每一寸「肌膚」。

荷蘭食物設計師瑪萊雅・弗赫桑的《SHARING DINNER》回應聖誕節分享、團聚的意義。
圖源｜Marije Vogelzang官網

當機器啟動後，一個個麵團就會瞬間膨脹，轉眼間變身成一個個熱騰騰、糖果色的氣球麵包。這場神聖的食物實驗，引領你走進中東地區的感官饗宴。

食物設計，創造每個人皆可享有、討論、參與的體驗！

《Blow Dough》的設計以「麵包」來承載猶太文化意涵。
圖源｜https://www.omerpolak.com/blow-dough

人類是自然界中唯一不僅覓食，而是經過「改變自然物」才食用消化的生物。世上所有動物看到食物的反應，都是直覺地立刻吞食，只有人類懂得烹飪的意義：在按捺食慾的烹煮等待後，才能享受熟食的美味。這般忍耐來自於對美食的「想像力」，而這份想像力與創造慾，與製作藝術、發展語言等創造力的特點都相似，可以說飲食本能之於創造力，就像食物之於設計，所以烹飪與選擇食物，就像是「每個人」每天都能體驗的「創作過程」，而一日三餐的進食活動，也是不斷享受感官體驗的「美好儀式」。

既然食物是每個人每天都能體驗的創作過程，食物設計的重要性便在於並非具有一定專業知識和經濟能力的人才能討論、參與、享有，反而是更開放、包容、民主，得以讓每個人都有機會直接或間接以食物爲載體進行對話交流、思考創作、解決問題。如同旨在鼓勵永續和創新食物設計的「未來食物設計獎」（Future Food Design Awards，FFDA）[3]，來自任何國家、任何教育背景、任何領域的設計師都可以參加——因爲食物設計不一定是設計可以吃下肚的，非

3｜「未來食物設計獎」是世界第一個以食物設計爲評選主體的獎項，目的是鼓勵永續食物議題中具創新、突破性思維的設計。

UOVO於《FUTURE: FUTURE｜Panasonic創業100週年紀念展》的作品提出對未來食物的想像。攝影｜詹慧珍

食物的創作與展演，皆可是食物設計的範疇。

食物與環境

「積極呼應聯合國的永續發展目標SDGs，結合食物設計提出問題，對不同飲食系統的轉變與現象，進行想像式的洞悉與探討。」——UOVO Food Design Studio

人們爲了能在二〇五〇年餵飽一百億人口，開始投入更多科技發展與生物技術以生產更多食物，重新塑造我們的食物系統；但飲食文化的消失、生物多樣性的消失，會不會也將改變我們的生活方式？人與土地、人與食物的連結，是否能讓我們更能適應及因應未來食物系統創新的挑戰？

科技非萬能，要餵飽一百億人口，同時顧及生態環境及不要造成過度的食物浪費，食物設計便是一種工具，以回應當代人類社會面臨的處境。事實上，食物設計的興起，跟世界近年所面臨的各種氣候變遷與生態環境問題息息相關。人口暴增、氣候變遷、資源枯竭三面夾攻，面對未來飲食結構劇變，增加生產、減少浪費等問題已無法透過單一專業去解決，食物設計透過跨領域跨產業的不同專家與設計師，共同創造新的系統與實驗，喚醒大眾對生態環境、食物議題之關注。

——探索未來食物永續性

在美國，由華盛頓州立大學在一九九七年開始培育，花費二十年培育出沒有基因改造、能將保鮮期延長至一年的「宇宙脆」（Comsic Crisp）蘋果，可以看見在「食物科技」的運用下，如何解決食物浪費的創意。宇宙脆蘋果的開發，除了是以解決食物浪費爲目的，也是因爲華盛頓蘋果種植者致力於落實永續農業，以最大程度減少對環境的影響，確保子孫後代的果園保有可持續性。

得到「未來食物設計獎」的墨西哥工業設計師費南多・拉波斯（Fernando Laposse）創作的Totomoxtle系列裝飾藝術，由通常被當成廢物的玉

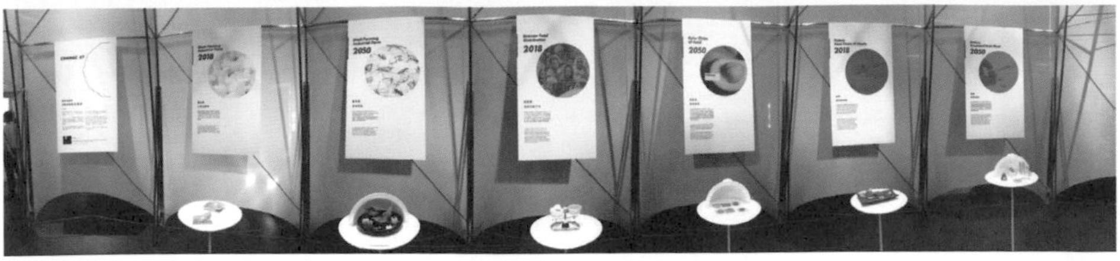

米殼製成，結合產品設計和食物工藝，引起人們對墨西哥原生種玉米的重視，針對跨國貿易對農民的衝擊、工業化生產威脅本土品種和傳統農耕方法、基改玉米令墨西哥本土玉米品種多樣性銳減等處境，提出對整個食物系統之飲食思維、消費模式和政治問題的思辨。

二〇一八年，我們受邀加入《FUTURE: FUTURE｜Panasonic創業一百週年紀念展》的設計團隊之一，面對現今與未來的糧食危機，結合「食物設計」，對盤中飧衍生的環境汙染、食物浪費進行反思，並透過科技對糧食供應及生產方式所造成的影響，端出二〇一八年到二〇五〇年的神祕菜色，探討不同飲食系統的現象與轉變，進而對未來食物提出想像。

隔年，我們延續對食物與環境的關注，在高雄駁二藝術特區展出一個限量供應的食物實驗計畫《碰碰碰！餐桌上的小行星》。幽暗空間中的圓桌轉盤上漂浮著九顆透明行星，分別代表九種地球上的資源，海洋、陽光、空氣、水、花、森林、土壤、石油及生物多樣性，星球內盛裝著不同口味的限量琥珀糖供民眾取食，在糖果被取用的同時意味著地球資源的消耗，這個被食用殆盡的象徵過程全被記錄下來，星球內最終將只剩下一句對寶貴資源深深懷念及感嘆的話語，藉以共同反省人類對地球的蠶食。

食物設計，可以是幫助人類推測未來飲食系統的工具！

UOVO的《碰碰碰！餐桌上的小行星》反省人類對地球的蠶食。攝影｜詹慧珍

氣候變化是人類此刻正面臨的巨大威脅，我們若想確保人類的生存，食物設計工作者在這波浪潮中應扮演更積極的角色，思考如何以食物議題爲概念，構思「科技」與「設計」取得平衡的創新解決方案，應對快速的氣候變遷、空氣汙染、塑膠微粒、海洋永續、食安等課題。在食物系統的產銷與分配環節上，包括土地使用、用水和汙染、動物飼養、食品加工（烹飪、產品保存等）、食品分銷零售、包裝材料、運輸、廢棄物等，又該如何透過「再設計」，協助繪製和反思人類未來餐桌上的食物場景，進一步提出具有功能性、永續性的創新解決方案，這些都是食物設計的未來顯學。

從食物與環境的觀點來看，我們相信氣候變遷與糧食危機正在逐步影響二〇五〇年人類的飲食型態，科技的進步能改變糧食供應與生產方式，並爲人類社會帶來無限且具有創意的機會，但我們要的是糧食生產的多元化，不論物種、植物、昆蟲都是，以及飲食多元化、經濟和決策的多元化，並且能夠從食物與人、食物與社會、食物與環境三個層面思考，以開放民主的方式參與塑造食物系統。

正是如此，食物設計的重要性在於讓食物系統以有意義的方式融入人類的生活，重新跟食物連結，建立永續的糧食生產體系。從食物的現在到未來的展望，我們期待將會有更多食物設計師端出二〇五〇年的神祕菜色，也許是你願意嘗試的，也許是你完全意想不到的，我們邀請你一同窺視其中的奧妙，帶給你未來食物的想像，以及現有糧食議題的反思。

上路吧！

和我們一起展開食物設計的旅程！

Part 1

食物設計是什麼

食物與設計，是生活中日常不過的兩件事，但合在一起的「食物設計」究竟是什麼？而眞實應用於生活產業或設計創作中的食物設計又是如何？我們先整理出八個食物設計大哉問，梳理食物設計的輪廓與概念；接著於食物設計六大領域，選錄國內外食物設計案例，案例來自食物設計師、獨立工作室、餐飲產業、食品業者、研究生及個人實驗性的展演或作品，期望可以爲台灣餐飲產業、品牌行銷從業人員、食品開發產業、設計相關產業與消費者端，注入全新視野與嶄新思考模式。

Chapter 1 食物設計八個大哉問

Q1 食物設計是「經過設計的食物」，還是「使用食物傳達設計想法」？

簡單來說，食物設計就是直接或間接的以食物為載體，對食物進行「創新」的想法，優化「餐盤以外一切事物」以及對「飲食活動」的革新。食物設計的概念十分廣泛，涉及飲食行為的一切設計規劃，以傳遞有意義的、可供記憶的、具刺激性的多重感官體驗，獲得更多戲劇、記憶、情感、故事等有關的體驗元素，甚至還包含：協助訊息的傳遞以及議題的討論。

「食物設計」先驅——馬蒂．吉塞（Martí Guixé）：

事實上，食物設計的歷史追溯至今已有千年，千年以來人類都是透過演練食物的語言、思想、符號，構成食物與人、食物與環境、食物與社會的關係，設計出一系列我們現在看來習以為常的飲食方式或產品。然而，「食物設計」（Food Design）一詞最早是在一九九七年於歐洲萌芽，其正式成為設計領域的濫觴，緣於西班牙知名鞋類品牌 Camper 的形象設計師馬蒂．吉塞（Martí Guixé），對二十世紀任何產品皆以工業化生產的方式有所質疑與不滿，因而開始透過

「設計」，引領人們反思現今快速生產、即時消費文化的現象。

「食物設計」便是馬蒂・吉塞於一九九七年首創的一種視覺化手段與革命，藉以批判食物生產工業化並挑戰傳統食物消費系統。他發現工業設計的觸角可以延伸到食品設計的可能性，認爲食物也是「物件」的一種，食物設計和其他設計一樣，都是一段設計與思考的過程，食物只是所選的材料之一而已。故從一九九七年開始發起一連串「設計食物」的行動，漸漸引領食物設計成爲一門學科與風潮。

——食物設計進入學校教育體系

之後，陸續有設計師選擇以「食物」當作設計的媒材，這群設計師來自不同產業和領域，有工業設計背景，也有當代建築大師。二〇一五年，米蘭工業設計學院（Scuola Politecnica di Design，SPD）成立第一個食物設計碩士課程；同年，米蘭承辦的世界博覽會也不約而同選擇以「糧食／食物」做爲設計創作的題材，以「滋養地球，生命的能源」（Feeding the Planet, Energy for Life）爲主題，探討全球環境日益惡化情況下，如何確保糧食生產、維護食品安全等持續性問題。設計主軸包括七個面向：食品安全、農產品供應鏈的創新、農業與生物多樣性、食物教育、食品產業串聯與合作、世界各地文化與族群的食品、滿足更佳生活品質的食品。

從此，「食物設計」這個原本陌生的領域，漸漸受到歐洲各知名設計師的重視與投入，而食物設計的浪潮也從西方歐洲逐步往東方亞洲前進，台灣、日本、香港、中國不乏設計師和業者透過「食物」的設計，讓設計更接近一般群眾，亦或透過「食物」的設計打造新穎的五感體驗，讓人們關注食物相關議題。中國華東師範大學與光明食品集團共同創建中國第一所也是全球規模最大的食物設計學院，課程結合教育知識與商業實作，打造完整的食物設計教學與商業應用。華東師範大學更於二〇一九年舉辦第一屆食品設計國際論壇，世界各地與食物設計相關的設計師、機構代表、學校老師、學者等齊聚於此，共同思考食物設計

1｜資料參考「食物設計與科技藝術的二次跨域」一文，引自https://artouch.com/art-views/review/content-12424.html。
2｜Francesca Zampollo 是第一位系統性勾勒出食物設計之系統脈絡的人，將食物設計做一個比較詳細的分類，包含食物設計子學科及其間相互影響的關係。
3｜引用自Franceca Zampollo文章，〈Welcome to Food Design〉, Editorial Published in International Journal of Food Design, 2015, Volume 1, Number 1, p.3-9。

的現狀以及未來發展的走向。[1]

台灣自二〇一八年起，國立高雄餐旅大學、東海大學、台北醫學大學等大專院校或國高中陸續導入開設食物設計課程，只是目前產出的討論與交流規模較小，且偏向實驗通識性質，沒有像歐美有完整的食物設計教育知識系統與交流平台。然而，我們樂見食物設計走進正規教育體系，走進校園的教材課程。未來我們期待食物設計能結合跨學科的理論基礎，如美學、心理學、美食物理學（gastrophysics）、行銷學、設計學和行爲經濟學等，每一項學科都能在課堂中進行對話。如同哈佛熱門通識課「科學與料理」（Science and Cooking），讓學生親身體驗每天吃的食物與講堂上學到的物理、化學知識間的連結。畢竟「食物」是一個有趣的設計題材，也是所有人都熟悉、容易獲得的實驗題材，在課堂上從小設計到大設計，我們都能透過「食物設計」發掘食物系統背後的問題，打敲食物從不同面向的體驗，進而在不同領域衝撞出創新的火花。

——從關鍵字認識食物設計

究竟食物設計是什麼，至今尚未有明確統一的論述，業界對於食物設計亦未有公訂統一的名詞定義，要定義食物設計是非常大的挑戰，也不是本書討論的重點和核心任務。畢竟食物設計包含跨領域、跨產業、跨學科的知識與專業，各界對於食物設計的定義都持不同的看法與觀點。

義大利食物設計學者兼「國際食物設計學會」（The International Food Design Society）發起人法蘭雀絲卡・尙博羅（Francesca Zampollo）[2]，曾在二〇一五年針對教育學者、設計師及廚師等各界專家對於「食物設計」的觀點，利用Google趨勢分析工具找出二〇〇四年以來「Food Design」關鍵字歷年搜尋趨勢，製作出食物設計關鍵字雲[3]。從這張圖可以看到全世界對食物設計的討論和觀點，主要圍繞在「體驗」（experience）、「飲食」（eat）、「烹飪」（cook）、「消費」（consume）、「新方式」（new way）、系統（system）、活動（activity）。

食物設計關鍵字雲。圖源｜UOVO

食物設計的目的，是挖掘那些還在沉睡的現象或觀點，並讓世人看到它。雖然食物設計已經被提出討論超過二十年了，但它的發展才剛起步。至今有許多人對食物設計的概念仍停留在料理本身，但食物設計的產出不一定是料理，它可以是一場體驗、一套系統、一種商模；更多方法學、系統思考的運用，更多對生態、環境還有對人性與科技議題的探討，將伴隨越來越多實際應用與創作表達的可能。

Q2 食物擺盤、食物雕刻是食物設計嗎？

把蘋果雕刻成一朵嬌艷欲滴的玫瑰花，把飯糰捏成一隻討喜又萌到不行的可愛動物，把便當或蛋糕變得跟藝術品般讓人捨不得吃，這就是現今國內外不論廚師或料理素人，透過巧奪天工的技法、精緻的擺盤、栩栩如生的創意造型與巧思，讓食物料理得美味之外，也要看起來更色香味俱全，創造出有視覺魅力的「食物藝術」（Food Art）。

——區分食物藝術、食物造型、食物設計

一般人常把「食物藝術」與現今設計產業界蔚爲風潮的「食物設計」（Food Design）混爲一談，但「食物設計」是呈現食物背後的設計思考與創新方法，現場吃到的不只是一道道佳肴，而是透過食物模型、色彩計畫、餐具食器、實驗推測、戲劇故事、科學知識等方式與符碼，演繹概念發展的過程；可以包含烹飪知識、美食學、在地文化的推廣，目的可以是傳遞資訊概念、喚醒大眾關注議題或優化解決問題。

例如二〇一九年倫敦馬拉松賽事現場，參賽跑者在中繼休息站拿到的不是瓶裝水，而是一顆透明「水球膠囊」，這個環保創意也隨著報導、記錄的畫面傳播出去。整顆膠囊就是可以「吃」的水，跑者一口吞下，不留任何塑膠瓶垃圾，此舉讓該場賽事減少了二十萬個塑膠瓶的使用。這種膠囊包裝叫做「Ooho」，由一家永續包裝新創公司Notpla開發。他們希望製造出平價、永續且耐用的產品，利用分子食物（molecular gastronomy）的技術來製造這款包裝，並稱這樣的材質爲Notpla，其主要原料是海藻，他們自海中擷取後，透過去色、除味等製程，生產出輕薄可食的薄膜，做成塑膠包裝的替代品。因爲本身就可食用，因此除了應用在賽事，還用於其他食用包裝，例如餐廳可用此膠囊裝醬料，蘇格蘭威士忌品牌格蘭利威（Glenlivet）也推出如糖果般誘人的「雞尾酒膠囊」。

2019年倫敦馬拉松賽提供水球膠囊Ooho以取代瓶裝水。圖源｜Notpla官網

Notpla材質應用於食用包裝，做成「雞尾酒膠囊」。圖源｜Notpla官網

關於「食物造型」(Food Style)，影劇中不乏這類需求，但過去因爲食物在影劇中都偏配角功能，只是輔助劇本、幫助演員入戲的工具，除非有特寫鏡頭，不然通常比不上廣告、平面攝影來的講究。不過因爲演員必須隨劇情吃下肚的考量，食物造型師和食物設計師相同之處是需通曉一些廚藝和營養學。

以上三個不同概念的延伸下，簡單來說，食物藝術家(Food Artist)側重探討食物創作的藝術可能性，食物設計師比較著重在傳遞資訊、創造體驗、解決問題，而食物造型師的任務是讓食物拍得漂亮也吃得出美味。就我們的觀點來說，食物設計可「廣義」解釋爲「在食慾滿足的前提下帶入更多的便利、美味或愉悅的飲食體驗」，故之於食物造型和食物藝術兩者「廣義可以是，狹義可以不是」，因爲就算透過美感的擺盤，達到餐廳氣氛提昇，進而增加銷量營業額，廣義來說算是食物設計的一種呈現方式，但卻是「溝通質」偏低的食物設計。

Q3 分子料理是食物設計嗎？

精緻料理（Fine Dining）、創意料理、無國界料理、分子料理、蔬食料理等，皆是歷年國內餐廳主打的概念。其中，風靡全球的「分子料理」算是大家耳熟能詳且概念上最接近食物設計的應用。究竟分子料理和食物設計的關聯性是什麼？

分子料理（Molecular gastronomy）是全球風頭正勁的廚藝概念，最早由法國物理化學家艾維・提斯（Hervé This）和匈牙利物理學家尼古拉斯・庫爾特（Nicholas Kurti）於一九八八年提出。根據維基百科的定義，分子料理又稱「分子美食」、「分子食物」，也被人們稱爲「未來食物」、「人造美食」。因爲分子料理是把可食用的原料或成分進行組合，解構分子再重組，故能從分子的角度製造出無限多的食物，不再受地理、氣候、產量等因素的侷限。

——跨領域的創作性實驗

以獨特分子料理手法在英國美食界獨領風騷，一手創造米其林三星肥鴨餐廳（The Fat Duck）的英國廚神赫斯頓・布魯門索（Heston Blumenthal）就是最佳案例。二〇一四年若你常看每週六晚上七點在TLC旅遊生活頻道播出的《魔幻大廚赫斯頓》，相信你對這位狂熱於分子料理、有著天才型主廚稱號的赫斯頓不陌生。身爲早餐控和一天不能沒有蛋的UOVO團隊，印象最深刻的是赫斯頓做了一份早餐，有一顆世上最大的水煮蛋與超大規模的穀片；還有一集是下午茶時間赫斯頓用巨大的三角立體茶包，沖泡出超大的一壺茶，每一集都讓還是學生時期的我們看得瞠目結舌、嘖嘖稱奇並深深著迷，顛覆了我們對食物的想像。

名列全球前三大天才型主廚、永遠走在廚藝最前端的傳奇名廚赫斯頓，以大膽前衛的分子廚藝以及「多感官用餐體驗」（Multi-sensory Dining）聞名，他以科學知識做爲料理基礎並結合分子料理的技術，

4｜英國廚神赫斯頓・布魯門索（Heston Blumenthal）著有《廚神的盛宴：絕世鬼才赫斯頓的28道傳奇料理》一書，完整公開他二十八道精心淬煉的招牌名菜從構思到實踐的研發過程，可以看到他如何深入鑽研每一份古菜譜，並以此為靈感，開創出自己的食譜。

在料理中融入他人與自身回憶的連結。在探索英國料理的歷史時，赫斯頓會「跨域」尋求食物歷史學家、人類學家專業的知識協助，將英國許多失傳的傳統名菜以現代分子料理手法，重新設計成一道道擁有極致體驗的味覺盛宴。最著名的是外表為一顆橘子，內餡卻是雞肝慕斯的名菜「鮮肉果」（Meat Fruit），一舉打破大眾對英國是美食沙漠的偏見，引導眾人認識英國飲食歷史的脈絡。[4]

由此可見，分子料理的創作性實驗，背後也包含烹飪知識、美食學、人類學以及設計與在地文化的結合與推廣。如果只是使用分子料理的技術做為滿足感官體驗的服務，那還是偏向創意料理，不是食物設計。但若是更著重在永續性或問題解決，分子料理則被歸類在食物設計的範疇，例如許多科學家認為，「人造」食物很有可能解決某些地方食物短缺的問題，當設計師將食物製造的過程以「再設計」的角度出發，尋求解決現實社會面臨的食物問題，並試圖賦予其更多社會意義和永續性，這時便進入了食物設計領域。

英國廚神赫斯頓・布魯門索的巨大下午茶。圖源｜旅遊生活頻道 - TLC Taiwan

Q4 創意料理、精緻料理是食物設計嗎？

這題是最難界定也最難回答的。創作算不算設計？設計算不算創作？如何定義精緻料理（Fine Dining）？精緻料理和食物設計一樣，至今沒有統一的定義，要明確定義兩者都不是件容易的事，遑論去討論它們是不是同樣的概念。以常見的「創意料理」或「精緻料理」兩種說法而言，前者的意義直接明瞭，指的是以創意激發出的新口味或新造型，讓食材或手法重新組合，成爲新的料理，讓你有種「原來還可以這樣做」的感受。至於精緻料理就像倫敦米其林餐廳Dinner by Heston Blumenthal的主廚阿敘利．帕默－瓦茨（Ashley Palmer-Watts）說的：「餐廳的可能性比任何定義都要豐富的多，最終的重點在於整體體驗。」[5]

——創造「體驗」

近年來，高級精緻料理逐漸興起一種「餐盤以外」的用餐體驗風潮。用餐者在享用高級料理的同時，獲得更多與戲劇、情感、故事有關的體驗元素，傳遞有意義的、可供記憶的、具刺激性的多重感官體驗才是這些餐廳的重點。換句話說，就是創造體驗。「體驗」是食物設計很重要的元素，故兩者在概念上有交集，講究的不只是餐盤內的多重感官體驗，服務的內涵、食物與服務背後欲傳遞的訊息都是體驗的一環。因此，不論飲食體驗發生在何地，無論餐盤上呈現哪種料理，任何優化「餐盤以外一切事物」的作爲都顯得非常合理，精緻料理和食物設計都是爲了讓用餐者留下深刻記憶。

當代料理名店諾瑪（Noma）的靈魂人物雷奈．瑞哲彼（René Redzepi）提到：「身爲一個廚師，你在創造的是一種語言。我們需要單字與詞彙來造句，使用句子去完成段落。食材，就是我們能夠使用的單字。我們擁有越多單字，我們就有更多的可能去創造

5｜參考資料 www.finedininglovers.com/article/what-fine-dining-restaurant。

國際名廚江振誠（Chef André）讓創作的器皿一個個地變成了「吃的體驗」，與會的客人也無一不驚呼，完全打造了最好的時光和用餐的樂趣。圖源｜Raw提供，Credited to Secca

更優美的文章。」[6] 我們則認爲精緻理料和食物設計一樣，創造的是一齣劇本，需要導演、演員、道具、平面設計師、服裝設計師等跨域的專業人士共同完成一場完美的戲劇表演。戲劇有四個元素：「演員」（所有參與食物設計的工作者）、「故事」（設計思考腳本）、「舞台」（飲食空間）和「觀眾」（參與者）。「演員」是四者當中最重要的元素，他是角色（故事／議題）的代言人，必須具備扮演的能力。戲劇與其他藝術類最大的不同之處便在於扮演，透過演員的扮演，劇本中的角色才得以伸張，才得以引起「討論」（體驗），例如「爲什麼吃屎」、「爲什麼吃蟲」的提問，進而帶出對食物議題的探討。

雖然精緻料理至今沒有統一的定義，但大家都認同它可以是創新的發源，是個能夠發展新想法並帶動趨勢的領域。這個概念不也與食物設計相似？創意料理、精緻料理究竟是不是食物設計，你要說是也沒錯，不是也對，答案永遠不會是二分法。

Q5 以食物為意象創作的產品算是食物設計嗎？

廣義來說，是的。非食材製作的不可食用物，受到食物啟發的產品物件設計，用於強調、重新解釋、表徵產品的信息，屬於「廣義」的食物設計範疇。我們可以看到一些物件採用食物的造型、色彩圖樣或抽象意象，「意圖」的出發點都源自食物，像是帶有台灣食物文化意象的「紅龜粿錢包」以及「小籠包調味罐」，另外還有在煮飯時加入其中，就能改善柬埔寨女性貧血的「鐵魚」[7]。

曾經在台北當代藝術館逛展，偶然看到一個產品 Modern FOOD FLOW，當下很震驚藝術館怎麼那麼前衛，竟然賣起「牛排」？走近一看，原來是牛排造型、不可食的器皿盤子。每一塊肉（每一個盤子）的外封膜都貼了一些資訊，藉此提醒我們吃下肚的肉是怎麼來的，例如美牛是來自基因改造玉米飼養而來。

6｜資料參考〈是傳奇主廚還是植物學宅男？北歐料理的靈魂人物——René Redzepi〉一文，引自關鍵評論網www.thenewslens.com/article/56012。

7｜柬埔寨當地有三分之二兒童貧血，加拿大生醫博士也是鐵魚創辦人蓋文・阿姆斯特朗（Gavin Armstrong）和團隊設計一款「幸福小鐵魚」的產品。當地居民只要把小鐵魚放到水裡，煮沸10分鐘，就可當日常飲水，還可煮湯煮咖哩。使用了小鐵魚的柬埔寨民眾，血液中的鐵含量上升九成，貧血人數也降低了五成。

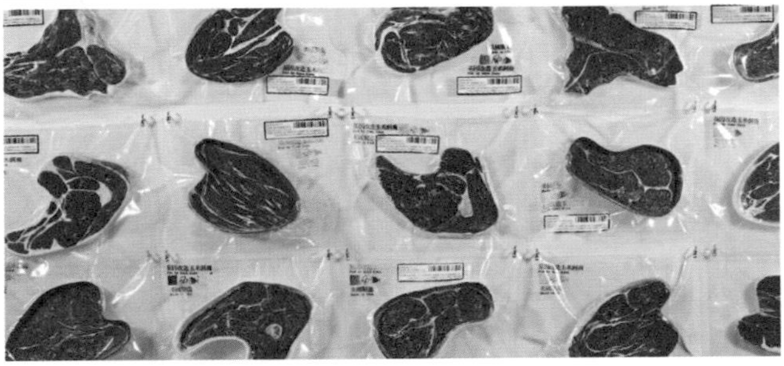

張翊葳創作的Modern FOOD FLOW盤子，產品包裝資訊寫著：飼料換肉率7:0，來源：集中飼養場，副作用：狂牛症，能量：液化脂肪、合成雌激素、抗生素、青貯飼料等添加物。
圖源｜張翊葳官網yiweiyeah.wixsite.com/portfolio/copy-of-dustdiary

在這個作品裡，設計師張翊葳欲表達我們的飲食習慣因爲工業和食品業的進步而改變，肉食的需求大量增加，動物生長的效率也得跟著越來越高，看似物美價廉的工業化食物，在人造環境裡生長的肉類，俐落標準化並且迅速的生產著，然而低廉的價格，來自於我們看不見的社會成本。

現採現撈沙拉卷，產地直送新鮮橡膠手套，搭配冰鎮塑膠水管及保麗龍絲，每一口都是絕配！圖源｜One One & One官方臉書

以食物爲意象的設計概念，同樣表現在二〇一八年我們於華山文化創意產業園區「二〇五〇未來餐桌」的創作。我們結合食物設計端出六道實驗性料理，其中一道是用海洋中常見的塑膠垃圾創作美味的鮭魚排料理，不可食，但意圖仍圍繞在食物上。爲了讓大家關注塑膠製品不只對環境海洋造成汙染，對食安亦有深遠的影響，環保團體「RE-THINK 重新思考」與One One & One團隊則在宜蘭蘭陽博物館開了一間「深海食堂——未來海鮮展」。每樣食材都是百分百嚴選自全台海灘，透過淨灘直送，呈現台灣海灘最眞實的垃圾汙染，並依照食材種類，推出七款經典套餐，要讓大家想像未來海鮮會長什麼樣子。某種程度來說，食物設計就是一種「從消費到參與」的過程，唯有如此，作品才能產生感染力。透過「深海食堂」，讓觀眾在觀展的過程中，思考人與自然生態的關係。

現在，你也可以開始想像，明天吃海鮮大餐時，餐盤上會有什麼？

Q6 食物設計師是不是也很會烹飪？

其實，不一定是專業廚師或具備超凡的廚藝才有資格成爲食物設計師，食物設計師也不一定要懂得烹飪；因爲如此，食物設計師往往也會與廚師團隊合作，彼此激盪想法，討論作品執行的可行性與餐點風味的呈現。就像荷蘭食物設計師瑪萊雅・弗赫桑說的：「第一層還是眞實的食物本身，要先好吃，再來談下一層次的故事或體驗，而參與者如果已經準備好，並且可以感受理解，那才有可能跟著我們的設計探索隱藏在餐盤外更深入的食物議題。」

換句話說，當你設計一場食物展演，如果有人不想要參與更深的意涵，至少他可以有好吃的東西吃，食物先要好吃，再吸引人關注你欲傳達的故事或概念。因此，這幾年食物設計師不乏廚師、設計師，或來自食品、農產品、設計產業的業界人士來參與學習，雖然食物設計師不一定是專業的廚師，未必懂得烹飪，但事實上要懂的學問不少於廚師。在引領食物設計成爲一門學科和風潮的先驅者馬蒂・吉塞和知名設計師史帝芬諾・吉歐凡諾尼（Stefano Giovannoni）推波助瀾下，建校於一九五四年、義大利歷史上第一所設計學院——米蘭工業設計學院，於二〇一五年三月正式推出食物設計碩士學位，師資匯集來自食品行業的設計師、學者、科學家、媒體人、廚師以及行銷、經營管理者等，由多領域的專家組成教學團隊。

——食物設計師多元涉獵

依據米蘭工業設計學院開設的食物設計碩士課程[8]，食物設計所學包含以下範疇。

食物與農業系統

食物提供人類與自然最直接的接觸，種植食物是人類對地球天然資源最基本的使用方式，故農業與生產行爲讓人類創造出各種獨特的勞動行爲與文化地景。因此，講到食物就要找尋其根源，而吃和食物的根源其實就是一種農業行爲，所以食物設計師也是生態學家，應了解生態環境、農業糧食、產銷網絡等。食物設計師除了具有辨識性的感官體驗外，也需了解食物設計某種程度來說就是「從消費到參與」的過程。唯有如此，作品才能產生感染力與影響力。

食物科學

飲食的多樣性，不但可以讓人均衡攝取各類食物的營養素，還能維繫生態多樣性。遺憾的是，全球化帶動西方飲食盛行，雖然拉近了彼此的距離，卻縮短了彼此飲食的差異，也犧牲了不同國家傳統文化的色彩與食物的種類。全球化和單一化取代地方的文化，高產量作物和單一栽培的農業取代多樣性，工業和高輸入的農畜業，已經破壞全球生態系統並傷害農業生態區，現代工業食物也已經導致因食物所引起的慢性疾病和營養失調。

食物設計師在產品設計的背後，透過科學與創新產品的設計，拋出上述值得我們探討與思考的食物議題。同時結合食物科學的運用，從人的五感出發，

8｜更多關於米蘭工業設計學校開設的食物設計碩士課程內容參見www.scuoladesign.com/master/food-design/。

從產品的原料、顏色、造型、氣味、功能及聲音等面向，重新打造食物外觀，營造出令人垂涎的食物意象外，也喚起我們重視食物應有的營養功能。食品科學領域大致分成人類營養學、食品感官分析、食品技術和生物技術、食品加工、食物結構與組成、創新產品的設計與概念、食品對健康和疾病預防的影響等。

酒與食物文化

烹飪界的傳奇詩人費蘭・阿德利亞（Ferran Adrià）說：「烹飪如果是一種語言，那每一種特定的食材組合和技術環結就是它的基本語彙。語彙不會無中生有，必須有人提出概念，菜肴本身和它背後的概念有著微妙的聯繫，可拆可組，我們要做的就是賦予和拆解概念的人。」[9] 這段話精確詮釋了食物設計師的技能：擅於拆解、重組概念，找出隱身在食物背後的符碼，將概念賦予其可被感官、感覺和感知的呈現。

這樣的技能如何培養？我們認為食物設計師除了須具備食物科學理論與知識，也須涉略有關知識性、精神性、宗教性等飲食文化的知識。舉例來說，食物設計師馬蒂・吉塞知道西班牙人在慶祝新年時，會食用葡萄來象徵新的開始，於是便以可食用顏料在葡萄表面印上不同符號，各個符號象徵了不同的文化意義，食用後如同獲得不同的祝福與能量。另一位荷蘭「吃的設計師」瑪萊雅・弗赫桑則以蛋為素材，做成各種不同形狀的小點心，表達人就像這些蛋，雖然有不同的外表，本質上是相同的。

另一方面，許多食物設計師的作品也透過再設計的方式傳遞食物與宗教的關係。例如瑪萊雅・弗赫桑就把這樣的概念延伸到黎巴嫩，當地回教和天主教派系分割非常清楚，但其實他們吃相同的食物，於是她邀請參與者以麵團製作碗型麵包，以糖寫上自己的故事，最後裝進黎巴嫩傳統食物，供參觀者取用，大家消化了彼此的故事，以食物拉近了距離。

食品行銷與溝通

最後，食物設計師也是消費者與市場的橋梁，當「作品」發展成熟變成「商品」，便會進入市場銷售，這也是食物設計師營收來源之一。故在作品成為商品

9｜引自《美味的科學：從擺盤、食器到用餐情境的飲食新科學》一書。

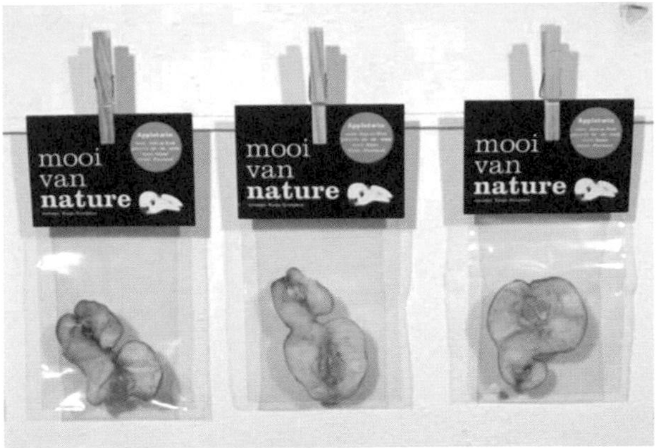

荷蘭食物設計師凱夏・格萊特斯（Katja Gruijters）的商品之一，設計理念是要凸顯「食物浪費」、「格外品」的議題。圖源｜Katja Gruijters官網

馬丁・薩蒂的《EL BANQUETE》以「食物符碼」作為傳達的概念。圖源｜Martin Sati官網

的過程中，要先了解消費者的消費購買行爲，才能找到消費者的需求，讓消費者買單。在食品行銷與溝通的範疇中，食物設計師需要懂符號學與食物符碼、消費者購買行爲、食品行銷策略、美食部落客與社群媒體溝通、新聞媒體與內容經營等。

西班牙插畫家兼平面設計師馬丁・薩蒂（Martin Sati）爲一所設計學校規劃的作品《EL BANQUETE》，在大大小小的碗裡擺放了水果、蔬菜和小量的野草，排成一張人臉，與會的師生可以坐在餐桌前邊吃邊分享彼此的想法與靈感，創造一個新的飲食體驗。馬丁・薩蒂讓設計過程融入創意性，以「食物符碼」作爲傳達的概念，目的是讓設計學系的師生們了解突破框架、嘗試結合不同元素的重要性。

除了上述的範疇，食物體驗、服務設計、餐廳空間、食器廚具、創新包裝、結合旅遊的食物體驗活動等，皆爲食物設計的課程內容。由此可知，食物設計並不只著重在餐盤內的知識與技藝，而是探索以人爲核心、與食物有關的互動行爲。若要成爲食物設計師，就需要多方面了解，掌握體驗者或觀展者的期望，搞清楚他們腦子裡在想什麼非常重要。唯有結合最棒的食物以及正確的期待，才能呈現有記憶點、被討論的創作和體驗。

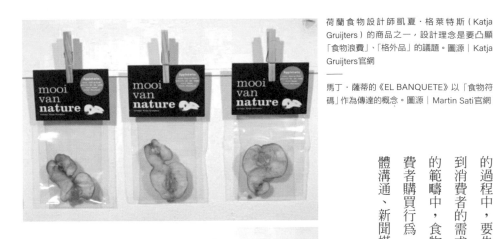

Q7 珍珠奶茶、飯糰、大腸包小腸算是食物設計嗎？

食物設計可「廣義」解釋爲「食慾滿足的前提下，帶入更多的便利、美味或愉悅的飲食體驗」。在所謂的食物設計定義出現前，人們就基於食慾與創造力的驅動，在食物製作的過程中注入各種巧思，自然而然對食物內容進行了「設計」。像是號稱東方漢堡的刈包，在對折的長扁型饅頭，嵌入五花肉、酸菜，再撒上甜甜的花生粉，以及畫龍點睛的香菜，握取時夾住，避免餡料掉出，每一口咬下都能品嘗到各種食材，可說是偉大的食物發明。從這個角度來看待各種食物，像是飯糰、燒餅夾蛋、肉圓、珍珠奶茶、大腸包小腸等等日常不過的小吃，都充滿著創造者巧思與讓人好好食用的心意，以此來說，食物設計並不是一個突然出現的名詞，而是眞實存在於每個人生活中，日復一日的飲食脈絡。

Q8 食物設計有哪些應用性？又如何做為工具運用之？

回到我們所認知的「狹義」的食物設計，近年來被討論的主要原因，來自於設計者與創作者「使用食物或飲食行爲作爲載體的創作溝通」。產生這樣情況的原因並不可考，或許是基於設計師對於製造更多物件堆滿環境，逐漸產生罪惡感，而會被吃掉或腐敗消失的食物，便成爲創作溝通最環保的「材料」。更或許以媒材的發揮力道來說，食物是唯一能自然而然進入身體的物件，無論是視覺型態、進食動作、口感與味蕾的刺激，食物作爲媒材所能提供的衝擊與感受，應該是最強而有力，並具有人類共感的刺激傳達。

對於這個剛被嘗試且充滿無限可能的創作媒材，設計創作者們帶著好奇心紛紛欲試，雖然「經過設計的食物」早已存在人類社會，但跳脫食物求新與滿足口腹，使用「吃」作爲感受與想法的傳遞，仍是一種

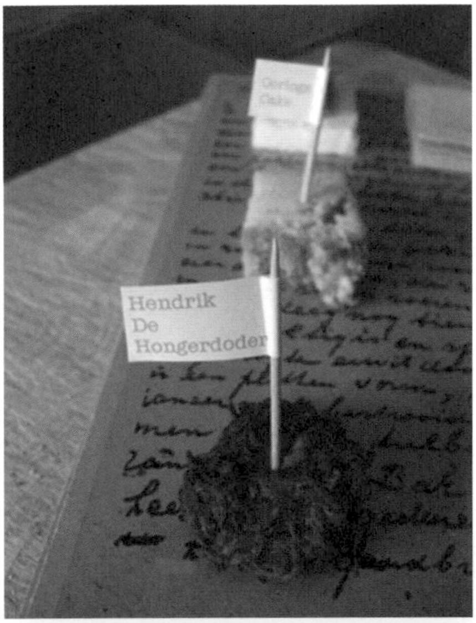

瑪萊雅・弗赫桑於鹿特丹的歷史博物館展出《Black Confetti》，根據二次大戰的配糧和食譜製作小點心，邀請經歷過二戰的長者們品嘗，分享記憶中的味道。
圖源｜Marije Vogelzang官網

讓人充滿期待的創作方式！隨著人類集體意識的前進，生態、環境還有對人性與科技等議題的探討，伴隨越來越多實際應用與創作表達的可能。透過「食物」爲載體去進行設計，不僅能夠輕易地拉近設計與人的距離，而且「食物」本身就是一個文化的載體，作爲設計的媒材再適合不過，不但可以表達食物所代表的價值主張，更能透露食物蘊藏其中的文化意涵，這是「食物設計」最重要的核心價值。

1｜法蘭雀斯卡・尚博羅（Francesca Zampollo）是第一位系統性勾勒食物設計理論系統的學者，將食物設計做一個比較詳細的分類，包含食物設計子學科及其間相互影響的關係。

Chapter 2

無所不在：生活中的食物設計六大領域

接下來我們將在食物設計學者法蘭雀絲卡・尚博羅（Francesca Zampollo）博士所提出的「食物設計應用分類」[1]的架構下，扣緊狹義的「食物設計思考」脈絡，從「餐盤內」到「餐盤外」依序分享國內外食物設計的應用與案例。案例來自食物設計師、獨立工作室、餐飲產業、食品業者、研究生及個人實驗性的展演，從作品多元的創作角度切入，期待可以爲台灣餐飲產業、品牌行銷從業人員、食品開發產業與消費者，注入與眾不同之全新視野和嶄新思考模式。

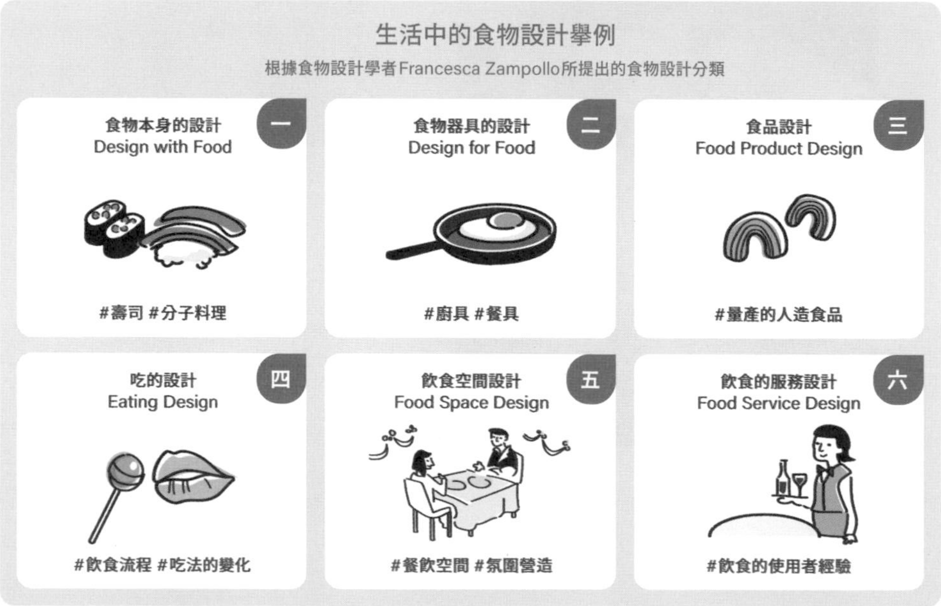

食物設計六大領域涵蓋從「餐盤內」到「餐盤外」的設計思考。圖源｜作者提供，江婉秀繪製

領域

一

Design with Food

用食物來設計溝通——以食物為材料，進行溝通傳達的設計

案例：

●Edible Growth（荷蘭）

●菓實日（台灣）

●和安迪・沃荷一起用餐（台灣）

以食物作爲設計媒介，有目的性的傳遞概念、訊息或是增加五感體驗而解構食物的質地、外觀、顏色、味道再重組帶來新味蕾體驗的餐食，我們將這類的應用歸類於「用食物來設計溝通 Design With Food」。例如：台灣及世界各地主廚竭力將分子料理技術運用得更環保更創意，呼應食物浪費、氣候變遷、永續環保議題；3D列印技術將醜蔬果、格外品、剩食混合成膏狀物重新組裝，轉變一道道美味的料理，解決剩食問題。

二〇一五年台灣於倫敦設計師週展出的「EatTAipei食物設計展」，藉由四道可食的物件料理，參與者依序品嚐的過程中，用視覺、吃的動作、觸覺體驗味蕾感官的刺激，加上用餐空間環境的設計，感受台北這座悠久歷史和多元文化的城市進行溝通傳達的設計，則接近我們所認知「狹義的」食物設計溝通的定義和應用，詳細的介紹會於後面章節提到。

綜合以上，除了設計師與創作者外，我們生活中也有這樣的例子：傳達不燒金紙環保概念的「金紙吐司」，或是製作出雞豬魚的形象，避免食肉仍充滿心意的「素三牲」，都是使用食物爲材料，進行溝通與訊息傳達的食物設計。

一

Design with Food

用食物來設計溝通

1

荷蘭

Edible Growth

如何使用新材料和新技術來創造「健康永續」的食物？

3D列印食物，創建一個永續可食的生態系

新技術不斷改造進化我們的食物，連帶影響食品供應鏈推陳出新，在市場中突圍銷售的新食品。但這些新技術並不全是值得推崇的，例如會對人體產生危害的人工添加劑，爭議性不斷的生物基因改造技術等。因此，荷蘭食物設計師克羅伊・盧澤威爾德（Chloé Rutzerveld）在《Edible Growth》這個作品中，探索3D列印技術如何影響食品產業，帶領大家思考新技術和新材料正向改造食物的可能性，用科技去創造出天然、健康、永續且營養的食品。

《Edible Growth》是一系列富含營養的鹹食小點心，美味的派皮配上生菜和菇類，外觀設計充滿現代感和未來感。下午茶時間，在電腦螢幕前看到這系列點心的照片，其吸睛度實在讓我們忍不住想穿越時空出現在試吃會現場，將這些手指點心（finger food）拿在手上觀摩一番，再慢慢一口一口品嘗。設計出這道「看起來好好吃」、有著傳統製造方式可能無法達成的複雜幾何形狀小點心，幕後推手不是廚藝精湛的廚師或烘焙師，而是一台3D食物列印機。

——還原食物本質的創新體驗

3D列印的概念，大家已經不陌生了，但3D列印出的食物又會是什麼樣子？談到3D列印食物，克羅伊・盧澤威爾德有她自己獨到的觀點。她認爲3D列印食物技術不是將巧克力或甜點變成另一種形狀，僅是將食物材料進行加工換種造型，不是眞正的3D列印食物。反之，應該利用「設計」和「技術」還原食物本質的營養和味道，再用3D食物列印機解構食物的質地、外觀、顏色、味道再重組，創造富含新味蕾體驗的餐食，打破廚藝的框架做出能帶來五感體驗的食物，同時兼顧天然、健康、永續且營養。《Edible Growth》的概念因此而生。[2]

《Edible Growth》顛覆3D列印食物多用合成的調味食材，設計出新鮮又美味的食物。一顆顆像球狀菜籃子的可食空心容器，是使用明膠且素食者可食用的植物蛋白質列印而來，再將孢子與種子放進去，菇類和植物經過三至五天生長，即可食用，不同的種子還可做出不同口味。如此製作不僅保有食材本身的營養，還能依個人喜好客製化風味。數天後種子發芽，菜籃上就會長出可口的植物幼苗和蘑菇等可食用眞菌。再過一段時間，幼苗會長成蔬菜，消費者可以選擇在哪個階段食用它們。在整個生長過程中，蔬菜和菇類的口感也會逐漸變化，但吃起來都新鮮可口、健康營養。克羅伊・盧澤威爾德也提到3D列印出來的食物不見得不天然，反倒因爲食物在家裡種植、生長、採收，可以減少農地的使用，大幅縮短食物生產鏈，減少運輸食物的成本，並降低包裝資源的浪費，消費者在家不出門即可獲取新鮮健康的食物，也能透過自身參與生產過程提升對於食材的認識，增加食物感官的體驗。

這樣的食物設計乃是溝通概念的設計，主要目的是訴求新科技要讓消費者買單，好吃與安全永遠是最重要的評估指標，在永續生產的前提下，食物製造也要兼顧天然、健康、營養。雖然目前尚無實體產品上市，但克羅伊・盧澤威爾德的食物設計讓我們不禁思考，3D列印在未來食品發展的可行性，全球在新冠肺炎疫情陰霾的籠罩下，這樣的3D列印食物會不會在食品產業掀起一場新革命？

2｜資料原文出處：〈3D-printing with living organisms "could transform the food industry"〉。

——未來食物顛覆產製流程

從世界各地紛紛投入食品相關產業應用的案例，可以預見3D列印食品會是下一波食品新創產業的趨勢。例如，德國公司Biozoon針對咀嚼與吞嚥困難的銀髮族設計能客製質地化的食品，採用新鮮食物透過3D列印，解構成外觀仍像原本的食物，但更適合長者吞嚥咀嚼的質地。再者，隨著消費倫理及個人主義抬頭，少量、多樣、客製化的3D列印食物非常符合新世代的消費趨勢，特別是在「吃飯前手機先吃飽」的社群行銷推波助瀾下，甚至可以將之視爲商機的方向。3D食物列印無須開模，只要一張3D食物設計圖，有訂單才生產，沒有庫存、沒有廢料、沒有浪費，也不用大量製造單一食品，例如年節食品、伴手禮；反之，能依顏色、造型等元素進行客製化，解決食品開發商最頭痛的開模，也滿足消費客戶的需求。這項技術帶來的全新產製流程，正一點一滴顛覆食品產業。[3]

3D食物印表機正一步步試圖擴展現代烹飪與食品技術的邊界。不過3D列印食品的發展，仍然面臨一些問題與挑戰，如食品衛生法規、3D列印食品的供應鏈是否眞的無食安問題等，需要食品產業共同去研究與突破。除此之外，它還能給你什麼全新的飲食體驗？它究竟能做出什麼你做不出來的東西呢？3D食物列印機，會成爲明日的微波爐，躋身新一代居家廚房必備良伴嗎？嗯，想一想，你可以在家打造一座食物農場，在家3D列印出一份蘑菇沙拉或一份下午茶，還能輕鬆製作自己喜食部位的肉品，好像挺不錯，只是「電費」和「時間」可能會是你這份餐點需要額外考量的成本就是了。

撇除3D食物列印機的技術問題，我們大膽推測，或許在未來，防疫不用外出，人人家中都會有一座小型的食物工廠。家中的3D食物列印機就像智能咖啡機，能讓你從雲端下載無數食譜，所有食材因應個人每天不同的營養需求設計替換，用餐時間一到，只要將各式營養原料盒放入機器中，即能在家DIY自行烹飪營養美味的料理，還能創造具有個性化形狀、紋理和風味的「食物」。未來3D食物列印時代，人人都是食物設計師。

3｜資料參考自《食品資訊》第280期（2017年8月號），p.28-33。

克羅伊・盧澤威爾德的3D列印食物作品《Edible Growth》, 2014。
圖源｜Chloé Rutzerveld 官網。© Chloé Rutzerveld，Photo: Bart van Overbeek

一

Design with Food

用食物來設計溝通

2

台灣

菓實日

甜點如何向世界展演台灣飲食文化？

透過甜點詮釋台灣文化的美好，創造感動

如果問我們，台北有推薦的甜點嗎？我們一定推薦原本在萬華開店，現改爲官網銷售和線上教授甜點課程的「菓實日」。還記得當初因爲預約現場用餐未果，至今仍遺留沒能在現場吃到的遺憾，幸好二〇一八年受邀高雄餐旅大學學生食物設計論文研究的訪談，訪談結束對方回贈一份達謝禮，打開非常驚喜，這不就是我們夢寐以求的菓實日嗎？

從那天起，因爲吃到「台灣茶——人之島」這份保有濃濃「愛台灣」精神的蛋糕，我們開始愛上這家融入食物設計、連結在地文化與台灣精神的法式甜點店。關於人之島，第一眼就被台灣山脈造型的蛋糕吸引住，菓實日爲了傳遞台灣自我認同的情感，研究了各種台灣山脈的造型稜線圖，最後製作出此款蛋糕。菓實日官網上寫著：「使用翠玉烏龍來作爲慕斯的基調，底部搭配生巧克力般的巧克力蛋糕，表面藉由少量的天然綠色色素還加入大量的奇異果汁，整體表現了從內到外的土壤與植栽。」人之島以台灣做爲設計的元素與素材，傳遞關於這片土地的美好，結合廚師甜點專業知識，細膩擷取食材的質地、外觀、顏色和

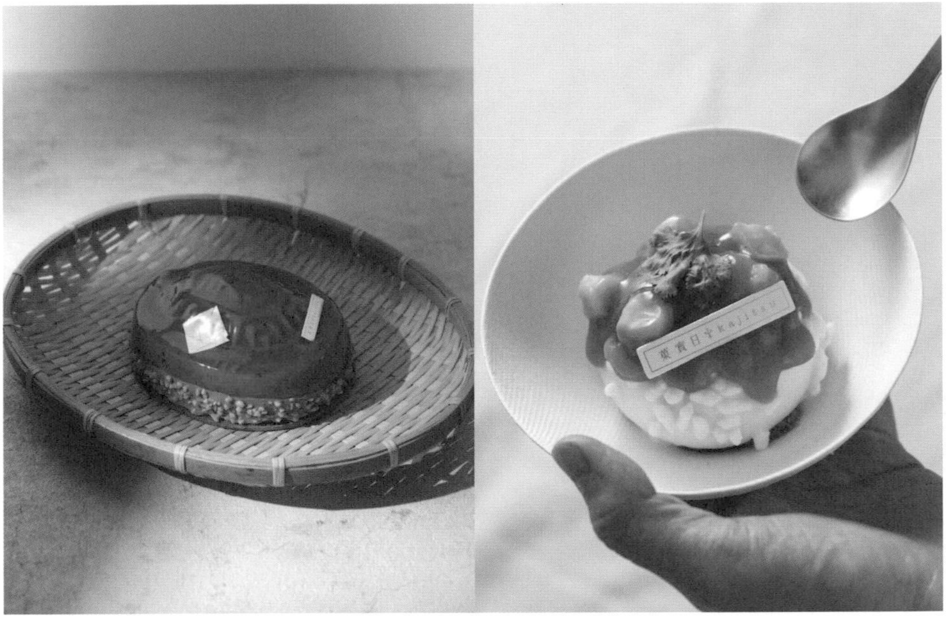

菓實日取材自台灣傳統點心和小吃的法式甜點「紅龜慕斯蛋糕」、「滷肉飯慕斯蛋糕」。圖源｜菓實日官方臉書專頁

味道，並且把這些融入甜點的設計，讓我們每一口都品嘗到台灣在地文化的感動。

——文化底蘊的美食轉譯

甜點如何向世界展演台灣飲食文化？這個問題在二〇一八年吃到菓實日推出台灣獨有的祭祀甜點「紅龜慕斯蛋糕」得到了答案。紅龜粿爲台灣傳統的糯米點心，在節慶祭祀場合具有重要的地位，其外型是象徵圓滿的圓，上面印著有長壽、繁榮寓意的龜甲，取龜壽綿延之意。傳統上，紅龜粿除了用來祭祀神明與祖先之外，喜慶、生育、滿月、成人禮或生日，也都是必備點心，會分送給親朋好友，傳遞分享祝福。

可是傳統的紅龜粿口味單調甜膩，充斥著人工色素，對現代社會來說已不再受歡迎，加上西方糕點的盛行，人們已慢慢遺忘了這種傳統點心。但在菓實日的巧思下，透過法式甜點的技術，重新轉化傳統的元素，設計出能引起年輕朋友興趣，也能吻合長輩接受度的法式甜點「紅龜慕斯蛋糕」，打破傳統西方甜點輪廓的框架，以紫米手工甜酒釀製作慕斯，選用優質食材入餡做出清新爽口的紅豆沙，蛋糕的淋面爲了呈現紅龜粿紅色的外觀，不使用廉價不健康的合成色素，而是使用自然的莓果果泥與天然的紅麴色素。

另一款人氣甜點「滷肉飯慕斯蛋糕」，將台灣小吃的元素融入法式甜點，把甜點做成滷肉飯盛放於碗中，連餐具都特別設計提供湯匙而非刀叉，品嘗時像是吃滷肉飯拿著碗扒飯的感覺。白飯的部分是以八角製作慕斯，再用米香巧克力製作的薄殼包覆，輕盈的口感帶出八角的香氣。滷肉則是菓實日自製的焦糖醬與蜜漬地瓜丁，創造「扒飯吃甜點」這般有趣的食物體驗，難怪台北被CNN詼諧的比喻爲「貪食之都」。詢問何時會再推出這道我們也沒吃過的「滷肉飯慕斯蛋糕」，菓實日告訴我們，因爲新冠疫情的關係，調整產品與營業型態，目前以官網的台灣特有種動物森林鐵盒餅乾爲主，實體店鋪短期內不會對外營業，慕斯類的甜點要等往後才會推出。看來我們要再等等了，把沒吃到留下的遺憾，化爲對下一次美好的期待。

近年來，台灣餐飲店推陳出新，陸續端出可以喝的花生糖、可以喝的肉桂捲、可以吃的台灣茶、用料理菜的思維來呈現咖啡新滋味等，或許在世界眼中，台灣眞的是一個熱愛食物的小島，我們兼容並蓄地包容各種料理的文化，對於食物的想法總是充滿創意且勇於創新。在擁有如此豐富食物文化底蘊的台灣，期待將有更多的人一起來建立屬於台灣食物設計的文化脈絡，更期待食物設計所帶動的創作能量，持續影響更多的人，在台灣的每個地方滾動延續！

一

Design with Food

用食物來設計溝通

3

台灣

和安迪・沃荷一起用餐！

什麼食物會讓你想起媽媽的味道？

一場結合食物設計的餐食展演

一位原工業設計背景轉投入食物設計的朋友，在二〇一九年六月於高雄餐旅大學舉辦一場以安迪・沃荷（Andy Warhol）爲主題的餐食展演。她以食物策展人的身分，跨界整合「沉浸式體驗」與「食物設計」兩大新興領域於餐飲產業，並融入台灣在地食材等元素，以內斂帶點俏皮的語彙，恰如其分的敘說一段關於安迪・沃荷的故事。

安迪・沃荷是近代最具影響力的藝術家之一，也是第一位成功將藝術商業化的藝術家，跨足領域也最廣，作品從平面畫作到音樂甚至電影都有涉及，其創作風格普普藝術（Pop Art）也是最親近於群眾的藝術派別，取材多爲一般大眾生活所及。在這場別開生面的餐食展演，除了可以透過設計的餐食一窺安迪・沃荷的作品，創作者還將安迪・沃荷的生活態度帶進每一道料理，帶你用不一樣的方式感受這位普普藝術明星。

——從味覺、造型、行爲傳達概念

什麼食物會讓你想起媽媽的味道？《感官之旅》

4｜鑽研人體感官認知二十年的實驗心理學教授查爾斯・史賓斯（Charles Spence），在其著作《美味的科學》一書提到「黏滯記憶」，指的是數量有限的特殊線索，顯著程度使其足以轉爲記憶，在一段時間內不會磨滅。在經驗中特別突出，但不至於喧賓奪主，是一種適得其所，既難忘又和經驗主題相關的記憶。

作者黛安・艾克曼（Diane Ackerman）說「世界上沒有比氣味更容易記憶的了」。第一道餐食，我們品嘗帶有濃郁台灣家鄉味道的番茄湯。設計概念源自安迪・沃荷的金寶湯，創作者說靈感來自於安迪・沃荷的母親，因爲沃荷很喜歡母親爲他做的番茄湯。爲了呈現屬於我們台灣人「家的味道」的番茄湯，創作者將台灣傳統的「番茄炒蛋」解構重組爲一碗蕃茄湯品。融合中西料理的手法讓樸實的番茄湯多了驚喜，入口就有種說不出來的媽媽味。

主餐是一個漢堡，創作者做此選擇有兩個原因，一是因爲漢堡跟可樂一樣是很庶民的東西，代表著美國精神「平等」，其二是安迪・沃荷曾經拍攝過一段自己在吃漢堡的影片，因此創作者設計漢堡爲主餐，想讓用餐者感受到安迪・沃荷就在旁邊跟我們一起吃漢堡的沉浸式體驗。體驗進行到這邊，腦中閃過未來和已逝世的親人、朋友或偶像用餐的場景，可能不再是科幻電影才會出現的橋段，透過科技設計一場虛擬的共餐體驗，讓離鄉背井、相隔兩地的人們重新產生連結，在餐桌上分享重要時刻與回憶，這般體驗，似乎不再是天方夜譚。

「用食物來設計溝通」的應用，除了基本味覺的呈現外，造型及行爲都是設計的參考方法。在整體飲食設計上，創作者讓主餐漢堡與安迪・沃荷的作品及其代表的普普藝術相連結，例如將漢堡麵包以天然火龍果製成紅色（繽紛色彩是普普藝術的基本元素），紅色絲的部分是火龍果皮，搭配混合紅龍果調製的醬料。

色彩繽紛的漢堡連結普普藝術特色。攝影｜詹慧珍

香蕉造型甜點呼應安迪・沃荷設計的著名唱片封面。攝影｜詹慧珍

——

餅乾印上安迪・沃荷知名作品濃湯罐。攝影｜詹慧珍

餐食最後以甜點與咖啡作結。甜點是以安迪・沃荷著名的香蕉造型呈現，清爽不甜膩，這也是當天我們最喜歡、最驚嘆的一道餐點。創作概念源自安迪・沃荷爲地下絲絨樂團（The Velvet Underground）設計的唱片封面，極簡的「香蕉」意象，在當年引發藝術界與設計界話題，讓香蕉開始兼具搖滾、性、普普藝術等繁複象徵意涵。創作者將香蕉造型的蛋糕外層佐上些許巧克力醬，看起來就是香甜黃熟美味的眞正香蕉，但揭開黃色香蕉皮，即可發現裡面呈粉紅色的果肉，饒富性暗示。拿鐵咖啡則是在奶泡上畫出一個$符號，$是安迪・沃荷作品常見的符號，隱喻他對金錢的重視，藝術、商業本就密不可分，能賺錢的藝術才是王道。

——掌握用餐者的「期待」

喝完咖啡已經夠飽了，沒想到最後每一位用餐者還有一份餅乾小禮物可以帶回去，可說是菜單外的驚喜，也爲整趟用餐旅程留下一個難忘的黏滯記憶（sticktion）。[4]

說是餅乾，其實更是餅乾撲克牌，創作者的設計融入台灣在地食材，並印上安迪・沃荷知名作品濃湯罐圖案，以遊戲方式進行。透過小小的餅乾，連結到安迪・沃荷作品另一個強烈的元素——「重複」，而「濃湯罐」正是他呈現「重複」元素的重要代表作；另一方面，也讓我們更深入認識安迪・沃荷的創作精神：「藝術其實就在你我的生活之中」。

餅乾除了在視覺上、行爲上的概念傳達，也創造了意想不到的味蕾體驗。創作者選用台灣南部三縣市的食材製作，分別是高雄甲仙芋頭、台南關廟鳳梨與屏東可可，特別的是爲了讓芋頭口味更有台味，所以是以芋粿的味道作呈現，吃起來有別於一般芋頭餅乾的風味。最後還有隱藏版「台灣滷肉飯」口味，咬下後淡淡的五香味竄出口中，眞的是充滿驚喜的餅乾。

用餐者就這樣跟著創作者的精心設計一同感受安迪．沃荷的生活態度，也更進一步認識他的作品與創作概念，透過「用食物來設計溝通」，讓整個用餐過程彷彿是「期待」著一場藝術展覽般的饗食體驗。

當然，食物與設計兩者應當一樣重要，不能有了設計，卻忘了食物最基本的「好吃」。在高雄餐旅大學這場精彩的展演中，創作者設計的每一個巧妙環節，都吃得到美味與用心。回到市場面，餐飲產業既是多數人的創業首選，如何跨出這片紅海就成爲一個重要的題目。目前既有的食物消費研究，極缺乏食物設計與消費者感受之探討，尤其從食物設計之觀點論述餐飲產業更爲罕見。我們期待「食物設計」能在餐飲教育體系中遍地開花，畢竟廚師不應只有擺盤與技藝，更應關注食物背後的飲食文化、社會環境、情感連結、科技與流行趨勢等。能了解並掌握用餐者的「期待」，用跨領域的角度看食物、看料理，我們相信一定就有機會突破現有格局，成爲餐飲產業下一個閃耀新星。

食物設計小練習

情緒的味道和顏色

情緒，是看不見的，但會引起我們的注意，我們打開五感，然後，就感受到了。或許有時候你覺得很「開心」，有時候你覺得很有「信心」，但是有時候你又「難過得想哭」。情緒，如果有顏色、有味道、有形狀，那會是什麼顏色？什麼味道？什麼形狀？

現在，拿出一張紙，一隻筆，請試著畫出自己「開心」的味道，形狀是圓的嗎？味道是甜的嗎？顏色呢？你覺得「傷心」的味道會像什麼？形狀又是什麼？

今天，你的心情如何？請你細細感受，將注意到的各種情緒寫下來，並描繪出對應的味道、形狀和顏色，傳達這些情緒。

領域

二

Design for Food

食物器具設計——與食物相關器材的設計

案例：

●BUGBUG（日本）

●古蹟燒（台灣）

●Zero Takeaway Packaging（英國）

人類對於吃的慾望，激發物件設計的動力，因爲吃而研發製作的各種輔助器具：烹飪過程用的廚具，或是用餐的食器、餐具，甚至是運送保存食品的包裝。人們可以爲了好好地「吃東西」大費周章地準備各種道具或家電，例如，爲了烤吐司單一用途而存在的「烤吐司機」，德國人爲了水煮蛋而準備的「蛋盅」，還有發揮飲食儀式追求、也更利於精湛刀工展現的「伊比利火腿架」，另外像是近年成了廚房新寵的「氣炸鍋」，乃至於可能是明日微波爐的「3D食物列印機」，都歸於「食物器具設計」的應用。我們生活中常見的雞蛋糕「模具」，蒸包子的「蒸籠」，烘煮出你理想中咖啡風味的「智能烘豆機／咖啡機」，以及在一個鍋中吃到兩種口味的「鴛鴦鍋」，也都是極具巧思與特色的「食物器具設計」。

除此之外，還有因應特定目的或需求而製作，讓用餐歷程或是烹飪過程得到更順暢的使用經驗之工具，例如台灣旅美設計師姚彥慈爲解決長者在進食上的不便與困難，花了近兩年時間開發的食器餐具「Eatwell」，這類回應社會眞實需求之設計，皆歸類於食物設計中「食物器具設計」領域。接下來，我們將從「食器／餐具」、「模具」和「包裝」三種不同的案例，進一步了解與食物相關器材的設計。

1

日本

BUGBUG

食器，何不也來點新花招？

蟲蟲野餐宴，迎接「新食器」食代！

一般而言，在野餐籃看到螞蟻大餐是非常令人不舒服的畫面，但你知道這個畫面在二〇五〇年後可能非常普遍，因爲牠們有可能就是你我的主食！根據世界銀行的統計，如果要餵飽二〇五〇年地球多達一百億的人口，我們需要生產比現在多五十%的食物[5]，但到時哪來這麼多食物呢？蟲蟲料理成了未來食物的熱門選項和研究趨勢。

——食蟲：未來糧食趨勢

近年來，歐美掀起「食用昆蟲」熱潮，許多新創公司運用現代科技開發研究蟲蟲食物。瑞典家具品牌IKEA在丹麥哥本哈根設立實驗室，以海藻及昆蟲等替代性食材推出明日肉丸（Tomorrow's Meatball）還有蟲蟲漢堡。網路上也可以搜尋到各式昆蟲料理和蟲蟲零食，宣傳食用蟲子的好處或探討食用昆蟲的文獻、書籍也紛紛出爐。由三位北歐食品實驗室的主廚共同著作的《食蟲文化轉譯》（*On Eating Insects*），是他們走訪世界各地記錄下的吃蟲歷險記，致力於將昆蟲食

5｜隨著全球人口數量持續增加，世界銀行預估2050年全球總人口可達一百億。要讓這麼多人都吃飽飯，我們的食物產出量就要達到歷史新高。資料引用自BBC：Five ways we can feed the world in 2050。

野餐餐具組BUGBUG希望有助於人們提前適應「以昆蟲為食」。圖源｜BUGBUG官網

品的市場定位從噱頭轉爲日常食品，有別以往著重在其外觀的新奇性與話題性。該書內容也提到日常生活中如何取得昆蟲食材、如何入菜的食譜，以食育的角度切入，將昆蟲帶進飲食文化，協助大眾脫下有色眼鏡。追根究底，不過是飲食文化和習慣不同而已。

既然多數人已經默默接受近年發生在餐盤內的劇烈新變化，「餐具」何不也來點新花招？因應這個吃蟲趨勢，日本設計師Wataru Kobayashi在二〇一六年設計了一款野餐餐具組BUGBUG，讓我們能提早「適應」這個可能離我們不那麼遙遠的情景。

——科學洞見下的餐具創新

BUGBUG的設計理念是讓「以昆蟲爲食」的生活型態與飲食習慣能更有趣。例如，不銹鋼喙夾子長得像小鳥的嘴巴，使用者就像小鳥般吃著美味的蟲蟲大餐，不銹鋼叉和櫻桃木筷子也是未來新時代的餐具。餐具組還包括一個瓷器培養皿和勺子，培養皿的紋理與稍微凸起的紋路就像眞正的石頭，彷彿與戶外用餐的大自然環境合爲一體。此外，還有一個由Piñatex[6]製成的人造皮革收納袋，這是一種來源於鳳梨纖維製成的永續材料，內襯有樹皮布，完全取代動物皮革，讓你方便收納、攜帶這些餐具。

設計師說，他是在爲那看似遙遠的未來做準備，設計BUGBUG的目的，是希望能讓大家盡早在二〇二〇年以前就先適應新餐具的使用。他認爲，在糧食危機發生前的三十年間，有必要先讓兒童了解食用昆蟲的意義，畢竟在世界許多地方，甲蟲、蟋蟀等昆蟲已經是當地的傳統食物。事實上，根據聯合國糧食及農業組織估計，我們已有超過一千五百種可食用的昆蟲可供選擇，但如果這些未來的食物使你覺得不安，建議不妨先來套BUGBUG餐具組提早適應一下！

我們相信在未來，會有更多把食物從盤、碗中送到嘴裡的瘋狂創意和設計案例，希望思想開放的食器設計者及開發商願意參考科學洞見，理解蟲蟲的飲食符碼，以設計思維共同參與蟲蟲的文化轉譯過程，把這些知識轉變成賞心悅目、可以強化飲食體驗的食器和餐具。

6｜Piñatex是不可生物降解的皮革替代品，由鳳梨葉、PLA和石油基樹脂中提取的纖維素纖維製成。它是由卡門・希約薩（Carmen Hijosa）博士開發，並首次在倫敦皇家藝術學院的博士生畢業展上展出，後由希約薩創設的公司Ananas Anam Ltd製造和分銷。資料出處：維基百科。

二

Design for Food

食物器具設計

2

台灣

古蹟燒

古蹟保存和食物，會撞出什麼火花？

造型雞蛋糕，搶救台灣古蹟大作戰！

二〇一七年夏天在台南旅行，偶然發現安平的巷弄裡有一間販售「劍獅燒」的點心文創小店。劍獅爲台南安平獨有的圖騰象徵，老闆爲了讓民眾認識劍獅文化，設計一款能製作出劍獅造型的雞蛋糕「模具」。劍獅燒點心結合傳統文化，成功製造話題。

同樣以傳統點心雞蛋糕爲基礎，融入台灣傳統建築元素與社會改革精神的特色小吃「古蹟燒」，則透過雞蛋糕模具的設計，喚起民眾對台灣傳統文化資產保存的危機意識。古蹟是具有文化與歷史意義的全民資產，但在台灣，平均每個月都會有歷史建物「離奇失火」[7]。古蹟燒便是以雞蛋糕作爲載體，融入台灣老建築的特色元素，讓庶民傳統點心成爲古蹟與民眾對話的媒介。而古蹟燒三個字更同時巧妙隱喻古蹟在台灣遭受的不正當對待，如莫名自燃、遭受蓄意破壞等荒謬情形。

用食物溫柔串聯人與社會改革

「古蹟燒」在製作時，利用炙熱的模具燒燙出古蹟磚瓦造型的可口甜點，將古蹟的故事與歷史記憶轉

7｜資料來源：〈2016歲末感謝——回顧12棟燒毀的老屋們〉，文化銀行官方臉書專頁。

傳遞台南劍獅文化的劍獅燒雞蛋糕，為此特別設計的模具是「食器設計」的應用。攝影｜詹慧珍

以台灣古蹟磚瓦造型模具製作的古蹟燒，透過常民小吃來鞏固民眾的文資保護意識。圖源｜古蹟燒官方臉書專頁

化爲交到民眾手上的溫度。模具的造型圖案皆來自台灣代表性的建材樣式，包括清代瓦窯生產的梅花磚、日治時期常見的黑瓦、TR磚、十三溝面磚，和閩南古厝常見的馬背。並以暗諷的設計思維推出三款口味，分別是加入黑色芝麻呈現如火燒盡古蹟的「暗夜灰燼」、搭配濃郁巧克力醬的「強拆泥濘」，以及抹茶口味的「廢墟青苔」。此外，製作的方式「燒」，傳達歷史文物保護的迫切性，如燒炙般的刻痕總是歷歷在目，藉此也打破如果建物成爲指定古蹟一定發生火災破壞的都市傳說。

古蹟燒團隊由來自不同領域的藝文工作者組成，從古蹟燒二〇一七年問世以來，每一年都會有新的計畫和目標，持續透過跨域合作和理念推廣，將社會影響力散播出去，同時也累積了不少忠實消費者，每一年跟隨古蹟燒的駐點親臨現場，只爲再嘗一口味道如鬆餅般的美味雞蛋糕。

古蹟燒利用台灣常見小吃「雞蛋糕」串聯食物與人、食物與社會的關係，讓台灣小吃除了是在口腹上滿足普羅大眾的常民文化外，還能透過「食物設計」導入更深一層的社會意識於其中，如同古蹟燒團隊的心聲：「也許有一天，在台灣各地都能看見古蹟燒的特色攤車，鞏固文化資產保護在民眾心中的意識。期許台灣在未來能成爲一個對古蹟與文化資產保存更友善的國家。」

二

Design for Food

食物器具設計

3

英國

Zero Takeaway Packaging

你想要外送美食怎麼包裝？

從搖籃到搖籃的快餐包裝

泡麵是肚子餓、宵夜嘴饞即時果腹的最佳選擇，但你有想過吃一碗泡麵要花多久時間嗎？從沖煮到吃完，五分鐘？十分鐘？二十分鐘？不管你花多久時間，絕對不會比「泡麵包裝需要花八十年才能分解」的時間還要久。

——可以一起泡的泡麵包裝

這個問題，讓英國倫敦雷明斯本大學（Ravensbourne University London）畢業的一名工業設計系學生荷莉・古朗德（Holly Grounds）研發出可分解式的泡麵包裝。雖然目前許多生物塑膠製品宣稱可分解，但分解條件十分嚴苛；荷莉・古朗德的新泡麵包裝則是可食用且無味的生物膜，由馬鈴薯澱粉、甘油和少數的水製成，並直接將調味料與蔬菜片融在泡麵包裝中，食用時只要放入碗中沖水，不到一分鐘就可以溶解，成爲眞正的「可分解」包裝。

飲食包裝的環保問題不只出現在泡麵，還有很多食品皆是如此，例如超市賣場架上牛奶的保存期限都不長，但牛奶的包裝盒確要耗費好幾年的時間才能

荷莉・古朗德研發的泡麵包裝可連同麵體直接沖食。
圖源｜Holly Grounds官網

自然分解。事實上，我們飲食中有三分之一是直接就著產品包裝吃的，但食物吃完後，大部分都會留下包裝，通常只能作爲垃圾處理，交給大自然去慢慢「消化」，不好消化的、沒能消化的就會對環境造成負擔。特別是在全球新冠肺炎疫情肆虐下，餐飲業者爲求生存，陸續開啟外帶餐盒、冷凍餐食宅配或與外送平台合作等服務，外送的方便改變了人們的飲食習慣，卻也衍生出大量「包裝餐盒」的垃圾問題。

因此，近年來有不少設計師針對「食品包裝」提出前瞻性、創新性的設計解方，包括瑞典設計工作室「明日機器」（Tomorrow Machine）研究各種材質與食物的交互作用，提出This Too Shall Pass（直譯：一切都會過去）可降解且美觀實用的未來食物包裝。設計概念是包裝和食物享有一樣的生命週期，結合「共生」與「仿生學」的概念詮釋食品包裝，將塗上蜂蠟的焦糖作爲可分解的包裝材質，只要像雞蛋一樣打破即可將食物倒出。紐約布魯克林設計工作室Crème則以種蔬菜的方式種出環保葫蘆咖啡杯，以替代一次性咖啡杯。

餐盒Zero Takeaway Packaging兼顧食物外帶包裝的環保與美感。圖源｜PriestmanGoode官網

「搖籃到搖籃」的外送包裝設計

英國倫敦設計工作室PriestmanGoode（普睿谷），爲減輕外送所產生大量一次性垃圾的包裝問題，攜手多位設計師以「搖籃到搖籃」的循環產品概念，共同設計開發用可可豆殼製成可重複使用、可分解回收的環保餐盒Zero Takeaway Packaging（直譯：零外帶包裝），掀起外送平台環保革命。

爲了達到外送餐盒的輕便、耐熱、隔熱、可分解及可回收，Zero環保餐盒使用可可殼生質塑膠製成包裝外殼，包裝提把以生質橡膠製作；內層的隔熱材質

則用菌絲體製作；盒蓋使用鳳梨纖維製成的仿皮革材料製成；便當外袋包裝則是以玉米澱粉、糖和廢棄食用油製成的可分解環保材料。整體來說，包裝裡外細節都是生物可分解材質。

雖然，消費者在外送平台訂購餐點需支付少量包裝成本的費用，但是在退還Zero餐盒時，會獲得外送系統的回饋金以鼓勵消費者使用。特別的是在通用包裝[8]的設計，外觀爲可堆疊的模組化包裝，透過堆疊的型式，上層容器的底部會成爲下層的蓋子，減少運輸體積包裝量。同時爲達到永續循環，外送餐盒的設計讓不同餐廳皆可使用，前一間餐廳使用完畢，下一間餐廳清洗後可再次將餐盒送出持續使用，不會造成一次性的包裝垃圾。最後不容忽略的是用餐體驗，PriestmanGoode創造兼具美感和實用性的包裝，讓「包裝」不像是包裝，而是有著如家裡餐具的質感，讓用餐者吃著外送卻享有如同在家用餐的氛圍感。

根據全球食品飲料行業資訊先驅Innova Market Insights與旗下媒體Packaging Insights發布的二〇二〇年全球食品包裝趨勢[9]，可分解、可堆肥、可回收的包裝在市場中年年成長，可見「環境友善」的食品包裝將是未來趨勢。正如PriestmanGoode 策略副總監喬・羅文（Jo Rowan）所說：「我們應該撇棄丟棄式的食品包裝文化，專注在創造循環經濟的包裝設計。」[10]

食物設計小練習

觀察三餐的食物包裝

你可曾注意到日常三餐的食物是如何包裝來到你手上？請你試著回想昨天三餐，你是自己煮還是叫外送呢？吃了哪些食物？數數看，這些食物有多少容器或包裝？哪些包裝是可重覆使用的？哪些包裝是一次性包材的垃圾？

例如，我今天晚餐外帶一盒鍋貼、一碗酸辣湯、一份燙青菜，我總共使用了一個塑膠袋、一個紙湯碗、一個紙盒，總計三個一次性包材。你呢？對這樣的包裝覺得滿意嗎？

8｜通用包裝（universal packaging）泛指能廣泛運用於多種商品的包裝容器，不針對任何特定商品而設計，故皆依標準尺寸和規格生產製造。

9｜資料參考其所分析的2020年全球五大包裝趨勢一文〈Top Packaging Trends 2020: Communicating "The Language of Environmental Sustainability"〉。Innova Market Insights是全球食品飲料行業資訊先驅，專爲全球食品產業客戶提供全面的市場情報分析。

10｜引自Dezeen網站〈PriestmanGoode creates reusable fast food packaging from cocoa bean shells〉一文。

領域

三

Eating Design

吃的設計——飲食行為的設計

案例：

●無光晚餐（台灣）

●黑暗中發光的冰淇淋（英國）

●食色性也 Dining Toys（荷蘭）

「吃的設計」與體驗飲食的策劃有關，像是烹飪動作與餐宴流程的儀式性，或是吃的行爲：刀叉使用、聞味道、咬食、舔食、咀嚼、吞嚥等等動作的再詮釋，甚至包含用餐者之間的交流互動。在這個領域最知名的，莫過於擁有超過十五年食物設計經驗，在荷蘭自稱「吃的設計師」的瑪萊雅・弗赫桑。她認爲食物本身已經是大自然最完美的設計，因此對設計師而言，應該創造的是「人與食物」之間的互動，例如：吃的過程、感官與感受、故事與食物的分享、人與人之間的互動、用餐氛圍等。

回想生活中的例子，雖然我們能夠選擇一鍋煮好的熟食直接食用，但偶爾仍會去「燒烤店」或「火鍋餐廳」，享受邊吃邊煮的繁複過程，或像是「迴轉壽司」，強調享受飲食過程中選擇食物的樂趣。這些享用食物的流程與安排，就是基於設計與心理的考量，保留了某些我們飲食行爲中喜愛的部分。

讓參與者「以身體現」，一邊朗讀台灣飲學文學，一口吃下台灣味。圖源｜作者提供

三

Eating Design

吃的設計

1

台灣

無光晚餐

如果「摸黑」在黑暗中吃飯，你的食物旅程會有什麼不同？

在黑暗中打開多重感官滋味

當你走進一間餐廳，眼睛快速環顧餐廳內部的環境，接著服務生指引你坐在指定的位置上，遞上菜單，你專注地看著菜單上的選項，花了一點時間終於決定好想吃的餐點，然後就是等待著準備大快朵頤。當餐點上桌，面對食物之際，你五官並用，享受每一口食物帶來的滿足。這般的用餐旅程，是如此理所當然、稀鬆平常，但如果你走進的是一片漆黑、伸手不見五指的餐廳，你吃的食物仍會帶給你同樣的滿足嗎？如果讓你摸索著在黑暗中吃飯，你的食物旅程會有什麼不同？

在「黑暗中用餐」（Dining in the Dark）這個概念在國外流行已久。全世界第一家無光餐廳是一九九九年在瑞士蘇黎士開業的盲牛餐廳（Blindekuh）[11]，其概念源自一個「看不見的展覽」，參觀人士需在黑暗中感受展覽，只是沒想到策展設計團隊原班人馬接著合開了全世界第一間無光餐廳，設計出不靠視覺吃飯的體驗。餐廳聘請的工作人員多為盲人或弱視人士，來這裡用餐的客人會走進由暗到全黑暗的感官旅程。體驗目的是希望讓更多人在很短的時間內經歷盲人的世界，也為當地視障人士提供一個更有趣的工作機會，

11｜盲牛餐廳的遊戲規則是，客人扮演扮盲人的角色，在伸手不見五指的情況下，體驗全新的用餐經驗；而真正的盲人則擔任服務生，為客人領位及上菜。詳見盲牛餐廳官網http://www.blindekuh.ch/。

餐廳免稅，且部分收入支持失明基金會（Foundation Fighting Blindness，FFB），研究如何治療導致失明的網膜疾病和用於視障人士相關的專案及活動。

——「顏色」影響味道品嘗

飲食的感官體驗中，「視覺」體驗最爲直接。視覺讓我們用餐更專注，讓我們辨識食物的烹調手法和顏色，也辨別食物是否新鮮可食。視覺首要對應的就是「顏色」，影響我們對味道的想像和喜好，也是我們用來與外界溝通很重要的媒介。如同《味覺獵人》一書的作者芭柏・史塔基（Barb Stuckey）所述：「即使味覺和嗅覺功能良好，我們依舊會以視覺爲重。改變食物或飲料的顏色，就能改變你所嘗到的味道。」

發展近三百年的食品工業也深知顏色的重要性，某些業者爲了刺激消費者的購買慾，除了考量食品的口感、香味，「色相」也成爲食品設計的顯學。食品加工業者化身成設計師與畫家，以不同比例調配出五顏六色的蘋果口味、藍莓口味、草莓口味等各式各樣充斥著廉價人工色素和香料的仿製品，漸漸扭曲這些食物原本應有的顏色。舉例而言，小美香草冰淇淋讓大眾誤以爲香草是白色的；乳瑪琳早期是雪白的色彩，並不是目前黃澄澄的奶油色；五彩繽紛的糖果，是加入人工合成色素調製，事實上眞正的草莓不會這麼紅，葡萄也不會這麼紫。

當人們在食品業者的行銷策略與高明的食品加工技術下，漸漸分辨不出食物原本的顏色，那麼當我們喪失視覺，我們對食物的體驗會有什麼不同？雖然我們非常依賴視覺，但烹飪和飲食的樂趣並不因喪失視覺而降低，我們可能變得更善於運用其他感官來品味食物，協助我們做出更明智的決定，或打破我們原本感官的習慣，去要求更多超越我們眼睛所看到的東西。在黑暗中用餐就是爲了讓人們在用餐時拋掉一些不必要的束縛，撇開視覺的影響，利用剩下的味覺，嗅覺、觸覺和聽覺，眞正的去感受每一道食物的美味和精髓。而這樣的風潮首先在歐洲出現，並逐漸延伸至美洲、亞洲，在台灣，則有驚喜製造[12]團隊於二〇一六年以同樣概念開設的快閃體驗餐廳——無光晚餐。

12｜驚喜製造Surprise Lab.爲一家體驗設計公司，於2016年推出第一季的無光晚餐，2019年再推出第二季，其他創意還包括「一人餐桌」、「微醺大飯店」、「明日俱樂部」等，每一場的目的都是爲了創造「飲食體驗」，詳見官方臉書專頁https://www.facebook.com/surpriselabtw/。

在黑暗中，單是分辨吃下的食物就能創造驚喜。圖源｜無光晚餐活動官網
https://www.surpriselab.com.tw/dininginthedark

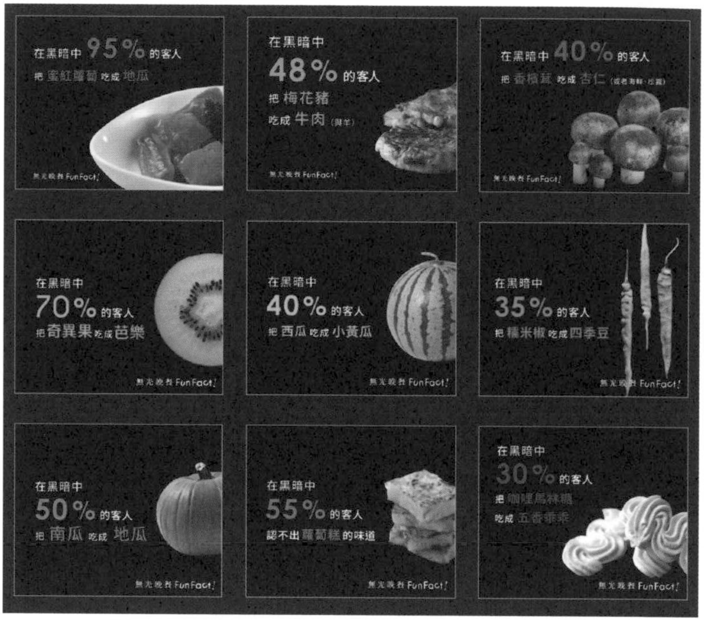

——放大視覺以外的感官強度

什麼是「無光晚餐」？驚喜製造在官網上寫著：「是一個在全黑空間中，伸手不見五指，開眼無法適應，其餘感官大開，想像力噴發的餐飲體驗。重要的東西是眼睛看不見的，在無光中，與夥伴一起找尋那些用心才能發掘的美好。」二〇一六年在台北市快閃黑暗體驗餐廳「無光晚餐」限定爲期四個月，採預約制，每次用餐九十分鐘。當我們走進大門，工作人員先指示手機關靜音並交至櫃檯保管，目的是讓人們停止吃飯滑手機，遠離社群軟體的俘虜，找回餐桌上人與人之間的互動和連結。接著，我們像幼稚園小朋友那樣搭著前方人的肩膀，由工作人員引領穿過一重厚厚的布幔，告別身後大廳的燈光，緩緩走進一片漆黑、伸手不見五指的地方，只隱約看到工作人員頭上配戴夜視鏡照射出的紅外線光線。

無光晚餐的餐點以「觸覺」爲主軸，分成記憶、觸感、氣味、五味、食材、冷熱六大主題，一共十八道料理。在黑暗裡用餐，所有感官的敏銳度都被放大，黑暗中細小的聲音變得無比清晰，食物咀嚼聲、喃喃說話聲、低沉的笑聲，幸好這些聲音沒有奪走我們努力搞清楚餐盤內食物是什麼的專注力。當我們無法依靠視覺，大腦開始搜尋更多資訊，爲證實自己吃

的食物是什麼，會把食物拿到鼻子前嗅聞、放在手上摸索，什麼食物會有這個味道和觸感，我們在腦海裡搜尋答案。這般用餐體驗是對自己感官能力的測試，也是拉進人與人之間信任關係的實驗，更是一種跳脫視覺，只能透過口感、氣味、溫度猜測每道料理內容的獨特經驗，可以好好吃一頓不用拍照的晚餐！

無光晚餐希望設計一場別於一般生活的「飲食體驗」，給予一個空間，讓人們在沒有視覺先入爲主的狀況下，重新感受與認識身邊最簡單、最平常的事物，讓參與者都能從中發掘屬於自己的驚喜。如同驚喜製造創辦人陳心龍提到的把「fine dining」變成「fun dining」，用餐不再拘束，參與者可以捨棄餐具，用抓的、用聞的、用舔的，打開感官，沉浸在劇場、光線、聲音、味道之中，讓進食變得好玩又有趣。

《無光晚餐》讓參與者在九十分鐘的黑暗之中探索餐桌上的一切。
圖源｜驚喜製造提供

三

Eating Design

吃的設計

2

英國

黑暗中發光的冰淇淋

吃可以讓人遊戲於現實與非現實之間嗎？

充滿推測性與藝術表演性的前衛體驗

體驗完在黑暗中用餐後，不妨再來個甜點吧！試試世界上第一款在黑暗中發光的冰淇淋。會發光的冰淇淋？很難想像吧。關於吃的設計，除了先前提到的荷蘭「吃的設計師」瑪萊雅・弗赫桑，由山姆・邦帕斯（Sam Bompas）與哈利・帕爾（Harry Parr）成立於倫敦的食物藝術工作室邦帕斯&帕爾（Bampass & Parr）也是享譽國際的食物設計佼佼者。他們的作品充滿前衛的推測性[13]與表演性，藉由吃的餐宴提供飲食感官的「沉浸式體驗」，例如將餐廳仿造地底，讓參與者於泥土中挖出製作沙拉的食材，體驗五感鮮明的泥土食宴（Dirt Banquet）[14]，刺激人們超乎想像的感官體驗，衍生食物設計創新運用的可能性。

邦帕斯&帕爾團隊擅長以食物與感官創造深刻的體驗強度而讓人感到驚奇和喜悅，團隊成員的專業跨域科學、心理、設計、烹飪、建築、科技、藝術、神經學等。二〇〇八年以果凍灌注模型的方式，創作一系列能吃的建築模型，如著名的白金漢宮、倫敦國家藝廊、馬雅古廟，並錄下果凍晃動時的聲音，再傳送到網路上，自此大受矚目。果凍建築聲名大噪後，持續將食物和吃的行為結合的瘋狂點子玩得淋漓

13｜推測設計（Speculative Design）概念由倫敦的設計工作室Dunn & Raby率先提出，是一種透過推測與虛構情境來鬆動現實框架的設計思維，作爲一種社會文化的探究模式，啟發人們的想像力和反思，目的在於「撼動現在，而非預測未來」。參見宮保睿，〈撼動現實的推測設計：多樣性的現在與混種的未來〉，台北數位藝術中心官網線上專文。

14｜鬼才雙人組「邦帕斯&帕爾」在維多利亞時代建置的汙水處理廠舉辦了一場宴會，藉此探討泥土對烹飪的影響，詳見http://bompasandparr.com/projects/view/dirt-banquet/。

盡致，推出讓客人邊玩拼圖邊吃果凍（拼圖是用果凍製作）、邊打高爾夫邊吃果凍。他們更異想天開在倫敦著名的Selfridges百貨公司頂樓建了一條夢幻充滿甜味的綠色河流，用餐者可以泛舟在這條「美味」的河流上，享受一頓充盈著熱帶果香的餐點。創造能量豐沛不絕的鬼才雙人組隨即再設計一系列「吃的設計」的大膽實驗，最出名的作品莫過於二〇〇九年充滿酒精雲霧的「酒精建築」（Alcoholic Architecture）和能吃的跨年煙火秀「多重感官煙火」（Multisensory Fireworks）。

——創造變幻的飲食體驗奇境

酒精建築是一間可以用「吸」的雞尾酒酒吧，餐廳空間盈滿飽含酒精的雲霧，你走著走著就會開始感到微醺，可說是超迷幻的「吸」酒體驗。二〇一四年

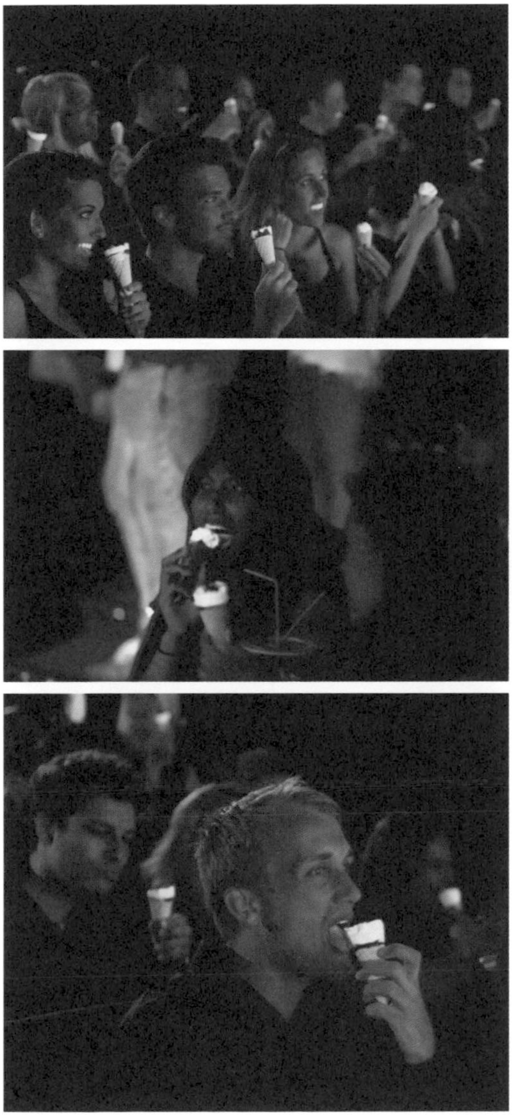

邦帕斯&帕爾設計的「黑暗中發光的冰淇淋」，讓邊看電影邊吃冰淇淋的日常行為多了科幻感。圖源｜https://www.dezeen.com/2014/08/04/glow-in-the-dark-cornetto-ice-cream-bompas-and-parr/

倫敦的跨年煙火秀，食物設計鬼才雙人組與煙火技師、調香師合作設計一場「多重感官煙火」，當五、四、三、二、一倒數最後一刻，夜空開始灑落香蕉口味的色紙，接著降下蘋果、草莓、櫻桃、水蜜桃口味的雪花，香蕉果泥和橘子氣泡飄散在空氣中，近五萬名群眾被包圍在甜蜜水果的果香氣味中，忍不住張口品嘗，這場不只用眼睛看，還又好聞又能吃的煙火秀，讓來自世界各地的遊客在倫敦度過永生難忘、嘖嘖稱奇的跨年夜。

不僅如此，他們也讓創意的飲食體驗走進你我的日常。二〇一三年在倫敦舉行的《醉後末日》（The World's End）電影首映會，呼應該片作爲「血與冰淇淋三部曲」的最後一部，他們創造了一種會在黑暗中發光的冰淇淋（Glow-in-the-dark Cornetto）於現場發送。不知情的觀眾在咬了一口冰淇淋後都很驚訝，因爲當影廳熄燈，他們手上的冰淇淋竟然可以在黑暗的電影院中發光！更驚奇的是冰淇淋也把他們的舌頭變成了發光的手電筒，因爲他們的嘴巴也發光了！爲了讓冰淇淋發光，邦帕斯&帕爾團隊花了很多時間研讀關於物理、化學的書籍，不斷實驗後，發現在冰淇淋加入核黃素（Riboflavin，又稱維生素B2）[15]，能在不影響電影播放的情況下，因特定波長的光照射，讓該物質發出螢光效果，而且每舔一下，舌尖也因殘留的可食用核黃素而發光。核黃素有苦味，但薄荷巧克力冰淇淋中的糖和脂肪掩蓋了這一點，加在冰淇淋裡安全無害，創造出驚喜體驗，讓觀眾宛如置身科幻電影中。

——設計自己的隔離飲食

二〇二〇年全球新冠疫情大爆發，前衛的邦帕斯&帕爾推測病毒大流行期間和疫情後，可能出現的六種設計趨勢及生活方式，每項推測又各別再提出兩項解決方案[16]。其中一項是疫情期間的「隔離飲食」（Isolated Eating），由於疫情影響人們能自由選擇食物及獲得食物的機會越來越有限，他們推測未來人們將有更多時間，去探索如何設計一頓讓自己飲食體驗更有趣的料理及延伸的創新設計。報告中提出了兩種

15｜核黃素是用和螢火蟲和水母發光所用的生物同類的物質來製作的一種特殊調料，不需要紫外線照射就能發光，在正常光照條件下可以在食物中看到。

16｜詳見其所提出的〈Fluid Landscapes Report 2020〉趨勢報告，http://bompasandparr.com/projects/view/fluid-landscapes/。

Bompas & Parr在阿聯酋阿布達比開設「Glow-in-the-Dark」快閃酒吧，以可食的夜光壽司與調酒，刺激人們超乎想像的感官體驗，讓饕客們在黑暗中享用豐實感官歷程的料理。圖源｜Dezeen

對應的飲食設計：一是情緒菜單，用餐者的個人情緒回憶能打造料理的不同風味，情緒、記憶都成了料理食材的一部分，想像一下，你的櫥櫃裡剩下一條巧克力，但是利用你的「記憶庫」，你可以製作同樣的一塊巧克力，讓疫情期間困在家裡的人嘗到難以想像的滋味；第二種飲食設計是放在罐頭中的食譜卡，引導你在家如何利用空間、冰箱與食物櫃裡的食物，設計一頓彷彿外出在餐廳用餐的飲食體驗。如同邦帕斯&帕爾說的：「疫情讓我們別無選擇，只能在家中創造儀式感，一種如同在餐廳用餐的飲食體驗。」

這對食物設計鬼才雙人組始終以無窮創意締造華麗的食物體驗，刺激人們超乎想像的感官體驗，衍生食物設計豐富創作的未來可能性。但別忘了他們所帶來的新奇體驗與享受，背後都代表著食物科學的技術門檻及食品科技的應用價值。食物設計存在各式系統創新及跨域科學合作的可能，因此食物設計師除了涉略餐盤內的感官風味，別忘了下回試試佐以科技，融合烹飪藝術、食品科學、感官心理等，端出一道豐實感官歷程的料理。

3

荷蘭

食色性也 Dining Toys

飲食與性愛的關係是什麼？

喚醒人們最原始的「本能」

食器會改變人的飲食方式，創造新的飲食體驗。畢業於荷蘭恩荷芬設計學院的食物設計師羅珊・布瑞南（Roxanne Brennen）爲了讓人們有更「愉悅」的用餐體驗，設計了一系列「食色性也Dining Toys」（中文直譯：餐飲玩具）的感官刺激餐具。羅珊・布瑞南提到：「人體的大腦在面對用餐和性愛的反應一樣，因爲得到滿足後大腦都會釋放胺多芬（endorphins）使我們產生愉悅感。」[17]

——勾動更狂野直接的本能愉悅

爲了讓用餐者在飲食過程中能夠擁有前所未有的「吃的體驗」，她設計的餐具形狀與人類生理器官形狀極其相似，例如圓潤似乳房或雙臀的碗，碗中盛入汁液豐富的巧克力醬或新鮮覆盆子，舌頭需要靈活運轉才能成功品嘗到醬汁。過去，我們較少以「舔」的方式品嘗食物本身或是醬料的味道，但羅珊・布瑞南以瓷器設計出形狀特異的餐具，你可以在用餐時，讓身體成爲餐具的一部分，重新感受食物，認識食物的氣味和口感，也讓我們在飲食過程中增添了想像空間

17｜引用自Dezeen網站〈Dining Toys tableware turns eating into a sensual activity〉一文。

和多元的感官體驗。

世上所有動物看到食物的反應，都是直覺地立刻吞食，畢竟吃飯本質就是一種動物「本能」。當人們覺得食物好吃的時候，會下意識地舔餐具和手指，這種看起來不合乎社交禮節的動作，其實映射了人們正在放鬆地享受美食的心理狀態。然而，現代餐具和社會禮儀已經形成一套僵化的模式去壓抑這種「本能」的慣性，我們如何進食、吃什麼、何時吃，以及如何在餐桌上與他人互動等等，都已經有了相當固定的行爲模式。羅珊・布瑞南認爲當我們跳脫社會加諸的潛

羅珊・布瑞南的「食色性也Dining Toys」餐具提供更迎合感官本能的飲食體驗。
圖源｜https://www.instagram.com/brennenroxanne.design/

規則，便能自然依照動物的本能而有不同的反應，也許飲食體驗會變得更加強烈，因爲「本能」能展現觸覺、視覺、聽覺、味覺與嗅覺上更直接、更狂野的感官體驗，包括咀嚼、吸吮過程中所發出的聲音、動作等，喚醒人類社會化被壓抑的「本能」所帶來的滿足感和愉悅感。

當代飲食體驗可以跳脫尋常的飽食目的，透過設計一種感性的連結（emotional connection），讓人們享受一場「體驗式的飲食儀式」，不僅是味覺的滿足，更多是沉浸在多重感官而感受到眞正的一期一會。飲食與食器的關係，象徵著餐具與人之間的連繫，羅珊・布瑞南將餐具轉換爲具有「隱喻」意義的造型和功能，賦予餐具故事性和互動性，使飲食的行爲能以更平易近人的本能樣貌，展現在飲食體驗之中，也啟發我們探尋餐具能引動的想像可能。

食物設計小練習

「餵食」vs「被餵食」

飲食記憶是一種私密的記憶，視覺可以圖像分享，聽覺可以傳遞，但，味覺呢？如果以身體作為餐具，味道能否透過我們的身體而被擁有？或因此創造屬於彼此的味覺記憶？

當一個人餵食了你，你們之間似乎就有了一種奇特的連結。今天中午和同事用餐，下班回家和家人用餐，試試互相餵食對方，或許使用餐具，或許直接以手就口，你體驗到什麼了呢？對方又有怎樣的感受？

領域

四

Food Product Design

食品設計——將「食物」視為產出的「產品」

案例：

- **Neyuki 雪地起司蛋糕（日本）**
- **小蟲同學（台灣）**
- **原味蘋果米餅（台灣）**

食品設計泛指可運輸、可量產的食品，且食用過程能傳遞給消費者有「記憶點」的體驗，體驗的節點來自口感、原料、味道、香氣或形狀等讓「消費者有感」的食品元素。例如加拿大Food Crayon推出充滿趣味的食用蠟筆型態的調味料；打開杯蓋會看見一張跟你微笑的貓臉插圖，再附上療癒「貓耳杯蓋」的日本泡麵。食品設計的「設計」，是作爲一種人造的「控制」，食材同值化、保存期限、添加與調味、被大眾接受、方便即時食用等等，舉凡糖果零食、微波食品、義大利麵、罐頭泡麵等能顛覆味蕾新體驗的皆是食品設計的範疇。

像是義大利代表食物「通心粉」，看似簡單實則大有學問，在製作上有許多要求，像是需要受熱均匀的形狀、利於吸取醬汁的表面積，還要便於工業生產、看起來很美味……，必須一一滿足這些嚴苛條件才能投入生產；而邪惡零食洋芋片，除了口味、造型上的設計，咬起來的口感和聲響也都要納入考量。這些生活中再平常不過的食品，背後仰賴一群食品設計師（Food Product Designer）不斷實驗設計，好讓消費者忍不住從口袋掏錢買單。當工業製造設計思維遇上食物，我們所得到的，簡直是一種人造食物所創造的極限存在。

「美味」是食品開發的基礎，少了美味，產品被消費者買單的可能性就不高，加上生活環境的改變與科技發展的創新，消費者口感需求及感受日新月異，如何創造符合當代趨勢的感官體驗，兼顧飲食健康和包裝美學，都是食品設計運用的關鍵。

四

Food Product Design

食品設計

1

日本

Neyuki 雪地起司蛋糕

你曾買過哪些「看起來好好吃」的東西？

吃下一口北海道綿綿不盡的雪景

日本中生代最具分量的設計師，始終維持高創作能量的Nendo設計事務創辦人佐藤大，在其三十年設計生涯中，爲世界各大知名品牌設計多款經典雋永的商品，其中不乏令人驚喜、耐人尋味、看了就很想吃的食品系列。著名設計師佐藤卓在其著作《鯨魚在噴水》一書中提到食品包裝首重「垂涎欲滴感」，換言之就是「看起來是否美味可口」，不論是食器或包裝，其材質、形狀、顏色、觸感、表面、氣味等和食物相關的皆是量產一項「看起來好好吃」的設計很重要的因素。要製作看起來好好吃的食品，就是喚醒消費者的共鳴和關於「美味」的記憶。食品設計追求的就是尋找多數消費者共通味覺記憶的行爲。因此，佐藤卓提到「一個不能客觀以對、自我中心主義的人無法設計量產食品。」一項量產食品設計的完成，必預全盤考量「看起來好好吃」的設計，以及延伸的相關物件、環境等。

——跳脫「理所當然」的食品概念

你是否曾經吃過或看過傳統巧克力蛋糕上，一

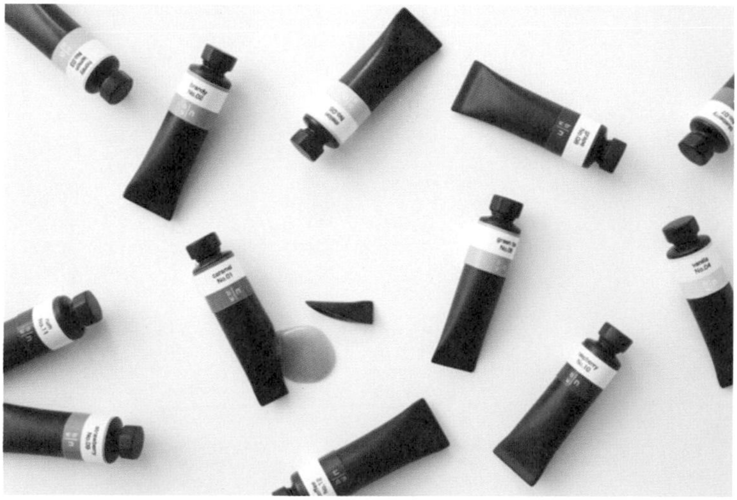

Nendo設計的鉛筆巧克力和顏料夾心巧克力，將食物和物件建立全新的概念連結。圖源｜Nendo官網

片片微微捲曲狀的巧克力屑，那會讓你想到什麼？Nendo聯想到的是小時候削鉛筆機削出來的鉛筆屑！二〇〇七年，Nendo和頂級巧克力品牌Le Chocolat de H. Tsujiguchi合作的鉛筆巧克力，濃度不同的巧克力被製作成顏色不一的鉛筆造形，每隻筆用巧克力的濃度（七十%、八十%、九十%）隱喻鉛筆的筆芯顏色深淺（2B、3B、4B），而鉛筆盤形狀的蛋糕盤凹槽放置「削筆刀」，藉此喚醒消費者的共鳴和記憶，你可以回味學生時代邊削鉛筆邊留下鉛筆屑的體驗，只是這次鉛筆屑不會被撥到垃圾桶，而是進到你的肚子裡。

二〇一三年Nendo與西武百貨合作，再推出另一款經典限量的顏料夾心巧克力，將巧克力做成了顏料管的樣子，內部注滿不同口味的調味糖漿，十二種口味的夾心巧克力外觀就像不同顏色的水彩顏料，蓋子被打開的瞬間，糖漿就如同眞正的「顏料」流出。顏料管的包裝標籤標註不同的口味，如香草、咖啡、白蘭地和萊姆等等，這些標籤作爲包裝也可以讓使用者在享用美味時保持手部乾淨。

傳遞北海道雪景意象的Neyuki雪地起司蛋糕讓人覺得「看起來好好吃」。圖源｜Nendo官網

從可以吃的鉛筆到可以吃的顏料，Nendo設計工作室都跳脫「理所當然」的食品框架，建立全新的概念連結，把看似互不相關的物件或概念串接起來，爲產品在市場競品中創造出「差異感」的耳目一新和「看起來好好吃」的五感體驗。

——將風土文化融入食品意象

要讓人感覺看起來好好吃，重要的不僅是味道，更多是來自食物延伸出的意象、符碼以及地域或風土等元素，這些都會成爲食品「美味資訊」的關鍵。二〇一八年，Nendo和北海道甜品公司Flanders合作推出一款「看起來好好吃」的甜點：以日本北海道雪景爲主題的起司蛋糕Neyuki Cheesecake。打開精緻的蛋糕盒，印入眼簾的是有如浪漫雪景般的起士蛋糕，蛋糕表面鋪了像積雪起伏一樣厚厚一片的白色糖粉，在這片糖粉雪景中，樹立著一根根用雞尾酒巧克力做成樹木形狀的巧克力棍。半掩覆於雪堆中的樹木，這幅美麗的寒冬雪景看起來還眞有點眼熟，原來取景自日本北海道特有的地域風情。當你拔起一棵「樹」時，一塊起士蛋糕就會驚喜地從白絨絨的雪毯中冒出來。

作品的設計概念源自日本北部島嶼早期的一項傳統，早期居民還沒有冰箱這個科技產品能保存食物時，居民便將水果、蔬菜儲存在雪地中，如此一來能延長食物的保鮮，二來也能增加食物的甜度。這款承載著食物文化的起司蛋糕名爲「Neyuki」，意思是「連續的雪覆蓋」，以頌揚北海道著名的長久冬季，也希望消費者在品嘗蛋糕時，能從外觀、吃的體驗、口味等不同感官途徑認識北海道的風土文化。

四

Food Product Design

食品設計

2

台灣

小蟲同學

你對未來食物的想像是什麼？

當麵包蟲遇上台式經典零食

昆蟲被視爲未來糧食危機的解藥，也是未來食物的熱門選項。關於未來食物，除了常見被討論的昆蟲食品（insect food），奈米食物（Nanofood）[18]、植物肉、人造肉等也是新創公司與食品公司競相投入研發以搶攻市場的「未來食物」。但，未來食物究竟是什麼？致力於未來食品開發及推廣的新創團隊「食態Foodtype」，認爲未來食物是爲了解決未來環境問題所誕生的新型態飲食方式。從海洋到陸地，從陸地到地層，漁業過度捕撈造成海洋生態浩劫、畜牧業的碳排放與耕種面積擴大、土壤沙漠化等各式環境問題，是人類不斷過度開發、人類文明不斷壓縮到環境所引發的後果。未來食物正是解決上述環境議題的一種友善的飲食方式，用最低汙染與耗能方式產出日常食物，讓人類在永續的前提下攝取養分與熱量。

「食的未來式」以友善環境爲先

爲了探索食物的未來，雲林科技大學工業設計系畢業的兩位同學王旻晨與陳秉辰，以食物設計的角度探討「食的未來式」來回應糧食危機、全球暖化等

18｜食品與包裝業者將奈米科技導入其產品中，以延長食品保存期限、改善包裝材料的品質、抵抗細菌或微生物的汙染。就加工與添加過程而言，奈米技術可改變食物的本質，且可以依據消費者的營養與口味需求生產。然礙於不能在產品包裝宣稱療效，食品業者會在產品的包裝設計上動腦筋，讓食品外觀像是保養品或是各式隱喻符碼，包裝設計、瓶身挑選其實都隱藏著學問，卻是一般消費者容易忽略的地方。

議題。以此概念出發，於二〇一八年共同創立食態公司，從工業設計一頭栽進了食品新創領域，克服重重難關，隔年推出國內第一款以「蟲蟲」爲食材開發的休閒零食「小蟲同學」，成爲台灣第一個昆蟲食品品牌，並外銷至海外，頗受好評並引發討論熱度，接著公司開始研發以昆蟲原料作爲生技食品，推出數款營養機能食品。

產品開發的過程中，一開始食態團隊就像烘焙愛好者，將自己飼養的昆蟲處理過後烤乾磨成粉，加進各式各樣的餅乾，製作成各種點心分享給朋友，但大家聽到吃蟲都會非常驚訝並投以異樣眼光。但仔細想想，我們可以對各種和蜜蜂有關的產品習以爲常，包括蜜蜂「消化吸收」後分泌白色奶油狀的蜂王乳，蜜蜂採集花蜜混合自己「唾液」形成的膠狀物蜂膠，乃至備受老饕喜愛的山產野味酥炸蜂蛹，那麼朋友聚餐來一盤麵包蟲做成的小蟲花生或杏仁作爲酒伴良食，應該也還好吧？

事實上，全球大約有二十億人在食用昆蟲，亞洲佔居世界第二，許多國家生活中普遍擁有食蟲的習慣，特別是昆蟲體內含有高品質的蛋白質、脂肪酸、高纖維、微量元素如鐵、磷等，被視爲取代肉品蛋白質的最佳選擇。食態第一次嘗試昆蟲食物，是在山產店吃炸蟋蟀，才發現根本沒有想像中的可怕。當決定踏入食蟲的創業圈，才發現全球早已有超過二百五十家食蟲相關公司致力研發創新昆蟲食品。爲了進入市場，他們化身消費者，買盡其他品牌的昆蟲食物來做嘗試與調研，其中包括在中國生產及推出的世界第一款用蠶蛹粉做成的零食「好饞Bella Pupa」薯片[19]。

——用原形零食推廣食蟲文化

甲蟲、蟋蟀、竹蟲、毛毛蟲等都是世界上常見的食用昆蟲，猜猜看，哪一種是最常出現在餐桌上的？聯合國糧食及農業組織在二〇一三年發布《可食用昆蟲：食物和飼料保障的未來前景》（Edible Insects: Future Prospects for Food and Feed Security），提到昆蟲是地球上種類最多的一群，超過一百萬種的昆蟲，有九十七%是棲息在陸地上，目前得知近

19｜中國每年生產的50萬噸蠶蛹（占世界總產量的75%）並未充分利用。過去蠶的價值主要在於抽取蠶絲，抽絲之後用作動物飼料，如今隨著昆蟲零食的發展，致力於製作昆蟲食品的Bugsolutely公司在蠶寶寶身上看到了商機，在中國生產、推出這款蠶蛹粉薯片，詳見Bugsolutely官網 https://www.bugsolutely.com/。

口感酥脆的「小蟲同學」是涮嘴的零食，獨立小包裝能保留獨特香料於蟲身的香氣。圖源｜食態官網（上圖）、食態提供（下圖）

一千九百種昆蟲可供人類食用，其中「甲蟲」占最高。然而，食態選擇了「麵包蟲」做爲第一款產品，主要考量麵包蟲飼養容易，在飼料、飼養面積等方面都比較易於上手。開發過程中，食態掙扎很久是否要把麵包蟲磨成粉，讓消費者看不見。然而，比起看不見，他們更想要一種更富衝擊性的方式來推廣食蟲文化，於是取樣台灣常見的零食小魚乾花生，把麵包蟲製作成「小蟲花生」的休閒零食形式。

作爲國內少見的昆蟲食品先行者，出自工業設計背景和食品業八竿子打不著關係的食態團隊，花費許多時問和心力尋找安心原料，製程爲了符合現有食品安全檢測及規範，特別跨域找到食品產業相關的專家，逐步建構出標準生產模式及產品品質。食態提到產品開發最大的困難就是在飼養的供應，「我們在屏東找到一位葉先生，他擁有一間溫室麵包蟲飼養場，環境非常乾淨，還讓蟲蟲們吹冷氣，就此放心地跟他配合，讓他提供我們安心的麵包蟲。我們收到麵包蟲之後，會進行品管確認，沒有壞死的，再進行烘烤，眞空包裝後，送到代工廠進行混料包裝出貨。」食態的創辦人陳秉辰說。

繼小蟲同學產品在市場上創造一波話題，食態再接再厲推出極致麵包蟲系列巧克力口味。從飼養場的篩選，蟲體加工技術升級，可可粉、調溫巧克力的比例調整，再到在光滑的蟲體層層裹上巧克力，重重的實驗，團隊失敗了無數次，最後才終於成功打造出這款頂級食蟲體驗的產品。

——食蟲產業亟需法規支撐

順應昆蟲飲食的未來趨勢，近年來歐洲各國紛紛修法，針對昆蟲食品訂定明確規範，保障業者及消費者權益。相較之下，在台灣昆蟲食品的法規處於灰色地帶，現有的食品相關法規，尚未針對昆蟲食品產業制定完整規範。台灣傳統小吃本來就有昆蟲料理，只是在食品面的法規尚未完備，導致昆蟲相關產品難以進入市場通路販售。面對國內現行法規的不足，食態除了以現有食品規範高標準檢視自家產品，同時也積極與相關學者串聯，期望能協助推動國內相關法規的修正及制訂，建構健康完善的食蟲產業環境。

縱使昆蟲食品市場在台灣尚未成熟，消費者的接受度亦未接受驗證，但是透過食物設計的視角，食態做的不只是昆蟲食品，更是推廣食蟲文化及飲食教育，幫大眾脫下有色眼鏡，用更開放的態度體驗新的事物。我們深信未來幾年，食物設計師要面對的終極挑戰之一，就是如何設計出讓人們覺得昆蟲是好吃的食物，運用對消費者心理的了解，把無人看好的食物變成習以爲常的美味。

麵包蟲裹上頂級巧克力，打造營養與美味兼具的極致口感。圖源｜食態提供

四

Food Product Design

食品設計

3

台灣

原味蘋果米餅

零食好吃到大人會跟小孩搶？

一顆蘋果只能做八片的安心美味

米餅，固名思義就是用米做成的餅乾，聽起來很簡單，但製作學問不小於義大利麵。台灣市場上常見各式千奇百怪形狀和風味口感的米餅，米餅原料簡單，但如何吃起來又香又酥脆，口感的體驗設計如何滿足大小朋友，就取決於食品廠在「膨化作用」製程的技術[20]。

——**運用食品科技解決消費者痛點**

市面上的米餅大多給嬰幼兒作爲副食品或零食，成分盡可能趨近天然無添加且小朋友適合吃的味道，但對於大人來說，就少了吃零食的滿足和樂趣，換句話說，米餅不會是你我零食榜上的選項。直到二〇二一年，我們吃到口感像法蘭酥有著大人味的米餅，爲之著迷，對其製程和設計好奇不已。同樣都是米餅，廠商是如何做出市面上絕無僅有的口感和造型？

讓我們驚艷的「久久津原味蘋果米餅」，是二〇二一年在食品工業發展研究所舉辦的「新味食潮 Fun Food Taiwan」榮獲台灣金質獎的食品，於「便利永續」、「潔淨高值」、「設計體驗」三大價值得到最高分

20 | 所謂的「膨化作用」，是將含有澱粉與水分的食材加熱或加壓，讓食材間的水蒸氣撐開食物整體組織，使組織結構及體積改變，呈現多孔、膨鬆的口感。膨化食品依製程可分爲直接與間接兩種方法，一是將穀物、薯類或豆類等原料，加入擠壓機內，經過攪拌、快速剪切摩擦或通入蒸氣加熱，再通過特定形狀的模孔擠壓出料，又稱爲直接擠壓膨化。另一種間接擠壓膨化，則是先讓原料在擠壓機內攪拌、蒸煮、成形後，再藉著烘烤或油炸達成膨化效果。這種方式可以創造出多樣化的外觀及紋路，像是螺旋狀或星形，以及米餅仙貝等產品。資料來源：衛生福利部食品藥物管理署《藥物食品安全週報》第699期，2019年2月08日。（https://www.fda.gov.tw/Tc/PublishOtherEpaperContent.aspx?ID=1232&chk=c88cc2b2-1755-4036-a66a-760fa8e8943a&tID=2636）

脫穎而出。該款米餅由久久津乳酪本舖製作，這是一家位於台中的知名甜點店，創辦人黃威達早期在日本學藝，傳承日本對商品的品質要求，以及對食材的講究。如果不是做了麵包，創辦人兼任烘焙師傅的老闆也不會知道自己對麵粉過敏，也因此開始研發製作「無麩質」低過敏原甜點[21]，希望跟他一樣過敏的人也能有口福享用甜點零食。這款全台獨家專利的原味蘋果米餅，就是針對麩質過敏、大小朋友都能安心吃的米餅。

在吃到久久津原味蘋果米餅之前，我們就曾在網路滑到該產品圖文，其中有一張在陽光下透出如花朵般的原型蘋果，十分吸睛，看起來好好吃，好奇點入網頁內文才知道竟然是百分百台灣米，加上不添加一滴水的百分百蘋果汁，以獨特工法做出一片只有硬幣厚度的薄脆米餅。但，米餅終究就是米餅，也許只是造型吸睛了點，攝影效果美了點，口感、口味吃起來應該就是小朋友在吃的米餅吧？

——獨家專利的高顏值新風味

我們心中的一堆問號，在真正品嘗後得到了解答，更完全打破原本對米餅的既定印象。實際看到的蘋果米餅有著如花朵般的蘋果薄片，整體厚度真的薄如硬幣，產品顏值高也非常有記憶點。從「設計體驗」的角度來看，充分展現出產品的獨特性和吸睛度。米餅外觀先吸引目光，在視覺上創造話題；米餅做出如法蘭酥般酥脆口感，和市售的米餅滋味全然不同，是過去沒吃過的新口感，在米餅市場走出差異性。而久久津的原味蘋果米餅在食品設計開發上除了恪守基本的美味原則，對食品科技的運用也反映在「潔淨高值」上，包括不使用食品添加物、選用天然食材、加工製

21｜麩質，又稱麩質蛋白、麥膠、麵筋、麵筋蛋白、穀膠蛋白，存在於多種穀物中，例如小麥、大麥、燕麥、黑麥等。無麩質食品通常使用其他穀物取代小麥麵粉，例如米、糙米、糯米、蕎麥、高粱、苔麩等，一樣可以做出蛋糕、餅乾和麵包等甜點，滿足麩質過敏者的口腹之慾。

22｜久久津原味蘋果米餅產品食材使用天然酸中和方式，將米餅保存期限自然延長，不添加任何抗氧化劑或防腐劑，可以說是保留自然果味，源本自然。

久久津的原味蘋果米餅運用食品科技兼顧美味和體驗，創造出差異性。圖源｜久久津乳酪本舖提供

程做到最少與最優、原料成分單純且可管控、產品資訊公開且透明可追溯，從永續及飲食安全的角度突破「好吃的東西添加物一定不少」的印象[22]。

新風味、新口感的消費體驗，是近年食品創新及消費者飲食體驗的重點核心之一。而久久津原味蘋果米餅導入獨特食品科學技術，做出台灣獨家以無麩質、無蛋、無添加還能兼顧美味和體驗的創新食品，創造質地差異的感受及感動，為麩質過敏的消費者生活加分，實屬體驗創新又能解決消費者痛點的食品設計的應用。

食物設計小練習

體驗仿葷素食品

台灣的素食文化盛行，無論是素肉、素魚、素海鮮通通有，製作食材的技術勝過其他國家。素三牲、素羊肉、素鮭魚、素鮪魚、素花枝、素腰花，光看外觀很難分辨是素的還是葷的，有的甚至連口感都很相像。

請你今天挑選一間素食餐廳用餐，你吃得出來盤內這塊肉排、魚排、火腿或生魚片是用什麼做的嗎？它的口感和味道嘗起來如何？

領域

五

Food Space Design

食的空間設計——食物所在的空間氛圍設計

案例：

●海底餐廳Under（挪威）

●Ultraviolet（中國）

●稻田裡的餐桌（台灣）

空間氛圍與環境布置也是食物設計的一部分。野餐時總覺得食物特別好吃，酒吧光線讓酒喝起來是甜的，在沒有光線的漆黑餐廳用餐，聽覺嗅覺味蕾的感官都被放大刺激……，這些都跟外在飲食環境的改變有關。簡單來說，「食的空間設計」就是讓吃飯的空間與氛圍變得更有趣。吃飯不一定是在客廳、廚房，或是侷限在餐桌上，反之，透過塑造一個全新的用餐氛圍及能與他人增加互動的媒介，藉由燈光、聲音和氣味營造視覺享受的精彩度，更能挑起我們的食慾。

圖源｜作者提供

對應於日常生活的例子，「鐵板燒」就是這樣的存在，客人圍坐在熱呼呼的大鐵板前，看師傅拌炒著豆芽或肉片。或是當我們坐在路邊吹著風吃著小吃攤，甚至是拿著食物邊走邊吃逛著熱鬧喧囂的夜市，我們享受的總是一種來自空間氛圍所連結的飲食經驗與感受。

五

Food Space Design

食的空間設計

1

挪威

海底餐廳 Under

在海底用餐是怎樣的景象？

以建築連結美食學與海洋生物研究[23]

挪威除了極光享譽盛名，二〇一九年三月正式完工全球最大也是歐洲首間海底餐廳Under，成了挪威必訪的熱門行程之一。位在挪威最南端的漁村波里（Båly）的海底餐廳Under，由該國知名的斯諾赫塔（Snøhetta）建築事務所設計建置，餐廳外形俯瞰像一個半沉的潛水鏡，一半從岸線露出水面，另一部分則是沒入海平面以下五米半的海床之中。

——用餐是一場往下的奇觀之旅

餐廳名稱「Under」在英文的字義是下面、底下的意思，在挪威文則蘊含「奇蹟」、「奇觀」的意思。如同餐廳的命名，當你踏進Under，彷彿揭開一場充滿未知的「奇觀」旅程。Under將餐廳空間打造成一座挪威海洋生態系，每位客人可以沉浸在海平面下的宇宙，透過寬十三公尺、高三十六公尺的全景玻璃窗看進海洋生態。客人可以一邊享受美食，同時觀賞挪威多樣化的海洋奇境，有趣的是餐廳環境會因季節改變，每一次來用餐你看到的景象都會不同，被時代雜誌評爲畢生必訪的全球百大景點。

可謂是挪威地標的Under餐廳，位在挪威南部的

23｜本篇資料參考自Under官網https://under.no/。

海底餐廳Under建築體有一部分位於海平面以下。圖源｜Under官方臉書專頁

林德斯內斯（Lindesnes）海域，這地方以其惡劣的天氣聞名，每一天都會出現好幾次劇烈的氣候變化，一下從平靜晴朗轉變爲暴風雨，一下又從暴風雨轉變成晴天無雲。負責餐廳空間設計的建築團隊早就料到這點，不但不把它視爲劣勢，反而視之爲設計的題材。來到建築物入口，先是由安靜、沉穩的橡木皮層門廳，引領客人進入平靜的心境；橡木透出的香甜味，讓你到達現場後，立刻將戶外騷動、混亂的天氣拋諸於腦後。隨著客人越往下走，由織物所覆蓋的天花板就越黑暗，也暗示「往下」（或「奇觀」）的旅程即將揭開序幕。用餐空間入口處，天花板的顏色漸漸變深爲落日粉紅、珊瑚深紅、海水綠，彷彿夕陽西下，沉入海平面，直到客人抵達餐桌，醞釀出讓人感到敬畏的神祕氛圍。天花板上垂掛的編織品有良好的吸音效果，以隔絕外界喧囂，深藍色的光線也爲用餐空間創造了寧靜與安詳。

——打造「吃意義」的空間設計

Under除了是一間海底餐廳，也和海洋研究團隊

合作，探討建築和美食學（Gastronomy）的連結。建築團隊設計一種新穎的用餐方式和空間，除了無敵海景，更希望每一位用餐者能透過美食理解食物與環境「共生」的關係，包括將建築外部做成粗糙表面，讓海洋生物可以附著在餐廳上棲息，形成一座人造珊瑚礁，讓整棟建築物以不破壞生態的方式與海洋環境結合。Under 也與在地農夫、漁夫、獵人和採集者合作，取得最新鮮的當令食材，烹調出呼應四季和地理風情的料理，可說是以美食傳遞海洋永續生態議題的最佳典範，一躍成爲世界目光焦點，饕客和建築喜好者的朝聖之地。

空間和飲食行爲脫離不了關係，「吃空間」後緊接著當然要「吃美食」。「新鮮的食材和道地的風味對我們來說是最重要的。我們提供客人獨特的

透過全景玻璃窗，Under的客人可以邊享受美食邊觀賞海洋奇境。
圖源｜Under官方臉書專頁

用餐體驗，希望帶領我們的客人走出他們的舒適區。」Under餐廳主廚尼古拉・埃利茨加德（Nicolai Ellitsgaard）說。這位丹麥籍廚師帶領米其林星級餐廳的十六人國際級廚師團隊，每晚提供用餐客人新鮮的在地食材與絕佳的用餐體驗，此外，團隊更定期與海洋生物學家進行對話交流，了解如何以永續的方式捕抓海中的野生食材。

由於這片海域爲海洋生物的交匯處，擁有繁盛的野生品種，餐廳在非營業時間，便化身爲海洋生物學家研究魚類行爲的實驗室，他們以光和聲音訓練野生魚群，觀察牠們在不同季節的行爲變化，探索海洋生物對光的反應。在爲餐廳的客人打造高品質美食體驗之餘，Under也打開一道美食與海洋永續生態共榮的視野。

要了解海洋生物爲什麼這麼容易受氣候變化的影響，就需要理解牠們在生物學上的行爲。這也是爲什麼Under餐廳打造出這般的建築空間，從致力於「吃氛圍」的設計，進化到「吃意義」的設計。如同斯諾赫塔建築事物所的設計總監馬丁・格蘭（Martin Gran）所言：「這間餐廳透過建築空間、餐廳菜單，讓大眾了解海洋生物多樣性的重要，帶給客人驚嘆與喜悅的海底用餐感官體驗，也啟發人們提高意識珍惜海洋資源。」

Under以美食結合空間，傳遞海洋永續生態議題。圖源｜Under官方臉書專頁

五

Food Space Design

食的空間設計

2

中國

Ultraviolet by Paul Pairet

如何為用餐創造劇場感的沉浸式體驗？

全世界第一家感官餐廳——聲光設計呼應美食

有一間可謂世界上最神祕的餐廳，它不接受你直接前往，你只會被提前通知於某地點集合，搭上專屬巴士才能抵達——位於上海的Ultraviolet by Paul Pairet。它是全世界第一家感官餐廳，亞洲最高科技餐廳，上海米其林三星霸主，也是世界五十最佳餐廳唯一上榜的中國餐廳。餐廳Ultraviolet中譯爲「紫外線」，自二〇一二年五月揭開神祕面紗，便一直是老饕趨之若鶩之處。

主廚保羅・比赫（Paul Pairet）在餐廳官網提到：「心理味覺（Psycho Taste）是和味覺相關的一切感受。但它不是味覺。心理味覺涉及期望和記憶，包含所有影響味覺感知的因素。」這位世界名廚點到「味覺以外的一切因素」有多重要，像是前往餐廳的路途中所見景色，餐廳的空間、氛圍、味道、聲響等「吃的空間設計」，不斷挑動著每一位來訪客人對餐廳的期待。

一張僅能容納十位賓客的餐桌，由二十道料理組成前衛又美味的套餐，每二・五個員工與一個客人的配比，能讓饕客們爭相預約排隊三個月以上，心甘情願掏出台幣一萬六千至二萬四千元的餐廳，不會只是徒有炫麗燈光科技的虛幻實驗室。Ultraviolet餐廳不以賺錢爲目的，因爲你有錢還不一定吃的到，但來自世界各地的美食客們都迫不及待爲了這裡無與倫比的「體驗」買單。

幕後推手主廚保羅・比赫，他的設計從用餐空間到與食物相呼應的聲光效果，讓消費者在近五個小時的用餐過程，堆砌著期待與驚喜，不只滿足味覺、視覺，而是連同聽覺、嗅覺、觸覺都得以饜足的整體五感享受。他曾舉例表示：「你覺得烤龍蝦應該和煮龍蝦搭配同樣的畫面嗎？當然不能。烤龍蝦需要熱帶海灘和夕陽下的大海。想想巴厘島，想想那些聲音吧。煮龍蝦就不需要海灘。人們會在更狂野的地方煮龍蝦。漁夫在船上用海水煮龍蝦，那裡的大海波濤洶湧。」[24]因此，在Ultraviolet吃一頓飯如同沉浸在一趟時空旅行，海浪的投影和濤聲，讓你某一晚好像置身海底世界，另一個晚上卻彷彿身處古老的埃及，一會兒在浩瀚星空的宇宙之間，一會兒沉醉在沙漠綠洲，一會兒又在草地野餐。

——訴求心理味覺的沉浸式用餐

Ultraviolet餐廳將室內空間設計爲一座多媒體高科技歌劇院，餐廳裡用了二十九・五噸的鋼鐵，架設了十四・六公里長的線纜，鋪設三百三十八坪的混凝土，一百四十六個燈炮，十個電腦螢幕，安裝了三十六個揚聲器，連接七個高清投影設備和十二架閉路攝影機，三六〇度的投影效果，讓用餐者如同沉浸在舞台劇場或交響樂團。突破傳統用餐空間設計及精緻料理的框架，令市場驚豔，也是饕客們願意花大錢買單的關鍵。Ultraviolet可謂全球第一間多感官沉浸式的餐廳，結合科技、音樂、故事、燈光，主廚依每道料理的主題，量身設計空間情境，屏幕牆上會顯示每道料理的食材資訊，強化用餐者對盤中飧的認識和體驗。

老話一句，「好吃」是餐廳的基本，但好吃的體驗，味覺其實只佔用五感的一小部分。嗅覺、視覺、

24｜資料引自紐約時報中文網〈「魔都」上海的魔幻餐廳〉一文，https://cn.nytimes.com/food-wine/20131009/t09shanghai/zh-hant/。

Ultraviolet的空間如一座多媒體高科技劇場，強調用餐的「心理味覺」。
圖源｜Ultraviolet by Paul Pairet臉書專頁

聽覺、觸覺全部綜合在一起，才能創造出深刻、獨特的味道記憶點，這也是「吃的空間設計」之所以在食物設計範疇很重要的應用之一。著有《美味的科學：從擺盤、食器到用餐情境的飲食新科學》一書，也是鑽研人體感官認知逾二十年的實驗心理學教授查爾斯・史賓斯（Charles Spence），提出結合「美食學」（gastronomy）和「心理物理學」（psychophysics）的「美食心理物理學」（gastrophysics）新知識領域。

他點出與食物本身無關的元素，如食物擺盤、餐具重量、燈光音樂、氛圍情境，皆會影響我們的感官心理和飲食體驗。簡言之，空間氛圍以多種方式影響我們的行爲和感受，餐廳空間和環境對用餐者有著很大的影響力，這對餐飲業者而言意義重大。

——環境氣圍和料理同樣重要

「用餐空間的設計」未來會如何發展？我們認爲料理之外，環境就是「一切」，它是用餐者第一個感受到的，故空間營造的「氛圍」會是關鍵。環境的氣圍和獨特性，就跟料理一樣重要。設計師和餐廳業者需更用心對待空間的擺設、燈光音樂、色彩材質、餐桌椅的搭配和使用，針對每一位用餐者或每一桌客人量身打造合宜的用餐環境，這些都是設計的環節。室內裝潢的花費向來是一大筆投資，但當你知道「空間環境」能帶給用餐者獨特的飲食體驗或記憶點，那更要深思熟慮，想想「空間設計」的設計費該怎麼運用發揮。畢竟沒有這麼多餐飲業者像Ultraviolet餐廳，手上擁有充裕的資金，而要營造一個沉浸式的用餐空間更是所費不貲。

即使如此，我們仍樂見未來這樣的用餐空間設計會愈來愈普遍，畢竟飲食客製化服務逐漸受重視，人追求更多樣化的飲食體驗，現代5G整合技術、VR沉浸體驗的運用與普及化，相關技術成本的門檻或許會愈來愈低。不過餐飲業者若口袋不夠深，選擇簡單、自然、簡約也是一種氛圍的展現。

只是別忘了愈簡單、愈簡約的設計，背後同樣得花費一番心力。就算餐廳裝潢簡約，但整體配置也要像料理擺盤一樣符合設計美學，從建築本體、空間氛圍、陳設布置、燈光音樂等環節打造消費者的體驗旅程，讓用餐者能感受到業者的訴求。例如主打健康、自然形象的餐廳，當你走進門，也許會看見綠色、橘色、白色有著大地色系或活力充沛感的漆牆，牆上掛著幾幅森林或孩童微笑的畫，餐桌椅旁邊裝著一籃籃新鮮蔬果，這樣的空間氛圍立刻傳達給人健康和自然的印象。故不論是重金打造或走自然簡約，「吃的空間設計」都是一門影響餐飲體驗的設計專業，不容小覷。

五

Food Space Design

食的空間設計

3

台灣

稻田裡的餐桌

你心中最完美的一餐是如何？

到農村享受一場美食微革命

最近一次，你是在哪裡用餐呢？家裡、超商、路邊攤或餐廳？還是田野間、魚塭旁、果樹下、海灘上、茶園中？有別於一般我們對於吃飯空間的想像，「稻田裡的餐桌計畫」顧名思義就是在稻田裡用餐，讓人們遠離喧囂繁雜的都市生活，把都市的餐桌和廚房搬到四周沒有牆沒有門的天地之間，好好享受一頓由當地食材和主廚精心構思的創意料理。

——大自然是最好的空間設計

「稻田裡的餐桌計畫」是「幸福果實」團隊所創立，創辦人一位是宜蘭三星鄉農家子弟出身、在音樂界打滾多年的廖誌汶，另一位是從高薪金融業工作出走的簡家旗。他們關心台灣土地，以食物教育爲核心，台灣小農好食材爲主打，希望能提供現代人一個開放的場域，在難得空閒的時間，放下手機，關心自己生活的土地、作物，還有身邊的人。

有感於農村價值不斷遭受吞噬，「幸福果食」團隊想爲農民尋找新商機，於是創立了「稻田裡的餐桌計畫」，以美食出發，邀請民眾到「都市外」吃一頓飯，並以創新方式協助農民開發具市場性的農業產

出。幸福果食不會固定於某個地點擺上餐桌，有時帶你探索如海中桃花源的嘉義東石外傘頂洲，在世界上最柔軟的沙洲用餐，有時又帶你走進葡萄園，只見一排排葡萄樹南北延伸，整齊排列，好像葡萄樹大閱兵，陪同你在產地無限暢飲台灣產製的紅、白葡萄酒，讓你眞正體驗到大自然就是最好的空間設計！

二〇一二年十一月，我們報名參加平溪十分場，用餐空間就建置在山藥產地旁。用餐前，一位擁有十多年山藥專研經驗的山藥達人簡秀忠，跟我們介紹種植特殊品種山藥與各種季節性蔬果。這裡的山藥可是簡大哥經過多年研究，在適合山藥生長潮溼多雨的十分山區才能種出口感、品質最佳的野生山藥品種，不是一般想吃就吃得到的。當天我們享用豐盛的山藥大餐，以及當地新鮮的現採蔬菜和食材，像是箭筍、珠蔥、野薑花、雙溪的東坡肉，最棒的是在品嘗美味料理的同時，還有機會脫下鞋子光腳走在田埂上，去感受台灣鄉村田間的狂野、土壤的氣味與一草一物的律動，短暫離開工作壓力與各種煩惱。這頓餐，眞的是人來就好！

「稻田裡的餐桌」貼近土地，提供「食」和「域」的雙重享受。圖源｜稻田裡的餐桌計畫臉書專頁

——藉空間的創新改革飲食文化

《吃建築：都市偵探的飲食空間觀察》一書的作者李清志說的好：「每一種飲食行為與每一種飲食空間，都述說著某種文化的精神意義；事實上，建築文化也改變了飲食空間的型態與飲食方式。」的確，飲食文化的改變或創新，不僅影響了飲食方式，也影響了飲食的空間。飲食已從味覺的滿足延伸至視覺與空間的享受，讓「吃」不再侷限於食物上。

我們願意去體驗「稻田裡的餐桌」，不是誘惑於食物多美味，食材多麼珍貴稀有，也不是因為主廚是米其林等級，而是想去體驗在稻田裡、鄉野間、魚塭旁、果樹下、茶園中奇特的飲食空間下，我們怎麼找回自己和台灣這塊土地的連結。幸福果食將用餐導入新的服務模式，帶領大家深入農村，欣賞美麗的地景，還能體驗產地活動，藉由空間和服務內容的設計，確實影響了我們在餐桌上的飲食方式，也激盪了對飲食的思維。

在餐飲市場競爭愈趨激烈的今天，餐廳如何勝出或站穩一席之地，考驗經營者與設計者的智慧。「稻田裡的餐桌計畫」將廚房、餐桌設置於田野鄉間，讓廚師透過巧手用當季、當地最新鮮的食材，在大自然的廚房中創作出一道又一道絕佳的美味餐點。藉由多樣的創意餐會，顛覆台灣傳統的農村價值，讓農村超出既有的想像，變得更有趣、更豐富，也創造出新的利基。這樣利用「吃的空間設計」，展開一連串飲食文化的改變和創新，滿足「食」和「域」的雙重享受，真的讓人回味無窮！

食物設計小練習

請你想像一個裝載「喜」的空間，它的溫度如何？空間的光線是明亮還是昏暗？顏色、氣味，是否勾起回憶？接著，來到舌尖，是酸？是甜？試著閉上眼，從情緒開始，讓想像力帶著你慢慢從想傳達的氛圍收斂到食物的呈現。

25｜全文參見網站https://foodtechconnect.com〈Hack Stories, Not Technology: Why Food Needs Design〉。

領域
六

Food System Design

食物系統設計——設計食物的「服務系統」或「商業模式」

案例：

●東尼的寂寞巧克力（荷蘭）

●GroCycle（英國）／La Caverne（法國）

●0.9克黃銅（香港）

食物設計不單是設計「物件」或「產品」，也可以是設計「服務系統」或「商業模式」。食物從生產、製造、加工、銷售構成一個龐大的食物鍊系統，每一個環節衍生出來的「活動」與「服務」都是系統的一部分。比如牛奶（產品）在超市銷售（服務），超市（空間）不僅用於產品展示和商品存放，也是公司員工的辦公地點和消費者的購買地點（行爲）；同時，在這空間裡需進行產品運輸、倉儲、分配，故食物系統設計處理的面向，上至原料採購、分配、加工，下至吃完食物後的清理回收、廚餘再利用等，都是食物系統設計的一部分。

食物系統是一個有機體，涉及到生態、社會、農業、經濟、環境，與工業化、城鄉差距、全球貿易、疫情災變等都具有不可分割的細微關係，其複雜性不言而喻。特別是在全球氣候變遷下，資源浩劫、自然災害和消費主義等因素，原本運作的食物系統容易受到各種正在發生的、即將發生的人爲和非人爲因素衝擊，這些衝擊背後隱藏著經濟、社會、文化和生態危機，而食物系統也必須因應這些衝擊下人類飲食行爲的改變或挑戰，與時俱進，專爲企業提供食品設計與產品策略的公司 Studio Industries 創辦人麥克・李（Mike Lee）與其員工梅雷迪絲・米凱爾（Meredith Micale）就提到「食物的未來需要設計的力量」[25]。食物設計不僅是在談論美學、美味，也討論如何在生產者、中間商、廚師和消費者之間的系統運作取得永續的平衡。

例如，英國最富盛名的V&A博物館（Victoria and Albert Museum）的展覽《食物：大於餐盤》

（FOOD: Bigger than the Plate），便以與「每個人」生活息息相關的食物為主題，將食物系統分成堆肥、農耕、貿易、飲食四大區來呈現，恰巧也就是食物的一個週期循環，從種植、貿易最後成為每個人餐桌上的食物，藉此引領民眾思考「餐盤外」食物系統的運作。二〇一九年，韓國光州的ACT藝術節以「食物駭客」（Food Hack）為主題，也是在此脈絡下探討食物系統與生物科技的關係。美國新創鮮食配送平台FreshRealm創辦人邁克・利波德（Michael Lippold）則提到「科技雖然帶動食物系統變革，卻不一定能解決問題」，點出食物系統如何在科技和設計取得最佳化解方的討論。

重建一個生態、經濟、社會符合永續、公平、正義的食物系統，因應全世界面臨的複雜困境，並結合循環經濟、永續經濟，將會是下一波食物設計的核心命題。接下來我們將從「糧食農業系統」、「食物回收系統」、「畜牧養殖系統」切入，透過食物設計與推測設計的角度來檢視食物系統。未來「食物設計」的運用勢必會出現在大量的食物創新商業模式，而在這個人人依賴數位化的世界，將「人」置於食物系統設計的中心將變得越來越重要。食物設計在此提供我們一種語境，一種討論，去推測想像未來食物系統的樣貌與可能性。

V&A博物館《食物：大於餐盤》（FOOD: Bigger than the Plate），Michael Zee作品Symmetry Breakfast. 圖源｜Michael Zee作品，V&A官網

六

Food System Design
食物系統設計

1

荷蘭

東尼的寂寞巧克力

一塊形狀不規則的巧克力，背後有什麼意義？

一場從產地到餐桌的思辨之旅

在全球化貿易體系下，規模化生產、方便運輸、成本低廉的工業化食物，讓我們能無遠弗屆享受便利的食物，但在便利背後，有著我們看不見的隱形成本與代價。畢業於冰島藝術學院的產品設計師約翰娜·西勒曼（Johanna Seelemann）發現冰島沒有種植香蕉，但超市裡卻常年有過剩的香蕉。於是她設計了一本「香蕉護照」，追蹤一根香蕉從厄瓜多爾的香蕉樹上，採摘後經由三十三雙手，跨越八千八百公里路程，來到冰島一家超市的完整旅行。這個設計作品「香蕉的故事」（Banana Story）揭示了「Made in XXX」的商標背後，密集而頻繁的國際航行，同時提出了一個重要問題：如果人們能「看到」香蕉從種植、包裝、運輸、上架、銷售這整個過程所消耗的物力和人力，超市裡的一根香蕉到底值多少錢？

——食物背後的價值思考

在食物商品化的世界裡，由人們來決定物品的價格。然而，只有價格沒有價值的消費模式，卻也讓我們忘了背後看不見的成本。平常在超市隨手可得的食品，背後的製造過程，可能是壓榨發展中國家的環境資源而來，最底層的小農、勞工，可能也得不到應有的公平待遇。經過一連串黑心食品風暴之後，愈來愈多人發現，一味追求「便宜、方便」，犧牲的不只是農民、勞工和大自然，剝削的惡果，最後還是我們消費者自己承擔。

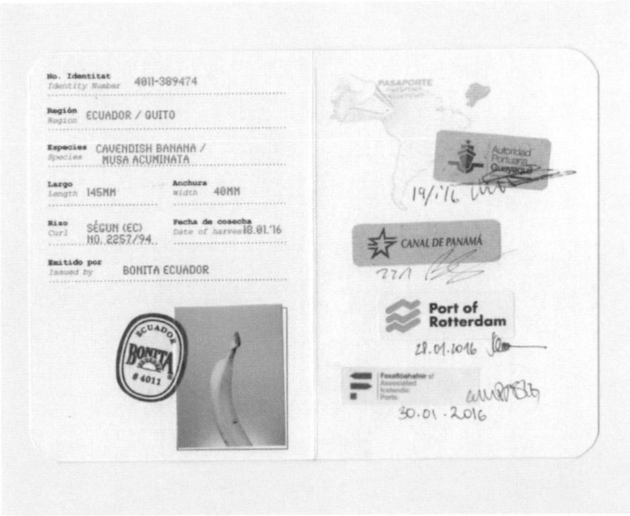

約翰娜・西勒曼的香蕉護照凸顯食物背後「價格」與「價值」的關係。
圖源｜Johanna Seelemann官網

爲此，二〇〇九年華文世界第一間公平貿易咖啡店「生態綠」設計出不定價的商業模式，讓客人在咖啡廳點一杯咖啡時，自己決定支付的價格，引領消費者在品嘗一杯咖啡的同時，能思考食物背後「價格」與「價值」的關係。事實上，國際貿易規則對一些低度開發國家的生產者與勞工越來越苛刻，許多在南半球的小農經常在農產品的品質與數量上遭到中間商的欺騙與剝削。與傳統貿易有別的公平貿易系統，目標正是爲了建立生產者、勞工、貿易商與消費者之間可信賴的夥伴關係，以達到永續發展與公平正義的貿易模式。

——用購買行動改變血汗產業

然而，要解決被扭曲的食品產業，消費者才是改變的核心力量。二〇〇五年，爲了突顯並解決奴隸及童工的問題，記者出身的特恩・範・德・庫肯（Teun van de Keuken）和另外兩名記者朋友在發現沒有人願意正視這個議題後，決定自己跳下來進入食品產業，生產「一〇〇%零奴工」的巧克力，因而誕生荷蘭市佔率最高的巧克力品牌 Tony's Chocolonely（中譯「東尼的寂寞巧克力」，以下簡稱「東尼巧克力」）。他們以產品爲溝通媒介，設計一塊不規則形狀的巧克力，致力把「一〇〇%不用奴工」變成巧克力食品產業的標準。

這塊巧克力外觀上與其他品牌無異，但撕開包裝後，你會發現裡面巧克力的分割形狀採不規則設計，大小不一。這樣的設計起初受到消費者抗議，因爲它不方便食用，無法扳開平均分給每一個人。但東尼巧克力正是刻意透過這樣的巧思將訊息傳遞給消費者的：可可產業存在不平等的童工和奴隸問題。藉由不規則的巧克力以及包裝紙背面記錄的故事，讓巧克力本身成爲理念傳播的媒介，實屬「用食物來設計溝通」和「食品設計」的應用。

要改變一個產業絕對不是件容易的事。爲打破食品血汗產業，東尼巧克力加入公平貿易系統，以透明的管理方式與商業模式，建立一個可責的供應鏈與商業網絡，讓消費者可以清楚追溯產品的來源，並鼓勵生產者使用永續的生產方式，產出對環境友善、對消費者更好更健康的產品。

──公平貿易系統帶動責任消費

公平貿易運動一直以來是爲了小農與生產者而努力，積極爲他們面臨的挑戰尋找解方，當氣候危機逐漸出現，許多我們熟悉的食物，例如咖啡、可可開始因爲氣候變遷的威脅而消失時，國際公平貿易組織（Fairtrade International）再爲糧食系統設計了一項新的商業模式。二〇一九年，該組織發表了一項與黃金標準組織（Gold Standard）聯合建立的減少碳足跡的商業機制：「公平貿易碳交易」。這是一個利用公平貿易生產者網絡與社區發展金（Fairtrade Premium）建立的碳中和計畫，讓蒙受氣候變遷影響最直接的生產者能夠加強對抗全球暖化危機的力量，同時穩定我們的食物供應鏈。

身爲消費者，如果我們要降低與食物相關的溫室氣體排放量，先前提到的蟲蟲零食是其中一個選項，

「東尼的寂寞巧克力」刻意以不規則形狀設計傳遞理念，供應鏈也透明可責。
圖源｜Tony's Chocolonely 官方臉書專頁

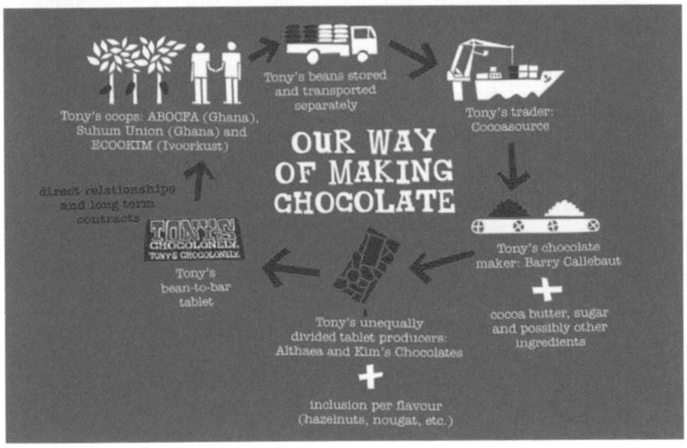

但如果你還有點怕怕，那麼公平貿易食品則是能顯著降低碳排放表現的最佳選擇。許多人認識公平貿易都是從咖啡開始，不過你知道嗎，其實全球有超過三萬種公平貿易食品，除了咖啡，舉凡香蕉、茶、米、芒果、可可、棉花、糖、蜂蜜、果汁、堅果、新鮮水果、奎寧、藥草、調味醬、香料等蔬果食品，甚至受到大小朋友喜愛的軟性飲料可樂，或者酒精飲品紅白酒和啤酒等，通通都有公平貿易！而由公平貿易原物料所製成的產品更是不勝枚舉，比如家庭使用的清潔洗劑、孩童用尿布、女性愛用的保養品及化妝品等，從產地端、加工端到銷售端，每一環節的服務與機制都能建立在公平貿易系統的標準運作。

公平貿易生產者得到合理的報酬，才能提供對另一端消費者更健康的食物。隨著消費者越來越注重社會責任與環境倫理，公平貿易食品需求年年提升，產品也愈趨多元，全球公平貿易食品的消費金額更是不斷成長。公平貿易系統催生更多願意建立永續商業模式的食品業者，同樣也有許多食品業者在產品設計上，爲傳遞公平貿易理念，透過「再設計」將故事理念結合產品，如同東尼巧克力設計出兼顧價格與價值的不規則形狀巧克力，讓消費者在品味健康美味食物的同時，支持生態環境與社會文化的多樣性，名符其實是一塊有意義、有設計又有影響力的巧克力！

六

Food System Design

食物系統設計

2

英國、法國

都市蘑菇農場

食品回收真有搞頭，還是華麗的噱頭？

構建自然營養、循環經濟的食物系統

米蘭建築事務所studio.traccia共同創辦人路易吉・奧利維耶里（Luigi Olivieri）提到：「食品回收（Food Recycling）是一項目前尚未開發的研究，很多人都在回收其他產品，如塑料、石油廢料、工業產品、鋼鐵和混凝土，但沒有人真正探索回收食品的可能性。」[26]不過，英國社會創新企業GroCycle的「城市蘑菇農場」（Urban Mushroom Farm）和把廢棄地下停車場改造成蘑菇農場的法國新創公司La Caverne做到了。

——回收咖啡渣變黑金

每天早晨，上班族人手一杯咖啡趕路進公司，「GroCycle城市蘑菇農場」的創辦人亞當・賽納（Adam Sayner）則會來到自己的「辦公室」，一間位於英國艾希特（Exeter）市中心辦公大樓裡的蘑菇農場。在辦公大樓裡種蘑菇？你可能跟我們一樣滿頭問號，但對於亞當・賽納來說卻是稀鬆平常，畢竟這些蘑菇的栽培基質是咖啡渣，而咖啡渣在市中心以及英國其他大小城市都是每天被大量產生的「垃圾」。

回收「垃圾」減少城市中的垃圾量，再利用回

26｜資料參考自Dezeen網站〈Studio.traccia shows food-waste table and crockery at Milan design week〉一文。
27｜欲了解更多，請參見GroCycle 都市蘑菇農場官網介紹https://grocycle.com/urban-mushroom-farm/。

收的「垃圾」，在城市裡的辦公室種出新鮮健康的食物，似乎是個不錯的主意。

這些一般人眼中的垃圾，其實是眞正的黑金。每一杯香醇的研磨咖啡，咖啡豆中的物質只有不到一%被轉移到咖啡液體中，其餘的還是留存在固體的咖啡渣裡[27]，因此，咖啡渣對於蘑菇來說是營養豐富的基質。若不回收咖啡渣，那麼它們很可能被扔進垃圾桶和別的垃圾混合在一起，給城市周邊的垃圾掩埋場增加負擔。隨著英國的咖啡產業逐年擴張，這個問題將變得更加明顯，因此亞當・賽納認爲用咖啡渣來種蘑菇，是最合適不過的解決之道。

這樣的解決之道，也被世界公認重要指標場所英國V&A博物館內的咖啡廳所認可。館內的咖啡廳每天售出千餘杯咖啡，GroCycle回收其咖啡渣來種植蘑菇，平均約四至五週左右的時間可以生長出的蘑菇，由博物館員工採摘後再送到餐廳，成爲新鮮食材。消費者能看到蘑菇從懸吊著的咖啡渣濾袋中極爲緩慢地出芽、生長，採摘後的蘑菇經過料理送上餐桌，完成一個從產地到餐桌的食物旅程。

同樣地，在GroCycle的蘑菇農場，有一排排懸掛著的長長的袋

GroCycle除了自己的蘑菇農場，也開發出消費者居家可用的蘑菇種植包，安心又美味。圖源｜GroCycle官方臉書專頁

28｜保羅・史塔曼茲2008年以「眞菌拯救世界的六種方法」爲題在TED演講，並列舉多達二十二項與眞菌有關的技術專利，大受好評。

29｜美國有機超市始祖「全食超市」於2021年10月18日公布2022年十大食品趨勢中，指出都市農業（Ultraurban farming）包括垂直農法、水培、魚菜共生生產的食品將愈來愈受到關注。

30｜欲了解更多，請參見La Carvene官網https://lacaverne.co/en/cavern-urban-farm/。

子，蘑菇就在這些袋子裡生長。農場每週都能生產大約一百五十公斤的蘑菇，供給當地的高檔餐廳和食品店。咖啡渣是由GroCycle公司的工作人員，每天早晨騎著自行車從城市的大街小巷收集而來，待種植週期完成時，廢棄的栽培基質則會被用來製作堆肥，供給當地的農場使用。

——種菇成爲熱門都市農業

創辦人亞當・賽納提到：「眞菌是了不起的分解者。在自然界中，它們起到重要的作用，能將有機物質分解，而分解所得的養分則歸還到土壤中。眞菌能夠將廢棄物轉化爲有豐富營養的食物，這在我們的現代社會可以產生巨大的效益。」就連美國眞菌學家保羅・史塔曼茲（Paul Stamets）[28]也提出蘑菇可以挽救人類的生命，恢復我們的生態系統，他用了多年時間到森林研究各式各樣的眞菌，提出六種菌絲體和眞菌可以幫助拯救世界的方法，包括清除汙染的土壤、製造殺蟲劑、治療天花和流感、治療肺結核等，也讓蘑菇種植近年成爲歐美新興的城市熱門話題。[29]

GroCycle除了自己種植蘑菇，也致力於讓更多人加入產地到餐桌的行列。他們開發一款花盆大小的蘑菇種植包，只要放在家中每天噴水，就能在十四天內收穫美味安心的蘑菇。事實上，台灣在二、三十年前就已經風行自己在家種蘑菇，當時稱爲「菇菇太空包」，外觀爲圓柱型狀的眞空密封包，裡面是蘑菇的菌種。太空包可以不用種在土壤裡，只要放在家裡噴噴水，約兩週就看到菇菇大爆發，看到菇菇茂盛的長出來，眞的會讓人忍不住一邊興奮大叫，一邊拿起剪刀大採收。雖然菇菇太空包的熱潮已過，但現在回頭看，這樣的商品不失爲兼具科學原理且饒富食育意義的食品設計。

——縮短從農場到餐桌的距離

在法國巴黎，也有人種起貨眞價實的巴黎蘑菇！新創公司La Caverne將巴黎一處閒置的地下停車場改造爲蔬菜生產基地，設計建造出零浪費、低碳共生的

La Caverne在巴黎市區打造有機認證的地下都市農場。圖源｜La Caverne官方臉書專頁

農耕循環系統，種植新鮮的蘑菇、葉菜，成爲巴黎市內唯一一家有機都市農場。除了爲附近居民提供健康的有機產品，採收的農產品也會直接銷售給餐廳或小型超市，縮短從農場到餐桌的距離。在運輸方面，La Caverne致力完成「零碳排」營運目標，規劃使用電動腳踏車或電動運輸工具運送產品。爲了確保生產品質，La Caverne的農耕產地已通過政府詳細的環評，收成的作物也經實驗室認證對人體健康沒有危害。其所打造的城市食物生態系統，也在巴黎市區創造就業機會，至今穩定營運中[30]。

都市蘑菇農場的設計概念是構建自然營養、循環經濟的食物系統，也提醒人們不應斷絕跟產地、農產的連結。的確，近年來全球興起的家庭菜園、社區支持型農業、城市農場等種植模式，大多不是爲了大量生產食物，而是找回社會正在逐漸逝去的連結，那些人與人之間、人與社會之間、人與環境之間的連繫。此外，城市對於食物的需求是最集中的，但同時含有機質的垃圾產出量也是最大的。城市農場的意義之一，就在於利用這些含金量高但被放錯地方的「垃圾」，重新回收，轉化爲高附加價值的食物。

雖然，城市農場的面積通常很小，能消化的肥料有限，但是透過這些小規模、且富有創意的設計概念或商業模式，身在城市的我們，也許不經意間也能獲得更多食物教育的啟發：怎樣生產食物才能更節約能源和資源？該讓孩子們接受什麼樣的飲食教育？什麼樣的城市才是一個更好的家園？這些問題都是「餐盤外」的弦外之音，隨著新技術的運用，使用有機廢棄物來創造替代傳統材料的「新材料」是食品開發的潛在途徑，我們也樂見未來有更多食物設計師探索「食物回收」的更多可能性。

六

Food System Design

食物系統設計

3

香港

0.9克黃銅

如何讓人記得一頭被犧牲的牛？

經濟動物對身為人類的你代表什麼？

鑑於人口不斷上升未來可能面臨的糧食危機，植物肉、蟲蟲食物和實驗室培養的人造肉，被認爲是面對未來相當重要的食品開發重點。許多以此爲目標的新創公司不斷出現，如矽谷的新時代肉品（New Age Meats）培養出人造香腸，比爾・蓋茲（Bill Gates）投資的曼菲斯肉品（Memphis Meats）開發出細胞培養的雞柳條。以色列新創公司阿列夫農場（Aleph Farms）成功利用牛隻細胞，在實驗室培養出結構完整的人造牛排，是首次在動物體外培養出有傳統肉品肌肉紋理的肉類，完全顛覆畜牧業系統的生產製程，打破傳統食物系統的模式。然而，據阿列夫農場創辦人表示，培養人造牛排目前需要兩週至三週的時間，售價約爲五十美元，換算新台幣約一千五百五十元。看到這裡，不知道你是不是跟我們一樣，對冷冰冰數據化生產製造的人造肉，沒什麼胃口？再看到這個人造牛排的價格，嗯，本書決定暫不討論這些人造肉案例。

——經濟動物是物件或生命？

不討論人造肉，那麼因應未來可能面臨的糧食危

譚君妍的〈終極乳牛〉以諷喻手法頒獎給最「完美」的牛，關注畜牧產業的畸形樣貌。圖源｜譚君妍官網https://adelaidetam.net/

機，畜牧產業將如何滿足消費者的口腹之慾，又要解決它所帶來全球暖化或生態環境議題的挑戰？在《雜食者的兩難》一書中提到：「反芻動物經由青草獲得能量，牠們是自然的奇蹟。但我們卻經由工業化的飼育過程，把牠們變成我們最不需要的東西：另一種消耗化石燃料的機器。」當向身邊朋友詢問對於這個問題的看法時，卻被潑了一頭冷水：「那是你不夠了解經濟學。」從經濟學的角度來看，畜牧業飼養動物的目的就是要符合人類食用的經濟效益，被人類大量飼養的豬、牛、羊、雞、鴨、鵝、馬與養殖魚類等等，牠們生來就是經濟動物，爲生產肉、蛋、奶、毛皮或勞役之目的。畜牧與相關加工業必須成爲工業商業化的行爲，讓肉、蛋、奶從原本的奢侈品成爲民生必需品，故大量生產製造從經濟學的角度來看，合情合理。

然而，食物系統是複雜的，特別是彷彿披著神祕面紗的畜牧業。動物有雙眼、五官和大腦，是知覺複雜能思考的生命，牠們因被人類作爲經濟生產的工具與物件，其經歷的痛苦經常不被涵蓋在「動物保護」的範疇。與其討論人造肉，更需要進一步探究的眞正問題是：經濟動物對身爲人類的你代表什麼？桌上的一塊肉排、一杯牛奶、一顆雞蛋？當動物被作爲物件使用，身爲食物設計師的我們能從什麼觀點來看待這個命題？

——看進畜牧產業隱微的現實

旅居荷蘭的香港食物設計師譚君妍，就不只一次透過作品對此提出個人的省思。她是二〇一八年荷蘭「未來食品設計大獎」（Future Food Design Awards）的得主之一，其獲獎作品〈0.9克黃銅〉（0.9 Grams of Brass）[31]和另一個創作〈終極乳牛〉（暫譯，Ultimate Milk Cow），都是用一種較親民、容易被人們理解和接受的溝通工具，讓人眞實「看見」牧牛的一生，傳達畜牧業在規模化生產的工業化食品系統裡，種種消費者「看不見」的現實，引領人們反思人與動物的關係。

牛是現代農業中被高度馴化和操縱的動物之一。在〈終極乳牛〉作品中，譚君妍提到當人類工業化生產肉類時，爲達生產效益最大化，牛的身體反應皆被精確地「數據化管理」，每一頭牛的體型、運動量、產奶量等，都用數字、表格嚴謹記錄著，農場主人可以依不同的數據，分配不同的飼料，以保證產奶的品質和產量。每一頭牛就像一台可被複製的機器，而不是有感知的生命。再者，飼養者會利用成長激素、高能量飼料餵養，也會人工淘汰生產力不夠的牛，用這些可能造成生態影響的方式量產製作肉品與乳品。

譚君妍想像，爲了滿足人類的消費，未來的畜牧產業會製造出最「完美」的牛，因此她設計了三個「獎

31｜關於譚君妍各作品詳情請參見其個人官網https://adelaidetam.net/。

項」給生產力友善的牛隻：「最佳生產力獎」（Always Fertile）、「最佳生女獎」（Always Female）和「最佳產乳獎」（Always Increasing），以諷喻的手法讓大家看見畜牧產業系統的畸形樣貌，也希望大家思考生產製造系統背後看不見的問題。

譚君妍的另一個作品〈0.9克黃銅〉，則探討現代社會中，動物生命的價值因爲屠宰過程被隱藏而未受正視。在畜牧製造業中，屠房一般用氣槍擊昏牛隻，再慢慢放血至死，但動物如何死亡通常是不被公開知道的，故消費者對於肉類生產製造的過程往往混沌不明。譚君妍設計了一台迴紋針販賣機，你只要投入〇·〇五歐元（約台幣一·六元），就能買到一枚成本等值的迴紋針。這枚迴紋針看似普通，不凡之處在於迴紋針的材料是屠宰場裡用來射進牛的頭部致其腦死，讓牛被肢解時不會掙扎的廢棄黃銅彈殼。看似日常生活中熟悉輕巧的文具用品迴紋針，隱喻一隻牛生命的逝

〈0.9克黃銅〉引領我們正視經濟動物的屠宰現實與其生命價值。
圖源｜譚君妍官網https://adelaidetam.net/

去，藉此引領觀者去質疑消費社會中，貨幣「價錢」與道德「價值」的關係，希望激發大眾去認識畜牧產業，也關注動物從生產端到消費端應有的生命尊重。

——從宏觀視角發揮設計力

畜牧業最大的問題在哪裡？當人類開展工業規模化畜牧時，在最大效益化的同時，我們可有思考其後果？從經濟學的角度來看，牛作爲經濟動物，當然會有最大效益最大價值的評估，然眞正要解決的問題不是開發更多人造肉，而是如何創造永續的畜牧業系統。隨著全球消費者愈來愈重視永續議題，蔬食、素食等不同飲食法興起，莫非消費者盡量減少動物製品攝取的「減少主義」才是主流？未來食物難道只能訴求於用科技解決吃不飽的問題？食物設計的思考不只如此，除了因應人的需求，更要考慮整體脈絡，「讓食物系統以有意義的方式融入人類的日常生活，讓人重新跟食物連結」，使食物走出被吃及被打卡的層次，提出超前的概念帶給人們新的思考衝擊和啟發。能走進「大眾」生活，才是食物本質上的意義，也才會是能創造影響力的關鍵。

食物與人之間千絲萬縷的關係所帶來的複雜問題，很難抽離社會、經濟、政治等的脈略，如何借用「設計的力量」，在食物與人、食物與社會、食物與生態間取得平衡，是永無止盡的課題，而其中最重要的，也許是在提出解決方案之前找到眞正的問題所在，我們才能站在更宏觀的位置設計出引發討論性、永續性、有影響力的方案。

食物設計小練習

尋找公平貿易食品

國際公平貿易組織（FLO）的產品認證，是目前國際間最廣為人知、也最受消費者信賴的公平貿易標籤之一。標章圖樣呈現的是一個歡呼的人，代表生產者透過公平貿易獲得了公平的交易，當消費者購買具有認證標章的商品，也為全球環境的永續、社會的公平正義盡一份心力。

請你今天出門前往超市，留意哪些食品包裝上有公平貿易認證標籤，你可以找到多少位在「藍天綠地跟你揮手」的生產者呢？

FAIRTRADE ®

圖源｜維基百科

Part 2

食物設計師在做什麼

《MOLD》雜誌創辦人兼總編輯 LinYee Yuan曾如此強調：「我相信形塑未來全球的食物系統，保留設計師一席之地是非常重要的。他們提前思考我們今天吃的方式與食物帶來的複雜議題，只爲了建立一個更公平、更有韌性的食物大未來。」在此，我們邀請了六組來自不同國家、別具特色的「食物設計實踐者」，分享在這個領域一路闖蕩的挑戰與心路歷程，深入各自創作的靈感及執行上的關注，以及對未來食物設計的想法。看他們如何創造觀看的角度，觀察自身、他人，透過圍繞在「食物」的經驗，呈現能夠啓發思辨、感動而後行動的創意思考。

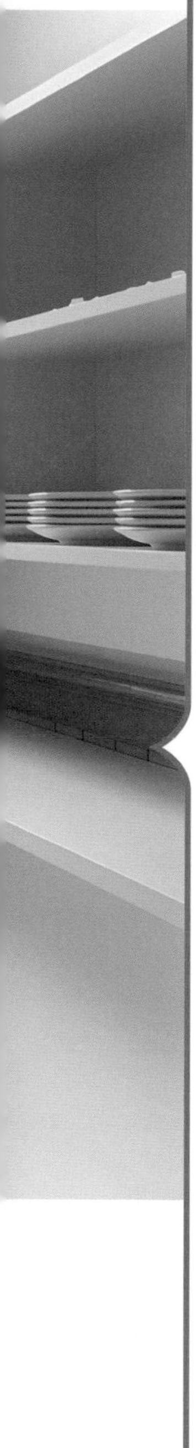

Chapter
3

風景與食設計室
HOO. Landscape and Food

日本

以食物朗誦詩意的日常

二〇二一年，偶然在日本建築生活雜誌特刊《日本の美邸》（*JAPAN Quality*）發現到日本食物設計的新線索。文章中介紹了HOO. Landscape and Food（風景と食設計室，簡稱HOO）在富山縣黑部市美術館最新展演作品〈站在廚房，燈塔外的景色〉（Standing in the Kitchen, the View from the Lighthouse），詩意絕美的靜態影像中，第一眼沒有看到任何食物的痕跡，讓人摸不著頭緒的海洋風景投影，似曾相識的抽象飲食物件以及空間語彙，激起了我們探索作品的好奇心。

雖然，無法親自前往觀展，但在四十五分鐘的錄像中，利用「食物爲媒介」（food as medium），儀式性地慢慢朗誦六篇取樣於在地居民的第一視角日常故事。在吃的過程中，取材個人的私密情事，透過朗誦，重新建構出屬於黑部市「由人構築」的集體記憶風景。她們在美術館的「食物設計」現場，讓我們想到了「食物」在近代藝術史進入藝術脈絡，除了衝撞傳統藝術外，同時也用如此熟悉、親切的方式與觀者建立了連結。兩位景觀背景出身的HOO成員，以擅長對於場域的詮釋，以及日常捕捉而來的文字，搭配食物完成體驗，融爲人文風景的一部分。

HOO的兩位成員高岡友美（右）、永森志希乃（左）。圖源｜HOO提供，竹田泰子（Hiroko Takeda）攝影

風景與食設計室
HOO. Landscape and Food

HOOooooooooooo-blog.tumblr.com

簡稱HOO，由兩位前同事高岡友美（Tomomi Takaoka）、永森志希乃（Shikino Nagamori）於2012年成立的食物設計工作室，以「遠處的風景與手中的一勺湯，由我手心與世界相連」為核心理念。

從景觀、文化與社會等不同角度切入，捕捉消失的日常。認為料理可以改變物質的去向，而景觀則是返家路途兩側的風景，將兩者結合，穿越時間、空間，找到兩者共同的目的地。

目前作品多為食物展演、藝術、設計等跨界創作。合作品牌有Louis Vuitton × 草間彌生、Dior Snow 、高橋恭司攝影展、Living, Art and Konosaki Project、BEPPU PROJECT等。

問——UOVO食物設計工作室
答——風景與食設計室（簡稱HOO）

——想像景像全貌和手中物件的連結

• 你們過去來自景觀設計學習背景，也曾在景觀事務所共事，我們想知道這樣的經驗是否提供你們與衆不同詮釋食物設計的方式或特殊能力呢？

我們在思考創作作品時，通常會同時從宏觀（macro perspective）與微觀（micro perspective）兩個角度著手。從寬廣的景像全貌，到每個人可握在手中的物件，我們習慣想像這兩者之間的連結來創作作品。過去從事景觀工作時，常需要以類似都市計畫這種大規模建築專案的視角與觀點來設計。如今，我們也將這樣的思考過程，套用在現在的食物設計工作上。這也許是我們的特點吧。正因爲能感受到「場域」與「人」的連結與循環，那「食」不就是一個媒介嗎？這大概是我們切入的思考脈絡。

• 對不認識食物設計的人來說，你們通常都怎麼介紹自己所做的事呢？

要簡要地說明我們的作品，是一件困難的事。因爲，構成我們作品的要素有很多，不透過親自體驗是很難全面了解的。到目前爲止，我們從許多參與者口中聽到「實際體驗過才眞的能理解作品」的聲音。大多時候，你可以透過我們作品照片與影片紀錄，模擬實際參與的體驗感受。

• 從你們最早的第一個食物設計創作到最新的作品，創作過程或是呈現方法是否有改變呢？

我們最剛開始的作品是接受企業的委託，替攝影師的展覽開幕做宴會外燴。

那時候大多的專案企畫都與服務客戶的品牌有關。所以，當時的設計靈感都是從企業的品牌概念來做食物設計活動概念發想。但是，我們在構思時並不會侷限在碗盤上，我們會考量到時間、空間、場域，有意識的去設計「吃」的現地體驗。慢慢的，我們的藝術計畫作品比重增加，直到現在幾乎都是做藝術相關的食物創作了。

HOO以「食與朗誦表演」的手法來呈現作品。
圖源｜HOO官方臉書

其實從開始到後來的藝術計畫，我們構思作品的框架過程並沒有改變。依然是從當地田野調查來找尋靈感，構成一個故事，並製作能讓觀賞者體驗的裝置與料理，這就是我們的創作方式。在經歷了各種嘗試，我們找到屬於自己「食與朗誦表演」的獨特表現手法來呈現我們的作品。

在你們的作品中，我們觀察到有非常多文學、詩歌的元素。我們好奇你們平常如何蒐集靈感？

在我們的作品裡，「言語」雖然很重要，但僅憑這些還遠遠不夠。無法言表的思緒和無法捉摸自己的內心，又或是一個願景、風景、信息，這些都是我們想跟參與者共享的重點。另外，當我們兩人在創作時，一定得要有共識。爲了好好使用「言語」，在初步概念階段時，我們就很仔細地對話，反覆確認彼此的想法，並選擇「言語」的表現手法。

我們的靈感常常來自於觀察土地的風景、研究過的文本、與在採訪中相遇的人們。另外，靈感也能在像是從不同的事件、感興趣的書籍、電影，甚至朋友或家人偶然的日常生活對話中發現。

在日常景觀中、生活中，靈感豐盛無所不在。眞要說靈感來自哪裡的話，應該是和當下自己對於什麼事物有興趣、人生處在什麼樣的階段、周遭的社會氛圍有關，受到這些面向的影響很大。

——透過作品貼近生活中的人們

不侷限出生地，也可以是日常有趣的觀察，在你們的文化之中，是否有哪些獨特的物件、儀式或是體驗能夠體現「食物設計」？

我們在關東的群馬縣前橋市有個計畫。在當地，有個叫做「kasunagasi」（粕流し）的古老神道教祭神儀式，是過去居民向神明傳達訊息的儀式。經過長期的田野調查後，我們製作了〈看不見的神、祈禱與食物〉這件作品。當地的村莊「粕川村」也是以這個儀式來命名。

當地傳說住在山裡輩分較高的神祇完成祈願的儀式後，便會在溪流中倒下濁酒，朝輩分較低的神祇所在地（將祝福）流去。直到現在，當地還持續舉行這項傳統的神道教儀式與祭典，我們也有幸參與其中。另外，在拜訪過程中，我們也採訪了村內的耆老，整理了當地過年期間進行的各項傳統習俗祈禱儀式。例如，當地養蠶業興盛，也常用「繭」形狀的糯米圓來裝飾，表現出地域特色。透過田野調查實際走訪，我們發現當地的「飲食」與「祈願」有很深的連結，曾是日常生活的一部分。

就像粕川一樣，日本自古以來就有土地有神靈的泛靈論（萬物有靈）信仰，各地都有以各種食物來祈願祭祀的現象。過去，人類只能透過雙手栽培食物，並祈求大自然恩惠保佑收成。但是，在近代社會中，這些祈願、傳統、儀式似乎都失去了必要性。有些地方已經沒人傳承祭儀，有些地方則是持續簡化版本完成傳統儀式。這樣的事件想必在全世界都是一樣的吧。

●● 在二〇二〇年，全球人類共同面對前所未有的COVID-19疫情，尤其是與食物相關的行業，因為其特性停擺，這樣的狀況是否有帶給你們關於食物設計的新想法呢？

這是蠻難回答的一個問題。對人類來說，在悠長的歷史裡，食物不僅是攝取營養的來源，也是一種溝通交流媒介。透過飲食，人們共享了時間與體驗。在這過程中產生了連帶感（solidarity）。飲食的情境從味覺開始，深深的影響了我們五感經驗。

在我們二〇二〇年的策展作品中，我們無法透過「食與朗誦表演」邀請陌生人坐下來一起共食、進行表演。最後我們透過表演錄像記錄整個演出過程，讓「吃」的體驗交給觀眾發揮自己的想像力。

雖說是受到疫情影響，作品的形式像是被迫做出改變。但對於作品來說，並不是一件壞事。畢竟我們的作品本身就是跟「食」有關，所以受到社會狀況影響在所難免。涉及「食」的作品，本身就可以說是一種社會的行為。我們的作品通常是發生在「當下」才

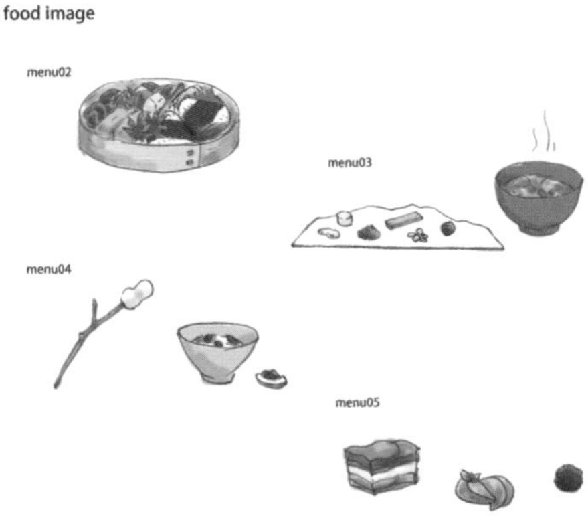

（左）〈看不見的神、祈禱與食物〉取材自地方祭神儀式。 圖源｜ HOO 官方臉書（右）群馬縣赤城山中不同河域與萬物之神，啟發HOO的創作。 圖源｜HOO提供

能成立的作品。二〇二〇年的作品，可以說是在傳染病流行下才能誕生的作品。比起走在時代之前，我們更想透過作品貼近生活中的人們，與時代並行。

●● 當你們透過食物設計詮釋藝術概念，是否有遭遇什麼困難呢？又或是在食物設計的呈現中，你們是否有著重強調的要素呢？

在實際執行「食物設計」之前，我們有許多準備工序。

大致上來說，從實際走訪當地「田野調查」後，確立初步「概念」。接著，慢慢的組織成「故事」。當故事較爲明確的時候，再進一步的由故事出發，展開一系列的食物設計創作。

此外，我們會來回確認思考「故事腳本」與「實際料理設計」中比較物理性的問題。例如，兩人表演流程、食物烹調以及服務參與者的方式。其實，完成一件作品不是簡單的工程，因爲每個元素都錯綜複雜環環相扣著。

在我們的作品裡，「食物」進入身體之中，並直接與「參與者」形成了連結。所以，我們作品中的「食物」，必須從意識型態、味道、視覺都能讓參與者直接聯想到故事。而每個「食物」，都以不同的方式與故事連結著。

我們透過設計「造型令人印象深刻的食物」來傳達抽象的概念，並在食物的味道、口感、體驗的變化下功夫。希望這些作品，就算隨著時光流逝，都能是一個個讓參與者有印象，記得感受到「食物」與「故事」連結的體驗。爲了這個目的，其實重點在於透過簡單美麗的食物與好吃的風味，創造令參與者難忘如「勾子」般的經驗（「引っ掛かり」，hook）。

——表現手法：裝置藝術＋食與朗誦表演

●● 我們好奇，在執行食物設計專案的時候，你們典型的工作流程爲何呢？是否可以跟我們分享你們團隊如何分工合作並與跨域工作者共事呢？

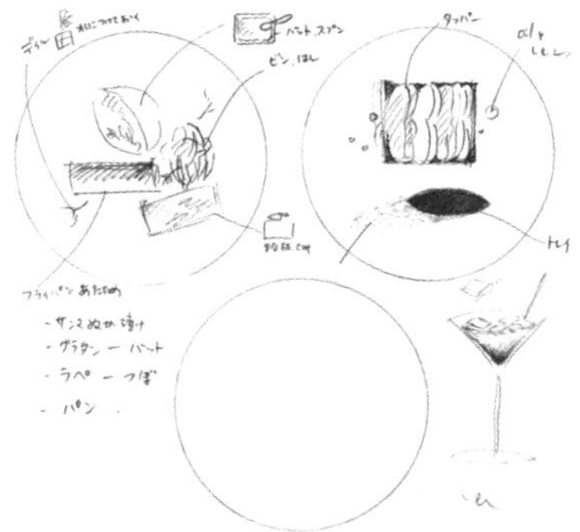

〈站在廚房，燈塔外的景色〉結合裝置藝術、食與朗誦 。
圖源｜HOO提供，(最左下)美術手帖官網

❶ 企劃（田調）：在這個階段，我們會前往當地，蒐集像是地形圖、歷史、食衣住相關生活史料、食材等關於這片土地的文獻與資料。從這些實地探訪的經驗，我們會將當下探索的感受轉化後，確立作品的初步概念。透過詩意的文字敘述，逐漸延展出作品的樣貌。

❷ 建立故事（腳本）：當概念初步確立後，我們會根據主題採訪當地居民（我們喜歡無法從文獻資料得知，屬於個人的聲音）。接著，會把蒐集到的文獻檔案、採訪資料等與我們自己的感受、看法，整理編輯成一個故事線。在這個階段，由故事而生的「食物設計」也慢慢地拼湊起作品的全貌。同時想像著如何產出（output）。我們大部分的作品都是透過「裝置藝術＋食與朗誦表演」來完成，其中包括了提供食物設計餐點、朗讀文本以及其他的行爲藝術表演。

❸ 建立故事（食物設計）：發展故事腳本的同時，我們也會討論提供給參與者的食物設計料理。在仔細檢視我們故事線中的情節安排、當地地景、在地食材以及傳統料理後，再進一步繪製設計草圖。

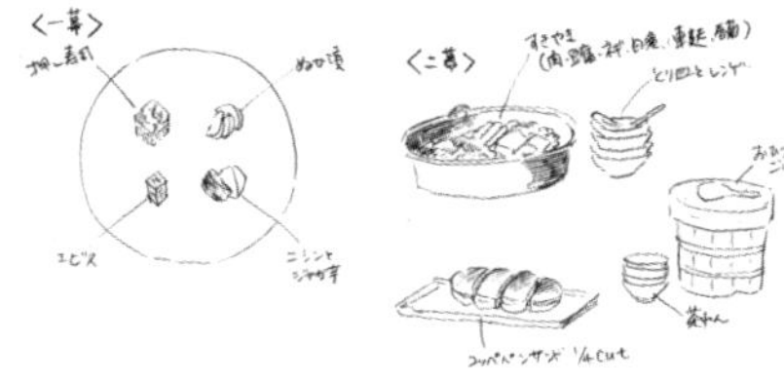

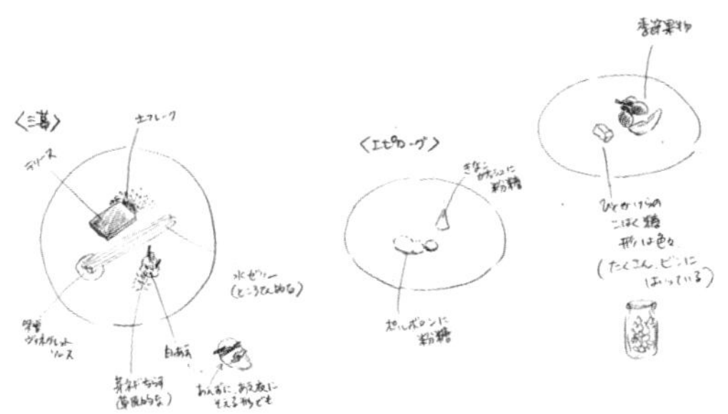

為2018金澤東亞文化之都所創作的體驗〈改變之家〉，簡單手稿傳達了空間與食物的氛圍與概念。圖源｜HOO提供

❹製作（展演製作）：當腳本輪廓漸漸鮮明，我們會開始採購料理及展演空間相關的物品，也會同時訂製相關的平面視覺輸出、演出服飾等物件。關於食物設計方面，則會開始製作「原型」以及開發食譜，當測試完成，我們便會開始試菜及規劃當天料理的製作流程。

❺展場設置：到現場進行空間布置。

❻彩排：確認表演流程。如果當天有攝影，會事先與攝影師開會討論細節。

❼料理準備：採買食材。並遵循事先規劃好的流程來準備食物設計料理。

❽展演當日：「餐桌擺設」、「準備料理」後就開始「正式演出」。

以上是我們策劃藝術展演時的基本工作流程，當然也有例外的時候。關於「分工」部分，主要在「建立故事」階段的「②腳本」與「③食物設計」上共同分擔，也常常會在創作的過程中多次交換執掌。其他工作部分，則會視個別情況調整分配。

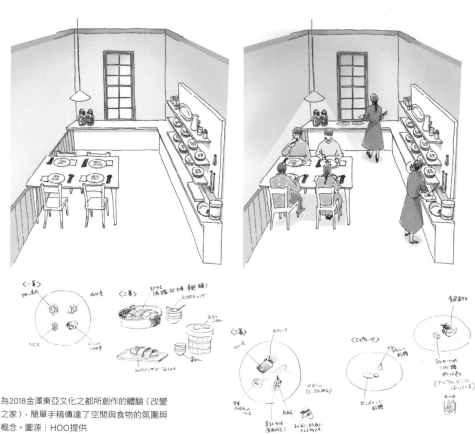

「吃的行為」，即是生命本身，是一種與世界相連的社會行為。

——風景與食設計室（HOO. Landscape and Food）

在你們的作品中，我們觀察到有許多轉譯我們不常留意、近乎隱形的日常。是否有什麼原因要重新通過食物設計體驗來表現這個概念呢？你們透過食物想要與參與者分享什麼樣的概念呢？

我們和所有人一樣，過著一般的日常生活，作品靈感也常常取樣於日常生活。這個世界是由許多微小的事物混合而成，有好的也有壞的。我們創作的作品，其實大多是將存在於日常的感受、想法、疑問蒐集，並與參與者分享。此時此刻，我們與許多人、生物、自然環境共享著這個世界。我們看似平凡的日常並不是封閉的世界，而是與許多不同的人、事、物無形的連結構成的。

田裡收成的蔬菜、海洋捕獲的魚、山河之間豐富的物產，透過不同的人製作成料理被我們身體所攝取，而後形成循環，又再度回歸自然之中。「吃的行爲」，即是生命本身，是一種與世界相連的社會行爲。

我們現在究竟活在怎樣的世界與社會中呢？我們想要感受如紡線般綿延迴旋的生命，及遠方風景與自己的連結。當能感受到這樣的連結時，熟悉的景色看起來也不同了。我想以上就是我們創作的原因。

我們視作品爲一個「契機」，透過體驗過程中不同的「線索」，參與者會一邊聽著故事，一邊咀嚼著食物，透過親身體驗，讓作品進入體內。此後，當他們回歸日常，又會看到什麼樣的景色呢？我們總是一邊想像這件事，一邊製作著作品。我想這是風景、我們、參與者三者之間，安靜的對話吧。

訪後小記

日本作為地方創生以及文化創意設計大國，在設計中，總是帶著一些含蓄的生活感，把人類最細微的觀察，轉化成有趣、超越言語的設計。相反地，HOO的作品卻著重「說」，從日常文本故事，轉譯成口述的風景，其實這與我們原始文化的傳承類似。一言一語，透過不同的家族，延續到今天。

食物設計帶給我們前瞻性未來想像的同時，也可以著重情感與「言」這件事，畢竟，在人類的社交進程中，許多事物都是由「食物」促成的。語言作為行為、動作，與食物一樣，都是經過長長的歷史洪流，隨著主宰者，去蕪存菁，成為眼前一道道的國民佳餚，又或是官方認證的書冊。但是，這些檯面留下來之外的日常呢？HOO的作品有點像是游移在人文中的考現及考古，萃取的不是勝者的故事，而是隱藏在個人故事中，那些細微、看不見的日常，並且以食物作為載體，言語隨著時間顯影，帶著觀者聚焦，發覺我們共有的生活景色。

Chapter 4

瑪萊雅・弗赫桑
Marije Vogelzang

荷蘭

可食哲學的先行者

初秋的下午，我們在台北咖啡廳隔著螢幕看到頭髮長長的瑪萊雅・弗赫桑，如同平常在網路上看到有些詼諧的照片一樣，神采奕奕的進到我們的Google對話聊天室。

二〇〇〇年，瑪萊雅・弗赫桑開始了屬於她的「食物設計」旅程。在那個歐洲藝術設計開始蓬勃的年代，所有設計師都積極地創造著具有個人風格的椅子、花瓶……，但從她學生時期作品，就看得出她透過設計思考創造出的作品與眾不同，充滿開拓性。在「食物設計」尚未成形的時代，她巧妙的利用食物串聯了體驗設計、餐容器設計等，完成一件體驗性的作品〈白色喪禮餐會〉（White Funeral Meal），以西方文化中不會與死亡連結的「純白」顏色破題，透過顏色隱喻以及開放式的呈現，拉近食物與人之間那親近又陌生的關係，死亡議題在此輕盈了起來。她自稱是「吃的設計師」（eating designer），著重於設計「吃」的動作，定義自己做的事爲「可食哲學」（edible philosophy）。

吃的設計師瑪萊雅・弗赫桑。圖源｜Marije Vogelzang提供

瑪萊雅・弗赫桑
Marije Vogelzang

www.marijevogelzang.nl

荷蘭食物設計師、「吃的行為」設計師。設計專研方向為探索人的飲食習慣、行為以及儀式性。

2014年，受到母校恩荷芬設計學院（Design Academy Eindhoven）邀請，創立食物非食物（Food Non-Food）學系。

2016年，創立荷蘭食物與設計協會（Dutch Institute of Food and Design），並設立全球第一個食物設計作品大賞「未來食物設計獎」（The Future Food Design Award）。

目前為獨立設計師，開創自己的食物設計線上課以及書籍，持續推廣食物設計教育。

問——UOVO食物設計工作室
答——瑪萊雅・弗赫桑

——沒有材質比食物更眞實！

●● 你來自產品設計的背景，過去在學校的經驗是否提供你「與衆不同」的能力或是觀點？

當我還是恩荷芬設計學院的學生時，學校總體教育方針著重於「概念」（concept）出發的設計。這對我很有幫助。畢竟二十年前關於「食物的設計」並不是一個大家廣泛討論的議題。「概念」做爲思考方法，讓我知道設計的目的不一定是一個具體的產品，我也可以透過「概念」來創造「體驗」。「食物」在這裡扮演的角色，更是協助我跳脫傳統產品設計的限制。

●● 你透過「體驗設計」作爲畢業製作，不像大家一樣設計椅子或傢俱，當時在學校中應該算是很叛逆的舉動吧？

我的學校其實二十三年前（二〇〇〇年）已經非常的與眾不同。不同的設計學系都是以「人」作爲串聯的主軸，如「人與餘暇」（Man and Leisure）。這樣的系所分類，已經能讓你很明確地感覺到，你從來都不是設計單一產品、物件。例如，當你設計椅子時，實際上是爲了人類坐的體驗而設計。其實學校當年著重的就已經不只是滿足視覺的設計，更在於探索設計背後的原因是什麼。這讓我後來透過「食物設計」的經驗變得相對容易。當你仔細去觀察人類的需求，在我們需要任何設計產品或是椅子之前，我們應該更需要吃東西，對吧？所以從這個觀點來說，設計食物就更加合理了。

●● 什麼樣的契機，讓你開始使用「食物」作爲體現設計的媒材？

其實，當時我就已經開始使用「有機材質」（organic material）做設計實驗。像是頭髮、寒天、海帶、貝殼等等，讓我感興趣的都是有機媒材。然而，比起媒材特性來說，更重要的是，當我開始使用「食物」作爲材料，一切都可以很快速地發生，你不只是設計一個物件，而是設計人之於物件的體驗。
圖源｜Marije Vogelzang提供

不太需要思考太多結構問題，只需要製作可食的菜餚即可。但是，當我更進一步使用食物開始設計後，你會發現身爲一個設計師，你的設計可以被參與的對象食入體內，這是多麼令人驚艷、多麼私密的關係啊！我非常享受透過食物創造五感的體驗，勾動彼此的情緒與感受。我的第一個作品是設計一個喪禮，當時的命題是「創造情感的影響力」。所以在這個思考脈絡下，我並不只是設計一個物件，它也可以是一個儀式設計或是一個體驗設計。而透過食物設計，它可以賦予體驗者眞實的情感價値，我想沒有一個材質能比食物更容易、更豐富的呈現這樣的共感經驗。

食物具有氣味、口味，進入你的嘴中，又有形狀、質感。而入口的食物，又象徵著更廣大的世界，像是意義，如農業又或是集體經驗，如認同（identity）。我相信食物是最豐富的材質，而且沒有一個既定（static）的外觀型態可以被區別。而更有趣的是其「時間性」要素。你設計一張椅子，它可能會永遠存在；但是，食物不同，不只是吃的當下好吃、愉快，隨著時間它會分崩離析（disintegrate），當食物已經壞掉，你吃了可能會生病。我相信沒有材質比食物更眞實！

——與食物有關的設計是無限大的

：當「設計師」開始與大眾溝通、設計食物設計的體驗，常常會被質疑「你這樣跟創意料理廚師有什麼不同」，一般人是否普遍都有這樣的疑問？

對！當我最早開始的時候，其實遇到非常多人這樣評論。但接著我想，我其實不在乎他人怎麼稱呼我。我是利用我的「設計能力」來回應溝通議題。假設你是廚師，當然你也可以用你的「廚師能力」來創作同樣的議題。

我觀察到最大的區別在於：設計師思考的常常是超過「食」本身更全面的（holistic）體驗。大多數設計師的食物設計不在於叫大家「看！這裡有食物」，而是建構圍繞在食物周遭更複雜細膩的體驗。論結果，有可能食物設計師的作品跟創意外燴有些類似的呈現，但是背後可能是來自完全不同的思考脈絡或是架構。就像設計師可以設計髮型，髮型師也可以設計髮型一樣。我真的不太在乎別人怎麼定義我，我依然從一而終的做自己想做的事。人們不斷地「歸類」（pigeonhole）是一個蠻有趣的現象，但事實還是在於你創造的體驗結果是否能夠吸引人來參與。

●● 你自稱「eating designer」（吃的設計師），爲什麼會這樣定義自己？

當我開始的時候，真的沒人知道我到底是在做什麼。大概，只知道我是一個與食物有關的設計師。所以，當大家開始稱呼我是「食物設計師」，其實我自己內在也有些困惑。因爲，「食物設計師」字面上意思代表了我設計食物，但我其實覺得食物本來就很好了，我根本不需要設計食物。

事實上，我大多都是創造圍繞在食物的情境、脈絡，或創造一個新的觀點，提供一個新的看待食物的方式，又或是直接使用食物在一個完全不同、意想不到的概念中。所以，我開始理解自己做的事情更像是「eating designer」，著重的點在於設計「吃」的動作。而最近，我更進一步的定義自己做的事爲「可食哲學」（edible philosophy）。這其中反映出，更想讓大家理解的是食物設計不只是擺盤、讓食物美美的呈現（雖然這對我也很重要）。但其實現在我已經不太在意他人如何定義我。

所以我在跟客戶合作，通常都不是跟他解釋我在做什麼，而是直接帶他看我的案例。畢竟與食物有關的設計是無限大的。食物設計可以從設計小小的甜品到整

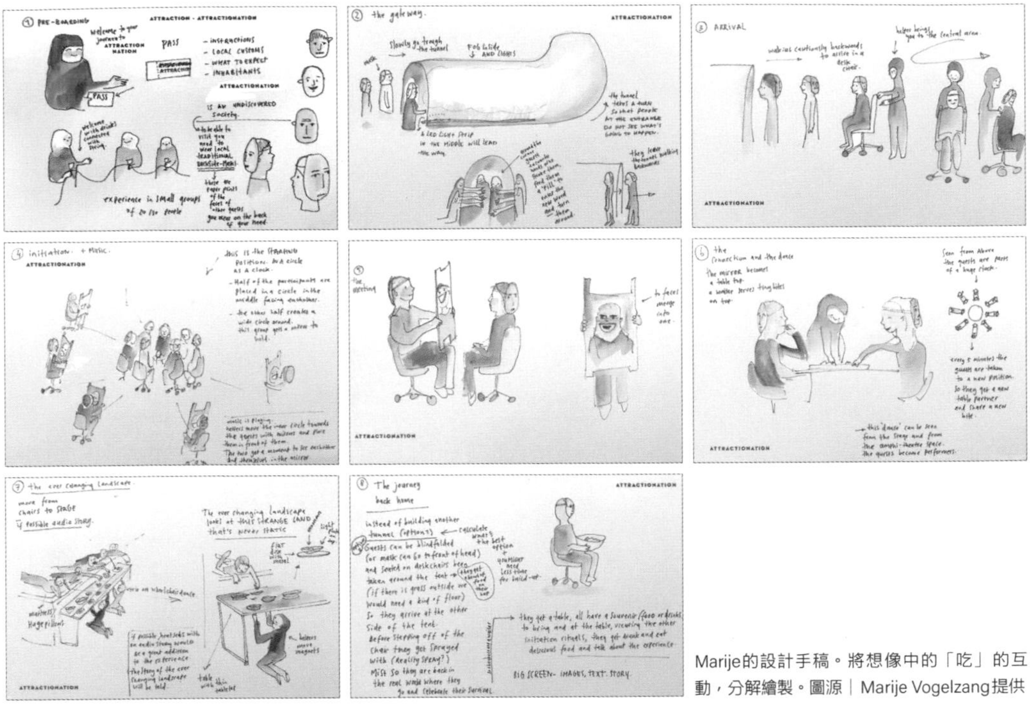

Marije的設計手稿。將想像中的「吃」的互動，分解繪製。圖源｜Marije Vogelzang提供

個食物運動思潮，在這兩個端點的中間有太多可能。像是與不同的領域合創，又或是跟農夫或是醫療功效的食品合作。關於食物，還有太多還沒被開發的事。

●● 二〇一四年，你被邀請回母校創立食物設計的學系。你是否有建立新的方法引導學生，又期待如何培養新一代的吃的設計師／食物設計師？

剛開始的時候，我總是非常好奇我能做什麼。當你宏觀地看這個世界，人類處理食物的方式、挑選可食的材料，還有一起共食、飲食的方式，在世界各個角落都非常不一樣。像台灣人跟荷蘭人，吃的方式一定有許多差異，但再放大仔細觀察，你會發現並不是太不同。但其實，實在還有太多未知的機會與觀點可以探索食物了！在許多創作作品的經驗後，我覺得階段性的理由更在於我想要幫助人們，不局限於學生。我想要幫助大家透過創意思考，從日常視角，改變你與食物的關係。對我而言，目前最感興趣的是，如何應用設計思維在「食」有關的體驗上。透過食物設計，真的可以帶領世界走向一個新的方向。

——留白讓想像力發生，越能凸顯食物設計的體驗

•• 從你的第一個案子，喪禮的食物設計體驗，到近期做了許多跨域的合作，整體的歷程演變與創作方式有什麼顯著的改變？

當然，剛開始，我無法宏觀地看到我所做事情的未來潛能。所以，起初我做喪禮的食物體驗設計，純然是因爲我喜歡，非常享受完全獨立創作的過程。從食物到陶瓷容器，做著做著，越來越有經驗，習得更多技能，更能有效率地完成作品。

不過，觀察最近自己的作品，相較於初期來說，其實越來越少使用食物。檯面上的食物越少，越能凸顯與食有關的體驗的重要性。觀察分析起自己的設計脈絡其實蠻好笑的，逐步地從像創意料理的呈現，慢慢著重更多其他的事。從一開始，我創作了許多的食物設計晚宴，但現在都慢慢地轉變成裝置創作，創作的內涵更著重於體驗所帶來的感知與互動。而且，我

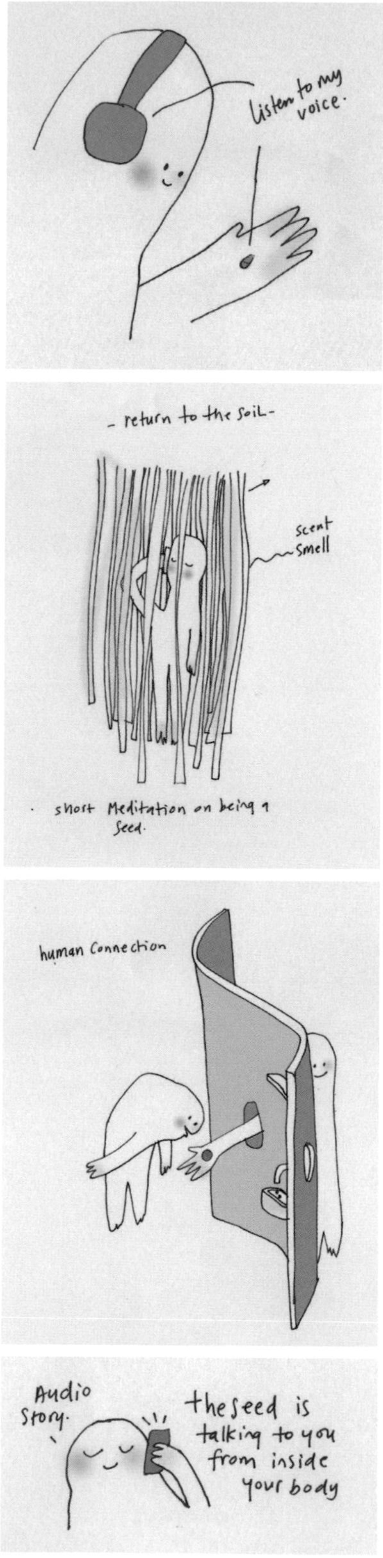

Marije以獨具風格的插畫，將腦中的玩味互動，精準傳達。
圖源｜Marije Vogelzang提供

也開始使用更多的聲音元素，留給觀眾想像力更多的空間。所以，一開始，我想要給予參與觀眾更全面性的體驗，從洗手到吃東西等等，但現在的我，更希望透過有限制的體驗設計，保留空間，讓想像力與屬於個別的故事發生。

裝置作品〈Teardrop〉，必須人與人互動才能讓不同口味的液體滴到嘴裡。圖源｜Marije Vogelzang官網

——像孩子一樣放下事情「應該」的模樣

●● 在你的作品中，有許多專注於人與食物的互動，你平常是怎樣挖掘靈感的呢？

其實，很好笑的是，當我開始做食物相關的設計還有到處旅行工作的時候，我有點害怕，因爲荷蘭的食物文化略嫌匱乏（大笑）。而我去過的許多地方，大部分人比我還更了解食物多了。逐漸的，我發現我的工作不在於食物文化，而是挖掘隱藏在食物文化底層中，人類如何透過食物連結彼此。透過食物能連結情感，這是非常基本的人類需求，幾乎不分族群國家，所有人都能共感理解。所以我的靈感大多來自於這些觀察。

另一方面來說，也很像是透過食物如何與你內在的小孩有所連結。某種程度來說，我覺得我們內在都還有個孩子，那個孩子總是擁有好玩的觀點來觀察周遭的世界，有著澄澈的眼，像是不知道世俗東西該使用的方式般在探索世界。所以，我現在也有意識地訓練自己，保持這樣的心靈狀態，觀察生活中被忽略的驚喜時刻與微小的改變。然後轉譯這樣的經驗到我的新作品之中。

●● 在你的日常生活中，是不是有哪些食物、儀式、體驗，體現了你眼中的食物設計或是「eating design」的特質？

說到這點，其實我日常更多的靈感像是前面所說，更多是來自小孩的觀點。他們生來並不知道這個世界該怎麼運作。所以當你與小孩一起吃飯，常常發現一回神，怎麼自己也跟著孩子們一起坐在桌下吃飯。這點讓我很訝異。生活中，身爲成人有太多認爲理所當然的事了！而且，這眞的特別回應了我的設計方式。我常有的靈感不見得是來自於文化中的現象，我想可能更像是孩子他們總是著迷不同的事物、味道，總是能突破規範的製造出大人從來不會做出來的組合。畢竟他們一點也不在乎事物「應該」要用什麼方式呈現，對吧？非常直觀地做，我想這是我更傾向的創作方式。

——喪失的五感讓想像力來填滿

●● 從二〇二〇年到現在，全體人類一起經歷了一個未知的疾病與恐慌狀態。這樣的經歷帶給你什麼新的想法與靈感呢？

我覺得人們因疫情限制而限制自己可以做其他的事情，這件事的思維很有趣。我個人認爲，這是一個多好的機會讓大家「更創意」的活著。在疫情之中，你可以看到有些人完全像癱瘓一樣什麼都沒做，但也有人利用這個機會比平常還活躍。這是多麼難得的機會可以去體驗這樣的事件，而且促使自己做一些平常沒機會做的事情。

從外部的世界來看，尤其是跟食物有關的事情變得相對困難，人們不能再一起聚會，而食物的本質又在於分享。但，你的五感感知其實存在於你的體內，不一定要去其他地方才能體驗五感。所以，我覺得對於以食物爲材料的設計師而言，不需要設計一個大家一定要互動、一定要去一個場地集合的體驗，而是

確保食物好吃、體驗有趣，才可能吸引人再去思考其他層次的意涵。圖源｜Marije Vogelzang提供

更可以眞的專注創造出更細膩的感官（sensorial）經驗。還有另一點非常重要的是，大多數人因爲疫情感受到與他人失去連結，內在與外在感受皆非常寂寞，這就在目前的後疫情時代，提供設計師一個新的題材，可以利用食物創造更棒的連結經驗。

這個把疫情當作單一事件的觀點好正面！如果可以趁機會轉化五感的練習，變成透過食物，未來更能幫助人連結的作品，應該會很棒！

對，其實這段時間我得過兩次新冠肺炎，完全喪失了嗅覺能力。失去嗅覺對我而言很有趣，我開始透過想像力練習找回我的嗅覺。例如，沖澡的時候，我會想像著洗澡水的味道，假裝我在用可樂洗澡，「可樂是什麼味道」開始在腦內還有失去的感知中慢慢組合起來。

在過去二十三年的創意領域職涯中，我觀察到這個（設計）領域有太多人背負著過多的壓力活著。我曾經也這樣度過了很長的時間，其實反而適得其反（counterproductive）。太多創意工作者日日夜夜面對著壓力、焦慮，最後都被這些情緒壓倒或是開始拖延。我更希望是我們能夠隨波逐流的工作，隨著靈感自由地走。當你感到被靈感啟發時，跟著自然的工作脈絡流動，你會發現其實工作非常容易，根本毫不費力。

我在疫情前就開始上冥想的認證師資課，疫情開始後，就上線上課程，希望除了幫助自己外，也可以幫助更多在創意領域的工作者了解有什麼策略可以應對內在的壓力。其實不只是透過冥想，更多時候是透過調整心態，自助放鬆，讓這些取代總是被截止日追

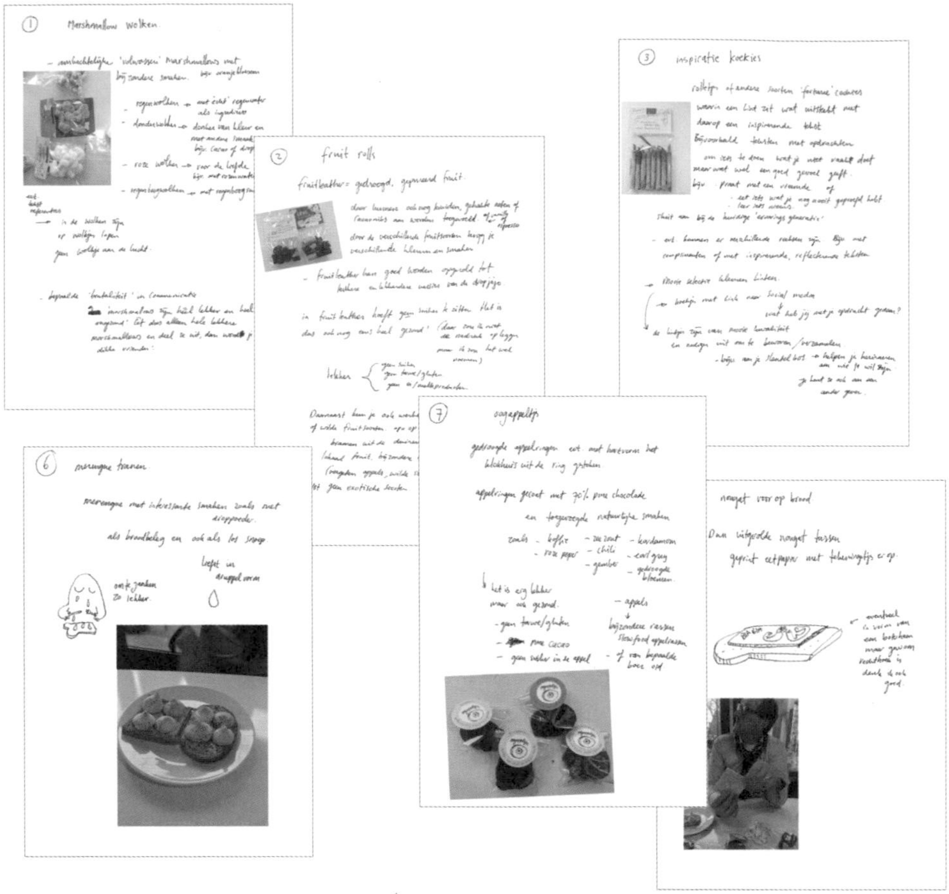

趕或是爲業界生態所困惑，這樣才能更專注於自己眞的想做的事。尤其疫情時間，太多人一夕失去大量金錢、工作或是生命。我想現在整體社會的壓力是非常大的。有點有趣的是竟然發現，我其實可以透過分享冥想等內化的調整經驗來貢獻一己之力。

——先好吃、有趣，再來談意義

●● 當你把相對抽象的概念轉換成食物設計體驗，通常你會優先著重溝通的重點是什麼？

我的作品大部分是由很多層次構成。舉例來說，第一層是眞實的食物本身，而且是好吃的食物，這非常單純。如果有人不想參與更深的意涵，那至少他有好吃的東西可以吃。下一層，可能是個人很美麗的故事或是經驗。參與者如果已經準備好，並且可以感受、理解這一層的故事，那他就有可能接著跟著我們的設計，探索隱藏得更深入的國際或是政治等議題。

唯有參與者有意願，才能跟著設計感受下一層的意義。
圖源｜Marije Vogelzang提供

然而，如果你足夠敏感，你也許能感受到。所以，我總是會確定我的作品是有趣的。只要有食物出現，我的工作也是確保食物一定是好吃的。我想這些是最簡單確保我的設計具有足夠的吸引力，吸引人一起進入體驗之中。而這些一開始接觸的部分若是很愉快，人們才可能有更多的空間去思考其他層次的意涵。不要預設參與的人知道這個活動是做什麼的，又或是預設他們可能想獲得什麼。所以我的工作就是確保透過整體的設計，具體溝通到以上的重點。

● 你工作室一般的工作流程以及團隊分工大概是如何？

我曾經擁有一家餐廳，還有一個很多人的設計團隊。現在來說，其實就是我爲主，偶爾會請我的助手來幫忙。不過她是聾啞人士，處理的事情比較少一點。這些年，我慢慢回歸獨自工作的狀態，更享受做少一點案子，然後把每個案子都做到最好。我蠻享受自己掌舵的自由。偶爾做做計畫、接接案。我真的不想在一個大的組織結構裡做事。我單純的想要自由地做任何我想做的事。像是現在我開始開線上課，這是我自己可以全權處理的，不需要整個團隊來做。然而，有大案子進來的時候，我還是可以找很多自由工作者接案幫忙。經歷這些年闖蕩後，我發現這樣的工作模式更適合我。尤其，接下來我有一個比較大的計畫，我要開始寫新書。

現在的生活模式真的給了我很大的自由，我喜歡工作前在森林走走。而且知道回來後沒有人會急著等我回覆，能夠形塑自己喜歡的工作生活方式，這點我很享受。

——彼此信任，才有一起「食」的可能

● 你的作品中有許多回應社會心理學的部分。你曾透過食物設計體驗串聯第二次世界大戰兩種不同甚至對立的群體，還有在匈牙利的裝置展演〈Eat Love Budapest〉讓邊緣的吉普賽人能夠透過食物與多數的匈牙利人對話。是否可以分享你的出發點？

設計師總是為人類製造東西，提供人類開的汽車、穿的衣服，但人們真正比其他任何東西都還更需要的，其實是「食物」。

——瑪萊雅・弗赫桑（Marije Vogelzang）

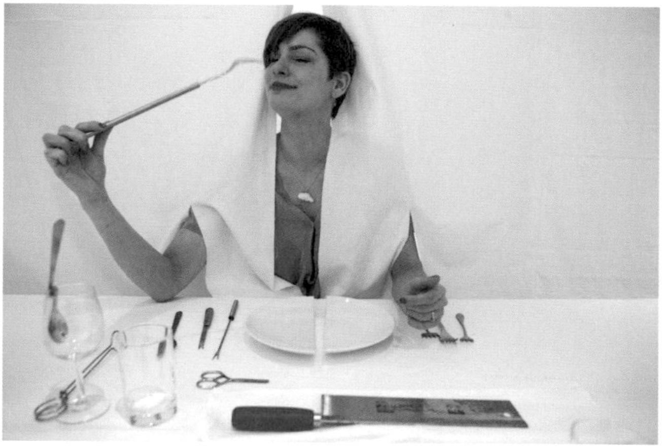

瑪萊雅・弗赫桑常運用白色的視覺語彙喚起人的信任去體驗作品。圖源｜Marije Vogelzang提供

如果你仔細審視這些計畫，你會發現重點根本不是食物，而是關於「人」。但沒有食物這個連結根本不可能成形。食物其實就像一個工具，更像膠水連結著大家。

那爲什麼是用白色串聯呢？從你過去不同的創作計畫中，很常看到白色。

一開始是因爲傳統餐廳的桌巾都是白色的，它某種程度上象徵了一塵不染、乾淨。而且，我創作的體驗通常都有點可怕（笑），不是那麼容易讓人想要接近。所以，我希望透過這個語彙，讓人們直覺地知道，他可以相信我們。像在醫院，通常也都是使用白色來表示東西看起來是乾淨清潔的。食物不只是可以吃的美食而已，也可以是可怕的、致命的。有時候，這個做法更像是某種程度上的抗衡。某些食物的體驗方式讓人感到害怕，同時間又以白色象徵文明階級。這樣形成了一個有趣的對比。

我們台灣是一個政治、殖民文化非常複雜的地方。以前面的案例來說，食物設計可以扮演什麼樣的角色？

食物本身是一體兩面的，令人享受，也是有可能用來殺人的物質。要知道食物背後象徵的是「我信任你」。食物本身是多麼有愛的溝通方式，雙方的人能夠一起吃，必然有信任的組成。食物的角色在這裡賦權予平常難能促成的溝通，多好的機會！透過食物，彼此信任、消弭誤解、文化藩籬，才能展開更深刻的對話。

歐洲食物設計工作者彼此會聯繫、合作互動嗎？在台灣，目前的狀況比較像是許多的小點點，散布在島的各處做自己的事。

我們大家都是認識的，偶爾會線上通話聊天、分享現況。目前全球慢慢有許多食物設計的研討組織場合，像是前陣子結束、由FORK舉辦的國際食物設計研討會（International Food Design and Food Studies Conference），還有全球平台Food Design Nation，每次研討會大家都會遇到。以你們的情況，也許這就是你們寫這本書的目的啦！不只是寫給專業設計人士看，也有機會透過出版促成更多連結，這就是由你們開始組織的時候了（笑）！畢竟食物佔了我們生活中很大的時間比例還有角色，還有太多事情沒做！

訪後小記

在與瑪萊雅．弗赫桑對話的過程中，深深地被她的可食哲學所撼動。從她的作品，我們觀察到設計可以如何在成形階段，更著重在行為上的觀察，而後把這些互動能夠帶來的感知，轉化到最後的設計上。而著眼於社會與心理的作品，往往不一定要符合特定的「功能期待」，而是透過食物設計，提供參與者一個舒適的、自在的、愉快的空間，在直覺設計的引導下，可以在動與想與食的過程，慢慢地激起內心的漣漪。

而食物設計可以提供原本充滿誤解的民族什麼樣的價值呢？小至人際之間，大至國家關係，我們每天都有可能經歷衝突。但是，正如瑪萊雅．弗赫桑所說，「信任」促成了兩人吃一頓飯的可能，而食物設計，提供了一個最佳的場域，作為交換觀點、放下成見的載體。最後，也希望大家能夠回歸小孩天真無邪的視野，放掉對事物習慣的、理所當然的模樣，讓雙手、直覺，帶著你做出令人愉悅的食物設計吧。

Chapter 5

深食
Deep Food

香港

玩味食驗家

自古以來，藝術由純粹作爲「紀錄」的洞穴石刻，發展至今天作爲「傳意」和「思辨」的媒介。食物，也經歷類似的變革：由讓人們三餐溫飽的原始價值，發展至能作爲體驗和傳意的載體。由兩位香港設計師陳可兒、伍澤均創立的「深食」（Deep Food），顧名思義，專注於透過食物爲媒介來做批判性設計，探討食物與人之間的關係，讓食物能超越口腹之慾的層面，擴展其價值。從了解食物背後的過程和文化，包括吃的行爲、飲食環境等，建構出「食」的意義，啟發更多深刻的思考空間。

我們和深食因爲理念相近志同道合，彼此早已知道對方的存在，時不時在網路互相關心一下。很榮幸藉著出書採訪的緣故，跟深食正式從網友變戰友。在線上訪談的過程中，我們更加了解深食在做些什麼，他們是如何執行自己發展的方法學，創作具有批判性的食物體驗，在食物設計的領域中進行不同的探索和試驗。

深食的共同創辦人陳可兒（右）、伍澤均（左）。圖源｜深食提供

深食
Deep Food

FB、IG @deepfooddesign
www.deepfooddesign.com

2018年成立，由香港設計師陳可兒、伍澤均共同創辦。

透過設計別於尋常的食物體驗，激發人思考，討論餐盤之外的種種議題。

問——UOVO食物設計工作室
答——深食（主要受訪者爲陳可兒）

——以食爲媒介的創意人

● 你們覺得「食物藝術」和「食物設計」的界線在哪裡？有什麼相異之處？

因爲我們自己傾向專注在「以食物做爲傳遞訊息」的設計，我們認爲食物設計和食物藝術並不是兩個獨立劃分的領域，兩者中間是可以有交集的，就像藝術也可以傳遞資訊、故事，食物設計當然也可以。無論是食物設計或食物藝術，共同點都是可以透過食物作爲呈現概念或資訊的載體，不一定要在兩者劃清界線。但有一點不同之處，是我們發現比起食物藝術，食物設計多了產品設計的設計思考過程。

我唸的碩士（編按：於倫敦的中央聖馬汀藝術與設計學院）不是食物設計相關系所，它的全名是「創意產業應用想像學碩士」（Master Applied Imagination in the Creative Industry），當初會選擇就讀是因爲它是很彈性的系所，你做什麼都可以，但它會有一個設計思考方法去幫你分析、幫你實驗你想做的東西，我覺得很棒。方法都是依據「行動研究」（action research），類似設計思考的過程。不過這裡的行動研究不是指研究行爲本身，而是一種參與式、介入式的研究方法，看看這個介入是不是會讓他人的行動有不同的結果，就像是藝術家做一場社會性展演去讓社會大眾關注社會議題。

● 兩位過去都是藝術與產品設計相關工作者，而食物相關領域是需要很多專業知識的，從藝術到食物設計，這中間跨度是不是挺大的？轉變的契機又是什麼？

我們兩個都是「深食」的創辦人，也都是產品設計背景（編按：兩人皆爲香港理工大學設計學院的畢業生）。從大學時期到現在，我們一直對「批判設計[1]」（critical design）有興趣，而我們相信，「食物領域」（food domain）是一個讓我們有更多機會，透過食物爲媒介來做論述設計[2]（discursive design）或批判設計的場域。大學除了在創作、藝術上的學習

1｜批判設計Critical Design：由學者安東尼·鄧恩（Anthony Dunne）提出。指透過設計，具現化未來可能發生的推測觀點，希望刺激、引發觀者想像、反應。

2｜論述設計Discursive Design：由學者布魯斯·薩普（Bruce M. Tharp）與史蒂芬妮·薩普（Stephanie M. Tharp）提出。指透過設計作爲形式，表達思考觀點、引發群眾討論。

透過食物做為一種具體可視的溝通媒介來傳遞抽象的概念，讓食物成為體驗藝術的一部分。圖源｜深食提供

外，最開闊眼界的，是能以社會創新的向度去思考，既然產品設計能帶給人訊息，如果我以食物爲媒介，那不是更容易傳達嗎？

只是當我們投入後發現，在設計與食物有關的創作時，我們缺乏食物料理或相關的專業知識。所以經常要與廚藝或食品專業人士合作，例如麵包師和廚師。其實這很類似產品設計的過程，產品設計師也要與工程師合作開發產品。例如我們先前的作品〈情迷島中園〉（Midnight on the Island）有需要處理餐食的部分，所以找了廚師一起開發料理。透過這個過程，我們了解「食物作爲媒介」的實際可執行性，把想法執行到成爲眞正可食且可被體驗的食物，廚師也獲得了創造新口味的洞察力和創新力。這就是我們跨度的收穫，也是和夥伴合作相互學習的過程。

你們之前是產品設計師，那現在你們如何稱呼自己或如何向別人介紹自己？成爲職業與食物設計爲伍的人，自己有什麼變化？

我們現在確實聲稱自己是食物設計師，但是覺得這會隨著我們找到一個更合適的語彙來描述我們在做的事而調整。更精確的說法，我們更傾向把自己描述爲「以食爲媒介的創意人」。雖然這是我們對自己的定義，但過去與我們合作的夥伴，例如委託我們案子的客戶，多是用「藝術家」或「設計師」來定義我們的角色，而我們對任何「能表現或展現創意」的角色或說法都覺得很OK。

當我們開始從事與食物有關的創作且一路走來，都以自己的品牌精神「Deep Food」爲核心，我們自身最大的變化應該是，能夠更敏銳地找到隱藏在食物或眞實（reality）背後的抽象概念或符碼。還有，我們與食物共事以來，一直發現它和自己的生活息息相關，我們把它看作是自己學習和應用新知識的媒介。

——「6＋6模型」的設計方法學

●● 你們投入食物設計，是否有遇到印象深刻的人事物或挑戰？

對我們來說，有趣的經歷也是挑戰是，每次當我們在解釋什麼是食物設計，大家要嘛說沒聽過，要嘛說他們知道什麼是食物設計，但講出來完全是不同的概念或是很多版本。換個角度想，也許可以這樣說，食物設計還在形塑的過程，至少目前食物設計界也沒有統一的定義。人們普遍會誤解食物設計就是食物造型（Food Styling），或者它就是工業食品設計或與餐飲業有關。我們面臨的最大挑戰就是，如何擴大大眾對食物設計的認識。

●● 不過要讓大眾認識或接受食物設計，將「概念」轉換到食物設計的「體驗」應該不簡單，這中間遇到的難題是什麼？

我們在做的食物設計，並不是給餐廳設計食物，而是以食物作爲藝術品呈現的方式，只是有些可以讓參與者吃掉，成爲體驗藝術的一部分，有些則純粹欣賞。所以我們在創作時，創作的「目的」和「動機」會是優先設定的，把食物做爲一種具體可視的溝通媒介來傳遞抽象的概念。我們用「6+6模型」分析食物能夠提供的價值和管道，概念轉換的過程中，只要涉及食品加工技術或烹飪料理相關知識，對我們來說都是比較大的難題，解決之道就是要找這些領域的專家合作。

●● 請問能針對這個「6+6模型」多做說明嗎？

這個模型（model）是深食第一年就有的想法，因爲我們對食物設計的興趣都是在透過食物和別人分享故事，所以針對食物可以帶給我們和民眾什麼價值做了一個分析。我們認爲食物除了提供營養和滿足食慾之外，還有六種價值，延伸對應六種層次，我們透過六個不同層次的設計方法讓食物的價值得以展現。

分層最低層的是「雜音」（Noise），沒有任何的「知性」在裡面，接著依序是「事實」（Fact）、「故事」

（Story）、「訊息」（Message）、「心智」（Mindset），最上面一層則是「世界觀」（Worldview），即對世界抱持的宏觀視野與想法。這個模型就是我們覺得食物可以在一個體驗裡，帶給不同觀眾不同層次的價值，例如食物做爲一種「教育」的價值、「溝通」的價值，或是一個「體驗」的價值。

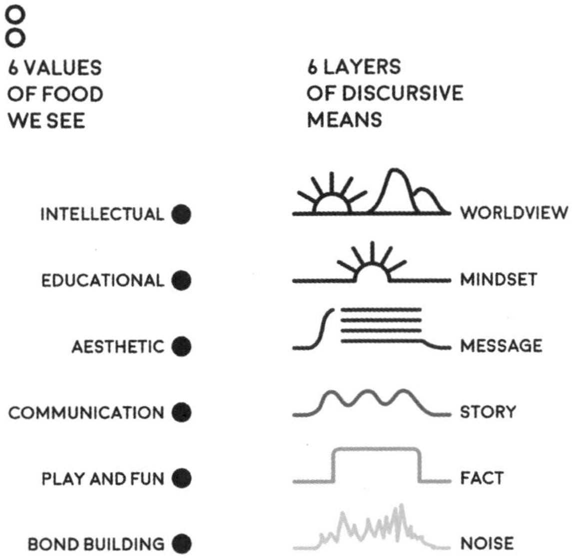

「6+6 模型」歸納出食物的六種價值，延伸對應六種層次。圖源｜深食提供

這是我們一開始的想法，這中間都沒有更新。但這個模型我們很想繼續發展延伸，現在最新的想法還在探索。這幾年我們有很多機會和不同單位合作，但沒有太多時間去想背後的「方法」是什麼，所以這也是現在我們自己想探索的問題之一。

你們如何將抽象的概念轉譯成具體的視覺及五感體驗？是否有相關的設計思考或步驟可循？

我們會試著整合過去在「產品設計」領域的專業和知識，然後不斷嘗試把抽象的概念具象爲食物的體驗，這過程當中會運用到設計思考的方法，包括研究、構思（ideation）、原型設計（prototyping）、執行（realisation）。我們發現在轉化的過程中，其實設計一場「食物體驗」的過程，跟產品設計的過程很類似，這讓我們能夠找到食物設計的方法，就是運用我們自己在產品設計所學的知識和技術。舉例來說，我們常常分析、解構食物的元素和體驗，就像是產品設計師分析、設計物件過程中，會包含各種層面，像是材質特性、產品互動性與使用者情境設計。

——靈感源於日常生活和在地飲食文化

●● 你們的創意或靈感從哪裡來？

我們的靈感大多來自我們的日常生活和所看的書，文學、哲學、飲食等書籍。例如，我們的作品〈起源之石〉（Stone of Origin）以中國古典畫作〈山海經〉爲靈感，〈重塑九龍〉（Radiance of Kowloon Memory）是從香港歌手林一峰的歌曲〈世界中心繼續轉〉而來，這首歌在講香港九龍半島的發展和變化，結合我們自已對九龍這個地方的記憶與感情，把音樂、文字、香氣跟食物混在一起，變成一件件由糖膠築成的透明雕塑，留下以前九龍景物的味道和形狀。

我們的靈感還有來自香港本地飲食文化的快速變化，而且還能很快適應的現象。香港文化注重效率且高度務實，這也是香港文化的價值所在。這幾十年來，我們看到香港茶餐廳的點餐方式有很大的變化，從向服務員點餐到直接使用表格點餐，再到最近常看到的網路點餐，我們一直在使用這些飲食「形式的變化」作爲靈感來源，並運用我們熟悉的形式作爲共同語言，在每一場食物體驗中向觀眾傳達概念。例如，我們的〈包子大學〉（School of Baos），就利用「點餐表」讓參與民眾將他們的「食物價值」轉變爲菜單上的一個品項。我們選擇使用一個熟悉的形式，並將其轉化爲一項能傳遞自我反思的工具。

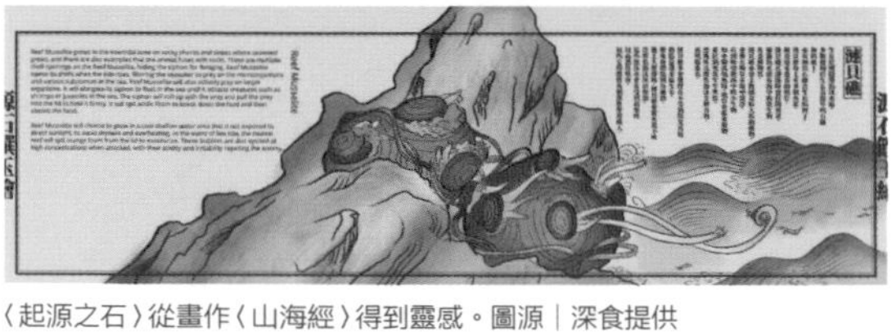

〈起源之石〉從畫作〈山海經〉得到靈感。圖源｜深食提供

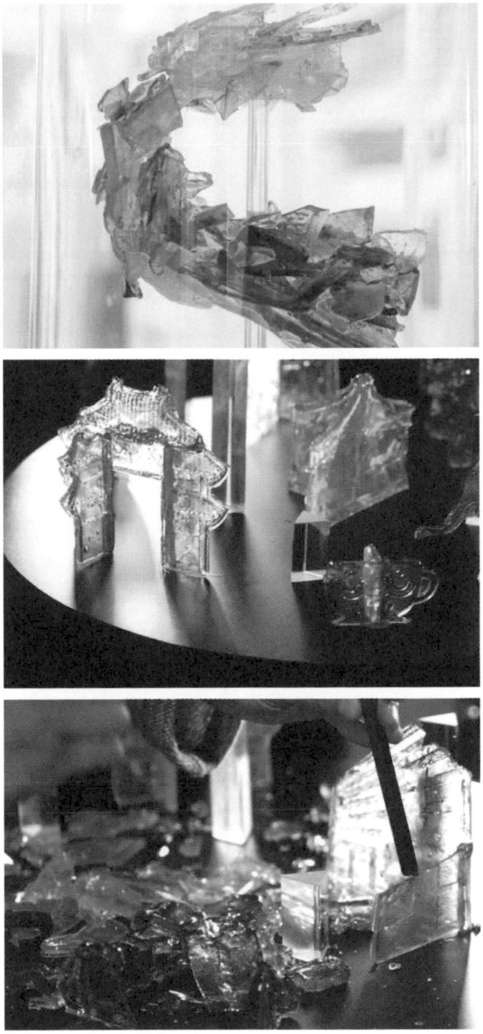

《重塑九龍》將音樂、文字、香氣跟食物結合，變成一件件由糖膠築成的透明雕塑，留下以前九龍景物的味道和形狀。圖源｜深食提供

〈包子大學〉聽起來蠻有趣的，可以多和我們分享一點嗎？

這是我們蠻有歷史的創作計畫了。一開始是在香港生活書院舉辦的「良食市集」，我們去參加的時候，覺得自己在市集裡是很奇怪的存在。大家都在賣有機食物、公平貿易食物，只有我們在做包子大學。包子大學是一間「大學」，如果民眾有發表「論文」，那他們要給我們「錢」，如果他們想去吃別人的論文，也要給我們錢（笑）。這個計畫聽起來有點無厘頭，但創作的目的是想讓民眾思考什麼才是「好的食物」，這是我們成立包子大學想跟民眾一起去探索的論文題目。

從熱騰騰的蒸籠出爐的不僅是點心，還是色香味與哲理俱全的「良食理論」藝術品。每一本論文是由不同形狀、顏色、味道的包子製作，他們可以做出自

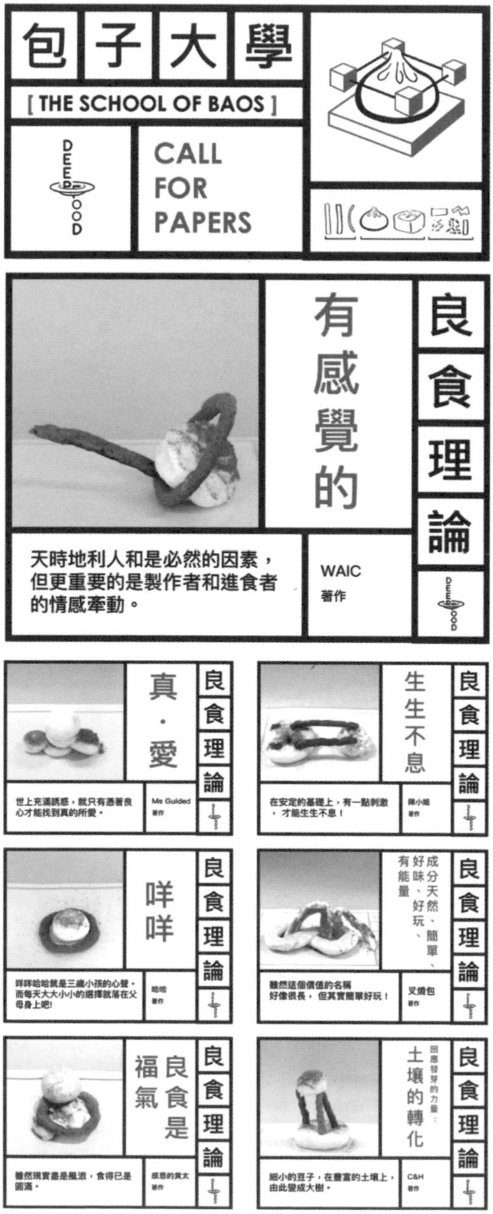

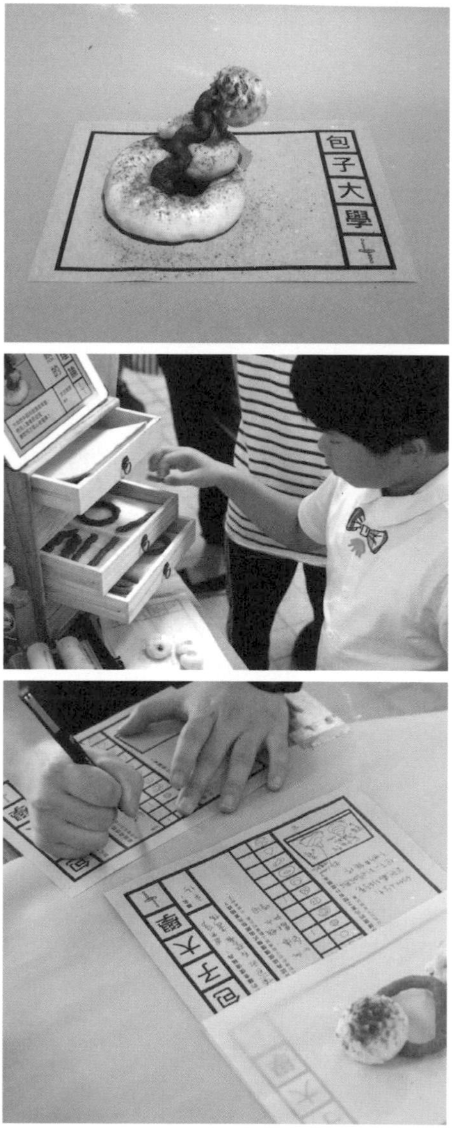

〈包子大學〉透過「可食文章」的體驗引領參與者思考「良食」。
圖源｜深食提供

我們更傾向把自己描述為「以食為媒介的創意人」。

——深食（Deep Food）

己的配方，然後進入到菜單中，上面寫著民眾想要表達有關食物的話。這樣的可食文章「體驗」就像在茶餐廳點餐一樣，民眾可以透過一張點菜單訂購各種口味的包子，透過這張點菜單，民眾可以去思考如何把自己對「良食」的想法轉化成可食文章，然後把他們的作品拍照，像是一本本的論文。〈包子大學〉是一個「教育性」的展攤，邀請參與者思考什麼是良食，並讓他們理解食物的價值。

——改用食物而非飲食體驗來傳遞訊息

：可以再分享一下你們自己的創作嗎？你們是否有獨特的、自己喜歡或欣賞的食物設計案例？

我們喜歡的設計師不一定是在食物設計範疇，例如安藤忠雄，藝術家的話蠻喜歡深澤直人的，他們都不是食物設計師。

關於自己的創作，可以再補充剛才提到的〈起源之石〉，這是和另一個柬埔寨的石雕工藝品牌 Unsign 一起合作的。石頭的形成需要數千年時間，那我們每天吃的食物呢？這個創作的目的是追溯我們食物的起源，還有食物能以目前形式存在所經過漫長進化的旅程。我們用砂岩製成餐具，每塊石頭都有一個虛構的故事和角色，我們去詳述這些「生物」跨越數百年存在至今的故事，也隱喻我們每天吃的食物，食物也是經過數百萬年形成的「物質」，就像石頭的形成一樣，帶大家想像用新的角度欣賞食物。

：新冠肺炎疫情對全世界的飲食經驗、行爲有顯著的影響，對你們的日常或在創作與呈現上，是否有什麼樣的改變或新想法？

我們雖然一直在設計「不能吃」的體驗，但一直使用食物的概念爲媒介，這對我們來說是一個挑戰。因爲在疫情下，人們對衛生和安全更加關注，爲了應對這個問題，我們用食物作爲理解複雜概念或文本的工具，而不是實際用飲食體驗來傳遞訊息。例如，我們的工作坊「禁忌之果」（Forbidden Fruit），用的是

(本頁)《禁忌之果》邀請參加者回到亞當和夏娃面對禁忌之果的情景，反思自己對食慾的態度。圖源｜深食提供

(左頁)《疫情下的不幸運兒》深食將十位不同領域創作者在疫情下的心路歷程製成曲奇餅乾。圖源｜深食提供

食物模型而不是眞的食物。

你們怎麼看全球食物設計的發展及趨勢？身爲食物設計師可以做些什麼？

我們正處於一個食物過度消費的時代，享有充足的食物供應超過我們基本的營養需求。但同時，人們的消費倫理意識也不斷在提升，而且人們對於食物有關的體驗需求也愈來愈高，所以我們覺得這是食物設計師一個很好發揮的機會，如何透過食物設計提升食物的價值，還有如何透過食物設計的思維創造更多食物的體驗。

你們怎麼看待歐洲和亞洲食物設計的發展趨勢？有什麼相異之處？

我們覺得亞洲的食物設計擅長用食物來說故事，用食物設計帶出飲食文化或體驗；歐洲這幾年比較多是議題導向，像是如何以食物設計解決環境汙染、食物浪費等社會議題。亞洲和歐洲出來的東西眞的蠻不一樣的。但我們覺得亞洲的食物設計比較有趣，因爲我們有千年演進而成多元且豐富的飲食文化和歷史（笑）。

深食的食物設計工作室如何維持營運？能否跟大家分享未來工作室的方向和目標？

我們都是接案、接side project來推持營運，但

你們也知道接案不算是穩定的收入來源，所以我們還試著找其他的營運模式，例如開發自己的產品，或是活化我們自己既有的空間，加入新創團隊孵化器。我們覺得「食物」和「設計」就像「奶油」和「刀」，兩者缺一不可，想做的事很多，但還是要有收入才可以支撐我們的生活，做想要的創作。這也是爲什麼我們想自己開發產品，至於是什麼產品我們還在想，也請大家期待囉！

訪後小記

深食，和我們一樣是致力探索食物設計的方法學及實驗性創作展演的亞洲食物設計團隊，不過從他們過去的作品如〈禁忌之果〉、體驗傳統廣彩文化的〈三百年說〉（Dialogue on 300 Years）廣彩茶會，到探討新聞真偽的〈偽食物〉（Pseudo Food）等，可以看見飲食文化植根於不同國家，其生活方式會衍生出各種不同食物設計的演繹。家具可以放諸四海皆宜，食物卻不然，也因為如此，食物設計的「在地化」能突顯出該地方的問題和特色。例如，歐洲對於處理食物回收、生態環境、飲食體驗特別感興趣，日本擅於用食物突顯其飲食文化，香港則對於食物消費和文化又有不同的觀點。那麼，深食未來會開發出什麼樣的食物設計產品呢？實在令人期待。

Chapter 6

馬蒂・吉塞
Martí Guixé

西班牙

我是一個EX-DESIGNER

在食物設計的圈子裡，你一定不能不認識西班牙設計師馬蒂・吉塞（Martí Guixé）。他於一九九〇年代開始研究食物設計，並引用德國攝影師英嘉・科諾克（Inga Knölke）的說法：「食物設計師是用食物爲媒介來設計創作，不是從料理烹飪的角度。」

他的早期作品〈柳橙樹棒棒糖〉（Oranienbaum Lollipop），把一顆柳橙籽包覆在柳橙口味的棒棒糖內，吃完糖後可將籽種進土裡，或者是〈I—蛋糕〉（I-cakes），將蛋糕以圓餅圖形式呈現，每一個色塊代表不同食材原料的比例，揭示食物資訊透明化的重要性，這些創作有趣幽默，又饒富令人省思的內涵。深入了解作品的每一個細節，會發現他的「設計」都在引發大眾對食物產業和飲食消費的重新思考與觀察。這就是馬蒂・吉塞的「食物設計」。

馬蒂・吉塞
Martí Guixé

www.guixe.com

第一位提出「食物設計」的設計師，是食物設計界的先驅，也被視為批判設計流派的一員，定義自己為ex-designer。

1997年在巴塞隆納舉行第一個以食物為主題的展覽。

2010年出版第一本以「食物設計」為主題的書《Food Designing》。

2015年與義大利知名設計師斯蒂凡諾・喬凡諾尼（Stefano Giovannoni）合力推動下，米蘭工業設計學院（SPD）正式設立食物設計碩士學位。

目前在西班牙和柏林工作，並與全球多家知名品牌公司合作。

「ex-designer」馬蒂・吉塞。圖源｜Martí Guixé工作室提供。攝影｜Inga Knölke

問——UOVO食物設計工作室
答——馬蒂・吉塞

——在設計脈絡下將食物脈絡化

●● 第一個問題，你可能被問過很多次了，你來自室內設計與工業設計的學習背景，是什麼契機讓你開始以食物作爲設計媒材呢？是不是有什麼對你而言啓發性的時刻？

我們一天攝取食物至少三次，但是每十年可能才買一張椅子。如果這樣來看，食物同時也是量產消費性產品，但是從來沒有人把食物當作物件。所以，我開始把食物視爲物件，透過一般設計產品過程完成食物作爲材料的應用。當時，我分別旅居在德國柏林與韓國首爾做顧問工作，大概是直接面對食物在截然不同的脈絡之下的衝擊，讓我有了以食物作爲物件的靈感。

在一九五〇到一九七〇年代左右，巴塞隆納一直有很強大的工業製造產業，但隨著亞洲工業生產興起，當時身爲工業設計師，並沒有什麼工作機會，這是一個跟食物完全無關的理由。其次，我的職涯中，從來沒有作爲一名「專家」（specialist）工作。我總是以抽象的想法、概念完成設計。而這樣的特質，讓我有彈性可以自由轉換領域（displine）。打個比方，如果我是椅子設計的專家，要我設計燈具、藝術可能蠻困難的；但是，如果我是更通才型的設計師（generalist），其實更著重的是概念的工作方式，能夠改變、影響的領域更廣。因爲，當你以一種更爲概念性的方式工作，你並不需要工藝技術性的技能才能完成工作。所以當我做與食物相關的計畫時，時常需要與營養師、廚師、醫生等不同的專業人士合作，正因爲這種概念型的工作模式，所以需要跟不同的專業工作者配合才能讓作品完成。

●● 你如何向大眾自我介紹呢？你曾經提出一個概念叫做「ex-designer」[1]，這個觀念在當代算是蠻常見的，但是一九九〇年代應該相對稀少。在這些年的變化之中，你有什麼樣的感悟與觀察？

一九九七年，當我第一次展出我的食物設計作品，得到許多回應還有負面的評論。在設計界，

1｜前綴詞ex-有「以前的」、「向外的」、「分離的」、「出」的含義。

《Oranienbaum Lollipop》可以種出植物的棒棒糖，富饒許多令人省思的內涵。圖源｜Martí Guixé提供。Photo copyright by Inga Knölke

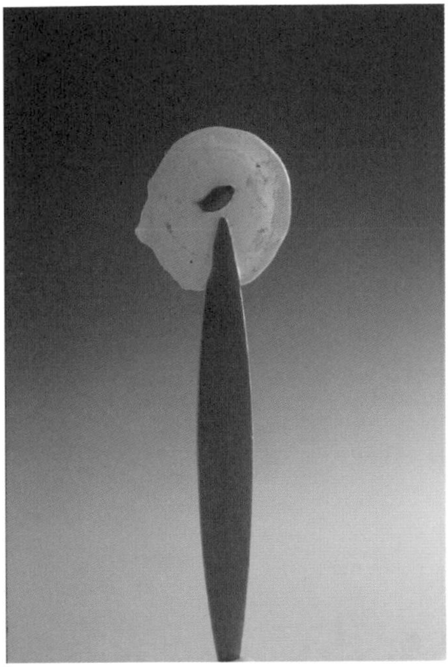

他們會說「這不是設計，可能比較像藝術」，但在藝術界，對他們來說「這也不是藝術，更像一種生活風格」。所以在這個狀況下，我決定自稱「ex-designer」，最原始的概念意指「我是設計師，但我不以傳統的設計方法作業」。當然，在這個過程中，許多人困惑我是做什麼的，或是沒在工作。但，這當然不是眞的。許多公司會問我，如果你沒有工作，是不是可以幫我們做一些工作呢？我說：「不不，我眞的有在工作，我的工作是ex-designer。」更明白地說，我算是通才型的設計師，常在設計專案的前提下，更開放的做很多不同事物的嘗試。

●● 你並不只以食物作爲唯一媒介，也喜歡嘗試不同的物質設計。但是，目前你以食物相關作品最爲聞名的情況下，你好像不喜歡被稱作食物設計師，我們想知道你對這件事的看法，以及如何看「食物設計師」這個角色？

我使用食物做作品，更著重在設計脈絡（context）下將食物脈絡化（contextualized）完成。起初，當我開始展示一些概念作品時，很多人會想找我做偏向外燴或是表演類型的食物作品，我全部拒絕，因爲我完全不知道怎麼煮東西，也不想學。要完成這種作品如果不懂如何烹飪的基礎，是無法完成的。而且，如果我負責概念，廚師負責執行，也會有很多的困難。所以，我大多只會在完成概念性作品時，在展覽中有一點表演型的展示，但從來沒有做過外燴類型的食物設計。

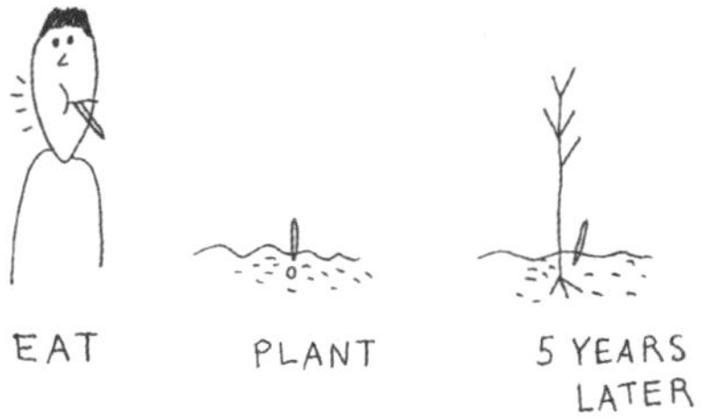

從我所有的作品來看，食物可能只佔了三十％，其他都是不同創新、實驗型態的設計。例如，第一個快閃店（pop-up shop）合作，那眞的算是當時的先鋒，我花了兩年才找到合適的藝廊，在一九九七年與西班牙鞋履品牌Camper 合作快閃體驗，當時眞的沒有人做過。另外，直到二〇〇三年與藝廊合作出版前，我們從來沒有用「食物設計」這個詞。我想合理的推測，可能在於，當時我們確實算是先鋒地透過食物做有關的概念設計，提供人們截然不同看待食物的方式，而這讓我們以「食物設計師」的角色在設計領域的脈絡中嶄露頭角。現在已經有更多人在這個領域繼續設計、創作了。

——打開對飲食文化的想像

●● 從你的第一個作品到最新的作品，在這個過程中，你的觀點與做法有什麼樣的改變呢？可以分享你的自我觀察嗎？

我的第一個作品〈SPAMPT〉，是把西班牙傳統小吃Tapas中原本麵包上面放番茄，以更符合人體工學的方式，改成番茄中放麵包，提供傳統小吃完全新的飲食態度。那個時空背景是一九九〇年代，電腦剛開始普及，隨著這個時代背景的脈絡，提供這些可食物件新的人體工學設計，可以邊吃邊玩電腦，但後來我就停止了這種設計模式。二〇一七年，我和德國漢堡的博物館合作一個作品叫做〈數位食物〉（Digital Food），當時比較是推測性的作品，在現實中無法實現。你可以透過電腦中的3D軟體建構模型，並且透過3D列印技術列印出來。這個推測的食物完全可以客製化，爲你的健康量身打造，同時透過開源（open source），任何人都可以在這些設計的基礎下，創造出屬於他們的食物設計品。

這個作品對我而言很有趣，因爲透過這個設計，人們將不再需要廚房、廚師、食物儲藏空間，同時間也排除了農業因素，完全超出了我們對目前飲食文化的想像。如果我們當今的飲食文化沒有農業，我想會是一個完全不同的世界。要多少的農務才能養活地球

推測性的〈Digital Food〉可以完全針對個人健康客製化。圖源｜Martí Guixé提供。Photo copyright by Inga Knölke

上這麼多的人口，而工業化農業也大幅形塑了我們自然中的景觀。而這個作品中，也有許多較爲科技性的展示，像是透過監測每個人的身體狀況，判斷你需要什麼樣的營養組合，你肆無忌憚的吃也不用擔心造成健康問題。而且這些「數位食物」完全由維他命、礦物質等組成，永遠嚐起來都是美味的，它完全從食材中把營養與提供健康的元素獨立出來。

你是否認爲隨著科技進步，這樣的數位食物製造是必然的趨勢？就算能夠透過科技複製一切的營養、風味，更有效率地完成，提供給更多人食用，但如果食物缺少了傳統飲食文化中服務其他社會性、情感性需求，還能算是好的設計嗎？

不，不是未來飲食生活會變那樣，這只是在幾千種食物未來可能性中的其中一種推測而已。不過，這個作品的出發點是針對食物作爲量產物的方向去思考。當然，儀式性（ritual）在未來可能還是與今日差不多吧？像是有人結婚時，他們會以特殊的食物慶祝之類的。以Tapas來說，當然是著重在分享，但是，你有無限的可能性去重新設計儀式性。例如，你想要製作Tapas與朋友分享，但是隨著食物的物價上漲、原物料短缺，可能獲得某種新鮮的魚變得很困難，所以，你可能會重新設計Tapas的分享形式，或是以新的可食物件搭配表演性的呈現，這依然不會改變你與他人透過Tapas的飲食型態社交的可能性。我不認爲這些儀式性會在未來消失，但有可能長出二十種以上符合時代脈絡的儀式性，而我樂見其成。

●● 在你的設計職涯中，是否有遇到啓發你的人？不管在創新層面或是永續層面。

以創新的啓發來說，我有一個朋友奧克塔維・羅菲斯（Octavi Rofes），他做了一個概念性的設計計畫，有點像是「表演音樂的行爲，但是沒有表演任何曲子作爲目的」，就是儘管做演出的動作，表現你的演奏技法。對我而言，這個概念有趣之處，在於有點介於即興以及在眞實設計扮演設計師的角色。至於在永續上對我最有影響力的兩個人，則分別爲日本的福岡正信（Masanobu Fukuoka）與西班牙的加斯帕・卡巴雷洛・德・塞戈維亞（Gaspar Caballero de Segovia）。前者，已經過世了，他創立了一種農業系統叫做自然農法，他的哲學就是「什麼都不做就是最好的做法」（無爲即是大爲）。後者，也發展了一個生態農業系統。這兩個人都非常有趣，推薦你們可以參考。

——以新的方式突破事物原本的樣貌

●● 當你將概念性的設計，轉換到現實之中，是否有遭遇到什麼樣的困難，有什麼獨家的解決方法嗎？又或是你著重、優先溝通、呈現的重點是什麼呢？

在執行食物設計相關的作品時，我最多的問題大概都在於與廚師溝通。因爲，像前面所說的，我個人並不會煮菜。所以，許多食物相關作品會需要仰賴廚師提供服務。但是，傳統教育養成的廚師，面對概念性時，常常會認爲某些設計可能並不符合美食的價值觀或是烹飪的常理。另外，當我在藝廊展出食物設計作品的時候，因爲我不會煮菜，所以大多都是展出模型，如果有食物，則是對方要求才會特別呈現。其實我覺得要以食物呈現概念並不容易。食物帶來了許多複雜性，而在展演上除非你自己演出、自己煮，不然一定要與廚師溝通，或是訓練演員搭配概念演出，不然根本不可能完成。

有一年，我在米蘭的餐廳設計了一份概念菜單，我不知道爲什麼他們無法執行。有可能比較昂貴，或是一般餐飲從業人員沒有接受過相關訓練來執行一些創新抽象的概念，所以他們決定用不同方法實施。我想，可能是因爲這些創新概念的做法，眞的離傳統訓練的烹飪、服務方式較遠，許多人無法改變思維學習新的執行方法。這是我在工作經驗中觀察到的難處。

•• 可以說你遇到最多的問題，在於與飲食從業人員溝通如何呈現概念性作品上，有很大的認知差異？

在我的觀點來看，許多人被傳統教育洗腦，無法對新事物敞開心胸、保留進步的可能性，無法以新的方式嘗試突破事物原本的樣貌。

•• 在藝廊等展演空間，雖然作品以食物爲意涵，卻沒有實際應用到食物，你認爲這樣的體驗特質在呈現上是否有落差呢？

當然，如果你的重點著重在體驗食物上，那麼活動用到食物就無可避免，你總不能吃模型吧（笑）。確實，在活動的準備上，爲了一天的設計呈現，你可能需要三個月以上的時間準備。兩年前，我們爲了一個活動，花了三個月測試列印當天的十件可食物，所以當然可以特別爲了發表當天，花時間研發，但目前不太可能是每天測試、列印、舉辦活動。如果你有充足的時間，可以設計活動類型的食物設計體驗，當然是一件很正面的事。

《Solar Kitchen》太陽能廚房讓人們反思人與食物、人與環境的關係。圖源｜Martí Guixé提供。
Photo copyright by Inga Knölke

——誰說食物一定要在桌上吃？

你在很多實驗性的計畫後，也開始透過食物設計研究出新的商業模式，當你將這些極具實驗性、藝術性的食物呈現，透過商業性與大眾溝通時，如何在符合商業需求下呈現作品？是否有什麼優先呈現的部分？

商業需求，這是一個很難的問題。對於商業需求的呈現上，我有兩個觀點。第一，以工業化食物爲例，它的製程很複雜，時常爲了實際需要，必須添加很多有害物質或是防腐劑等。所以，假設我的出發點是透過工業來製造健康食物，很多時候會遇到矛盾。我不認爲當今的商業／工業食物應該消失，而是工業食物的概念需要被重新設計，或是以不同的形式完成製作。其次，在美食、外燴等短時間性的食物設計呈現上，我最大的疑慮就是「吃的行爲」方式。我很抗拒食物必須要遵循特定的飲食方式，像是爲什麼食物一定要在桌上吃？爲什麼？你每天拿著手機都可以到處講電話，聯絡世界各方的事情，那麼爲什麼我們依然坐在桌子前面吃飯？

總結來說，關於工業食物，重新設計解決有毒物質進入食物的課題；而短期的美食性質的食物設計展演，則是著重如何行爲性的改變我們攝取食物的方式。我認爲在商業運行的方式中一定還有許多難處，但是，就目前常見的形式中，還有太多東西沒有被設計。舉例來說，在一些體驗之中，你根本不需要一次性即丟的容器或餐具，基於活動體驗的移動性，你大可設計徒手進食（finger food）的行爲模式。

——以思考改變世界爲前提

●● 你如何看目前食物設計的發展，或是有觀察到什麼潛在的趨勢嗎？而身爲食物設計師，我們又能做些什麼？例如，工業量產食物帶來了許多浪費及不健康的添加物，在你過去的作品中，有許多利用到半客製的3D列印技術，確實某種程度上提供了量產的新可能性，可以跟我們分享你的看法嗎？

Marti Guixè 擅長在「飲食方式」進行創新設計，創造耳目一新的飲食體驗。
圖源｜Martí Guixé提供。Photo copyright by Inga Knölke

3D食物列印確實是一個完美的解方。除了可以在不同區域利用蛋白質、礦物質製作，完全省去運送的過程，而且因爲直接列印食用，也不需要添加物延長保存期限。但對我而言，實際上還不可能落實，目前都還是個推測。我認爲不只科技必須繼續的改變，人們對於食物習慣保守的看法，也要以思考改變世界爲前提，做出改變。

目前在食物設計上，如雨後春筍般出現了許多的組織以及不同的人製作作品、開發產品等，但就我看來，大多都還是落在創意料理範疇，並不是眞的食物設計，更多還是著重在既有美食基礎上，相關體驗感受的設計。「食物設計」一詞，已經變成一個十分流行的詞彙，幾乎任何人只要做一點食物上的創意，都能被叫做食物設計。但是，你是食物設計師，並不代表你是好的設計師，也不能代表你的設計有質量。例如，我可以是一個椅子設計師，但我也可能很不會做椅子。舉例來說，我最近參與一項活動，其中一個人設計了一個保存食物用的容器，他認爲這是食物設計，我跟他說，如果我設計桌子提供飲食專用，很抱歉我覺得那應該是傢俱設計師，而不是食物設計師。目前有很多人想以這個詞套用在自己的設計上，其實大多都不是食物設計。

在我的觀點中，食物設計師應該是設計食物的人。如果你設計食物周遭的儀式，當然也可以，但對我而言，你是以食物爲題的儀式設計師。但是，你若著重食物設計需要搭配儀式，那就我看來，這可能更接近食物設計一點。雖然，目前在檯面上看起來還很模糊，但我相信在未來幾年間，會逐漸白熱化。因爲食物的角色變得越來越重要，食物設計相對也會越來越多。

《I-CAKE》每一個色塊代表不同食材原料的比例，揭示資訊透明化的重要性。
圖源｜Martí Guixé提供。Photo copyright by Inga Knölke

——更著重的是概念和系統的永續

●● 如你所說，目前創意料理與食物設計的界線依然模糊，例如有些主廚已經能利用設計思考應用在料理創作上，提供顧客不同的飲食體驗，又或是製造的食物也能溝通一定的訊息概念。但是食物設計也做相同的事情。廣義來說，這是透過使用的「媒介」或是「行爲」去定義的嗎？如果我是一個完全沒有接觸過，也無法辨識差異的人，在一樣的呈現前提下，如何分別定義上的不同呢？

兩者之間當然有差異。當你做創意料理時，你是透過過去創意料理的學習經驗來創作的。現在在巴塞隆納有許多廚師，透過投影等科技來製造體驗情境，但實際上提供的依然是標準的菜餚、標準的餐具，只是可能更細膩的使用了湯匙外的其他道具享用。但是仔細思考，這些食物實際上眞的有被設計過嗎？可能會獲得回答「對，我們用了某某技術製作」，那依然還是落在創意料理範疇，不是食物設計。對我而言，我堅持食物設計更著重的是在物件的特性，就那單一物件，它有人體使用工學，也有功能的可用性，你不需要坐著，也不需要叉子就能食用，這是我個人的做法與觀點。當然還是開放各種可能性。因爲如果不是這樣，那食物設計跟在餐廳吃飯眞的沒有差別。

●● 分子料理（molecular cuisine），它的起始點在於解構食物原始的狀態，重新構成一個你不認識的存在物，同時間也挑戰著人的味蕾、五感體驗等。若是這樣，你會視其爲食物設計嗎？還是爲了滿足食慾設計的創意料理呢？

我認爲這關乎使用分子料理做法完成的食物物件，如果你依然使用湯匙盤子去食用，那當然還是創意料理。但如果你利用分子料理的特性去製造物件，可以用不同的方式攝取，吃到不同、更進階的感受，那這可以算是食物設計。

2｜Camper FoodBALL是一處提供天然健康食物的飲食空間，有點像是速食餐廳、咖啡店、外帶熟食店的綜合體。

所以某種程度上來說，在你觀點中，分辨食物設計的方式在於它是否使用傳統的方式去作爲食物的載體，如果是，便是創意料理，如果我們試圖挑戰或是重新定義某些理由、行爲，那就可以是食物設計了？

更根本的是，創意料理的本質是在服務、滿足感官經驗，並不著重其他的事物。我認爲設計某種程度上是更有意識地著重在永續性、健康，不只食物的味道而已。所以如果你使用分子料理技術來改變品嘗的風味，那還是創意料理，不是食物設計。

但當然，你如果利用平常不常見的方式透過分子料理的做法去呈現，那也能夠帶給設計計畫更開放、寬廣的視角，也許能夠創造出其他的可能性。

在你的日常中，有什麼獨特的物件具有你心目中「食物設計」的特質？

其實這也很難說。我的朋友們常常會跟我分享他們在生活中觀察到很接近食物設計的事物。例如，六年前，我朋友到了一間餐廳體驗完後，他跟我說你一定要去看看，我去了，它利用手指去體驗食物，或是透過故事敘事性讓你認識食物。雖然能觀察到一些讓人驚喜可能是食物設計的細節，但是整體來說並沒有完整實施。以我的作品來說，我覺得相當接近的一個是二〇〇七年爲Camper設計的「FoodBALL」[2]，不是足球。花了大約三年的時間開發討論，這個空間提供的食物有點像是飯做成的球，像飯糰一樣，但是整體的製程到攝取都更加的環保。更多的食物設計是著眼於細節而尚未在整體性實現。不然你要舉例，如果我們以更當代的設計思考的話，其實麥當勞也是一種食物設計，只是完全不同的角度，著重的不是食物的人體工學，而是如何讓工業化食物的流程，在供應食物效率與效益上最大化。

你舉例麥當勞很有趣，因爲當時在戰後，大家開始對於飲食的想像有了改變，在它的時代脈絡下，它著實創造了新的系統，也挑戰了過去餐廳

我決定自稱「ex-designer」，最原始的概念意指「我是設計師，但我不以傳統的設計方法作業」。

——馬蒂・吉塞（Martí Guixé）

的經營模式提供食物。這對你來說，確實是食物設計嗎？

理論上來說，是。它確實是食物設計的一種。

但是，是一種較爲老派的食物設計。對吧？它並沒有脈絡性，也沒有任何進步的概念。透過這個系統，讓食物更便宜，爲了滿足美味，添加了許多不健康的物質。在我眼中，雖然它類似食物設計帶來系統性行爲上的革新，但依然是一種舊的思考方式。在他們創造的食物中，有許多確實有考量到食物作爲物件之人體工學應用，在那方面確實有許多不錯的點子。但是整體的概念方向是錯的。它是爲了讓資本效益最大化，爲了公司賺錢才技術先行，並不是爲了讓人更健康。

——讓問題的解方儘可能貼近眞實

●● 二〇二〇年開始，全人類都一同遭遇了最嚴重的疫情，而圍繞在食物相關的事產生了許多限制，你是否對於這個狀況有些想法想回應呢？

對，在疫情期間，有人請我想想關於「食物」的事。因爲，我們全部的人都待在家煮菜，所有的餐廳都關閉。而就你所知，對我而言，煮菜是一件非常困難的事。義大利羅馬的國立二十一世紀藝術博物館（MAXXI）希望我做一個作品，參與該館的第一個虛擬展覽《Casa Mondo》（直譯「世界之家」），同時也以同名主題出了一本書，裡面探討的是食物在疫情前與現在的差異。

現在的食物更多的是具有認知自我的功能，每當我們吃東西拍照，發布到Instagram上，這些影像就像是我們個性的延伸一樣存在於網路上。另外，例如我們時常在YouTube上面找到各種不同的媽媽的菜餚食譜，我所提出的〈Poly-ethnic Non-mother〉（直譯「多民族非母親」）這個概念作品，就是呼應了這項趨勢，這樣的未來，再也不是我們的母親直覺地跟我們傳承家常菜該怎麼做，而是進入更聰明、更全球的系統，學習、沿襲這些烹飪方法。

●● 我們知道你從過去到現在也出版了許多書籍，是否可以跟我們分享你出版的經驗與心路歷程呢？

除了《Casa Mondo》之外，我還有其他系列與食物無關的出版。有的可能關於政治、環境，更多的是設計脈絡中從不同的理論去思考，繼續回應創新設計。

●● 當代設計師透過推測或是概念性提案來做設計，這些解方通常都需要非常長的時間才能測試、落實。當你在設計一些更具前瞻性的推測概念作品時，你是如何看待這個理想與問題解決之間的過程？而在許多設計作品之中，我們看到更多的是提出問題而非解方，想請問你的觀點？

關於這點我有一點擔心，因爲許多人確實覺得提問就已經完成設計了，但對我而言遠遠不夠。在我過去的教育中，一直著重的是尋求解方。我們並不是需要一些短暫解方，問題幾個月後又回來了。打個比方，你如果現在上YouTube去看，裡頭有許多影片，

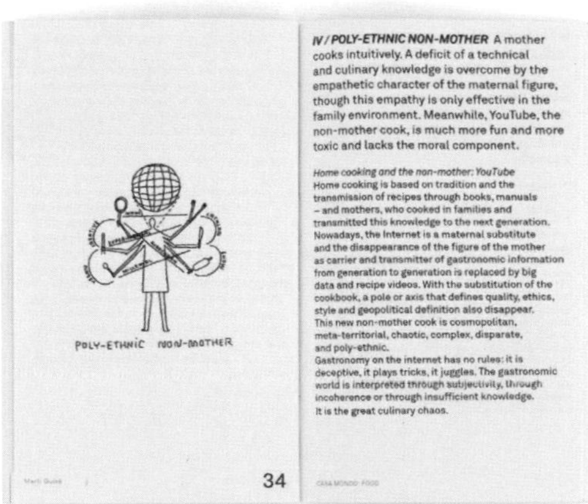

為虛擬展覽《Casa Mondo》創作的概念作品〈Poly-ethnic Non-mother〉。圖源｜Corraini官網

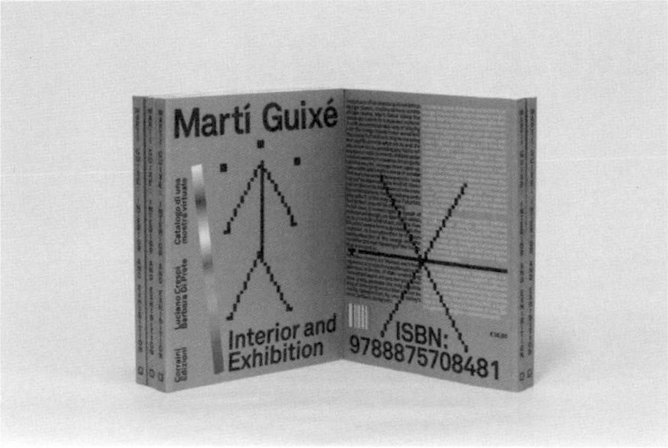

Marti Guixè 出版的書籍不限食物設計，而是跨域不同的思考脈絡回應創新設計。圖源｜Martí Guixé提供。Photo copyright by Inga Knölke

提供很完美的解決方案，在剪輯下，全部都能完成。但是當你在現實中實踐時，卻總是失敗。而這也是我們人類現在面對的問題。我們的世界與過去的世界不同了，因爲這裡有兩個世界，一個是眞實世界，而另一個是虛擬世界，在虛擬世界一切都有可能發生。但我居住在現實世界，所以我必須讓這些解方儘可能的存在，就算不完全可能，尚在比喻之中，它也必須是貼近眞實的（plausible）解方。

訪後小記

馬蒂・吉塞擅長在「飲食方式」進行創新設計，創造耳目一新又符合現代人生活的飲食體驗，不一味地承襲傳統，勇於挑戰，因此能持續創作出令人匪夷所思卻又引起熱烈討論的作品，例如可以邊走邊吃的義大利麵，可以種出植物的棒棒糖，以太陽能為主題設計的戶外餐廳，讓他獨特的食物設計成為顯學，也引發了新一波的飲食革命。

雖然現今食物設計師各有不同的觀點與論述，但對被公認為食物設計先驅的馬蒂・吉塞而言，食物設計不只是色、香、味或是滿足「食慾」的工具，相反的，食物設計可以作為一種承載「食育」的媒介，連結食物與人、食物與生態、食物與環境的關係，傳遞了解食物背後飲食體驗、文化知識、消費行為與生產系統的重要性。這也是為什麼會讓我們愛上食物設計的原因！

Chapter

7

法蘭雀絲卡·尚博羅
Francesca Zampollo

義大利

食物設計方法研究者

來自義大利的法蘭雀絲卡·尚博羅，戴著橘紅色眼鏡，頂著平頭，在網路上給人強烈的搞怪人設印象。她以輕鬆詼諧的方法、語調，同時透過簡單的動態插畫，讓很多人更容易認識「食物設計」。她建立起理論，將食物設計區分爲六大系統（參見本書〈食物設計六大領域〉章節）。而身爲擁有博士學位的學者、顧問、教師的她，更不斷精進這個系統，讓其更廣闊且精準的詮釋食物設計各種面向，成爲成就他人的方法學基礎。

她的實踐過程與我們遇到的其他食物設計實踐者不同，更稱自己爲「食物設計研究者」，擅長利用網路媒介，以及既有的學術系統，讓這門抽象、定義多元的專業落地，透過網路影片、線上課程分享食物設計思考，而且至今已經自出版了七本相關主題的書。她不是透過帶來感官經驗的作品，而是創造平台，用教育、論述、推廣的方式，直接、間接地促成了更多食物設計師的誕生。

食物設計方法研究者法蘭雀絲卡・尚博羅。圖源｜Francesca Zampollo

法蘭雀絲卡・尚博羅
Francesca Zampollo

www.fooddesignthinking.org

食物設計研究員、食品顧問、教師，長年投入食物設計思考方法學研究。曾於倫敦都會大學、奧克蘭理工大學教授食物設計和設計理論。

2009年創立國際食物設計學會（International Food Design Society）。

2015年擔任《國際食物設計期刊》（*International Journal of Food Design*）創刊編輯迄今，為第一本關於食物設計的國際性學術期刊。

2016年創辦「食物設計線上學校」（Online School of Food Design），為第一個線上食物設計課程。

至今仍持續出版食物設計與設計思考相關著作。

問——UOVO食物設計工作室
答——法蘭雀絲卡・尚博羅

——研究設計行動的人

● 你來自產品設計的背景，怎麼開始以食物設計作爲研究方向，並且在過去十年間持續做教育推廣，可以跟我們分享你的旅程嗎？

我的第一個學歷是工業設計，並不是產品設計。在學生時期，我算是非常乖的好學生，學校總會要我們設計洗衣機、椅子、燈具、冷氣等應用型家電、傢俱產品，但當時我完全不享受設計的過程。直到有天，大概距今十九年前，學校邀請了廚師舉辦一個關於食物設計的工作營。在此之前，我從來沒聽過這個概念，我第一次理解到我可以設計能吃、能生物降解消失的材料，不像過去常見的永遠不會消失、不能吃又沒味道的材料，如鋼鐵、木頭、塑膠等。當時知道自己可以設計出可被人體消化的物件時，完全顚覆了我既有的認知，食物設計也正式成爲我人生不可分割的一部分。自此之後，除了完成工業設計畢業學位外，我也做了許多食物設計的作品。

接著，我強烈的認知到，我想繼續研究設計，所以到倫敦唸碩士。在那個食物設計還沒有任何系所的時代，沒有任何人教授食物設計，學校也沒有具體的課程，所以，進修過程更像個別的迷你博士研究計畫，班上許多同學都是藝術家、畫家、雕塑家或是音樂創作者，只有我繼續琢磨食物設計這個概念。而後，我開始對研究實驗性的「設計吃的行爲」更著迷，幾乎像是一個轉折。如果設計師是一個具體的職稱，那我想我從來沒當過，反而是在這個研究設計的過程中成爲了「理論家」，負責思考「食物設計思考」(food design thinking）的人。

當我更明白自己的方向後，就直攻博士，因爲我不知道除了這個還能做什麼，而我眞心享受研究的過程。在唸博士的過程中，我正式從設計者角色轉換成研究設計行動的人。而我的博士論文，基本上非常聚焦於研究結合了食物設計與創意、思考實踐的過程。在博士班的經驗，成爲我日後養分的種子。畢業後，我持續的自發性研究，並且更進一步的著重於適合食物設計的設計思考過程。後來，我以這個基礎，與顧問公司提案，作爲提供食物、食品公司設計思考的顧問。

當然，在這個過程中，我透過不同的創意階段，協助眞的想以食物爲核心，設計系統、產品、服務、活動等任何與食物有關事物的單位或人。設計思考就是我主要教授的項目。接著我移居到紐西蘭，在當地大學的設計理論課程擔任資深講師一職。在紐西蘭工作幾年後，我決定離開學院追尋自己的職涯，正式成爲全職的顧問，同時在二〇一六年，在網路上開了「食物設計線上學校」。我還記得當初離開的時候，其實人就在離台灣不遠的日本。

——開創食物設計的教育、交流場域

在開設食物設計線上學校後，我就一直在這個單位以顧問的角色分享設計思考。但是，當初開設這個學校的初衷，其實也是滿足自己的需求，想讓許多想唸設計卻無法或不想在學術環境就學的人，有機會一起交流。許多人在現實考量下，很難在生活中挪出一年時間與大量的金錢唸書，只爲了成爲學院認證過的「設計師」。事實上，當時我很多學生都是在不同的轉職期間，有的可能本來就是擁有產品設計師學歷的本科生，但是對於食物設計或是食物相關知識好奇，想要更進一步認識。而另外一大部分學生，則是本來都是餐飲相關科系，幾乎完全不懂設計是怎麼一回事。所以，我想這個線上學校，就是創造一個金錢上容易負擔的食物設計線上教育環境。

至於「國際食物設計學會」的建立，要回溯到二〇〇九年，當時我還在寫博士論文，花了六個月的時間在美國康乃爾大學當客座學者。大概是當時在那邊的一些經驗以及美好的經歷，促使我創立了這個學會。而創立的初衷與線上學校不同，更著重的是在嚴謹的學術環境，提供一個空間，作爲自我認同設計或食物設計研究的學者可以聚集的場域。

隨後在二〇一〇年，我組織了第一場「食物體驗設計國際論壇」（International Symposium on Food Experience Design），接著在二〇一二年，在英國倫敦舉辦「國際食物設計研討會」（International

Conference on Designing Food and Designing for Food），這是國際學術圈第一次正式與食物有關的設計學術研究發表會，我們召集了全球大約六十個學者，到場的都是在設計研究領域發表過許多研究與論文的翹楚。所以，我到現在都還是蠻驕傲這個創舉。後續一直到二〇一五年期間，我又陸續舉辦過幾次食物設計的國際會議。而在有了學術聚會後，如果你在研究食物設計，總會希望論文有地方發表吧？所以，我又花了兩年的時間創立了《國際食物設計期刊》，這是世界上第一本專注於食物設計研究的學術期刊。

——提出推進設計思考的工具

我想當時我創立線上學校確實是蠻前衛的創舉，因爲它是第一個提供線上食物設計教育的場域，讓大家可以以另類的方式完成碩士，而且眞的在裡面可以見到很多專業的研究者。當然，這個平台主要是我教授食物設計思考課程內容的地方。但大概在二〇二一年初左右，我認識了Food Desig nation的兩位創辦人（線上食物設計社群www.fooddesignation.com），我了解、熱愛也認同他們的理念，我們對於食物系統的觀點也有許多類似，於是邀請他們加入我的線上學校，所以現在的「食物設計線上學校」是2.0的版本。

創立一個多元師資聯合授課、新老師與新課程不間斷的平台，是我們的共同目標。在食物設計中的所有人，都是截然不同的食物設計實踐者，每個人一定都有不同的經驗可以教其他人。在這樣的平台，大家的學習角色其實是交流的，有時候扮演學習者，有時候教課分享經驗。所以，未來也歡迎你們加入，與我們分享你們想要學習的事物，以及能夠教授、交流的事物。當然，目前主要都是我們幾個共同創辦人在提出不同的課程想法，但是很歡迎任何人提出任何他們想要交流、學習的課題，但一定要與食物設計有關，檢視的基準只有三個要件：食物、創意、永續性。

我是一個食物設計的理論家，我的熱情、喜悅，都是由研究出可能推進設計思考的工具而來，其實這就是一個具現化「我能夠給予食物設計世界什麼」的過程，設計出一系列的「思考工具」，提供人們靈感、想法。

當然我的好奇心不會讓我止於此。從二〇二一年七月開始，我研究一個新的設計思考，叫做「設計核心的設計」（designing center design）。這是一個任何設計實踐都實用的設計方法，更具體來說，就是一個做設計的方法。做任何設計，我們都必須從核心向外看，例如，以永續性來說，最必然的三角組成分別爲「社會永續性」、「經濟永續性」以及「環境永續性」，我的方法，是將這三個分立的重點，轉成一個金字塔結構，而在金字塔的頂端，我提議放入第四個重點，「靈性（spirituality）的永續性」，因爲在我的觀點中，當設計者的角色也被視爲創意過程的一部分時，任何他的產出、設計過程必然都會經過他，都會與他切身相關。換句話說，我們可以影響自己的作品，同時間我們的作品也能影響我們。目前，我把這個觀點稱爲「設計核心的設計」，透過這個思考方法，做設計的行爲更該明確點出設計者與產出的關係。

法蘭雀絲卡・尚博羅為食物設計世界開拓教育與交流的場域。
圖源｜Francesca Zampollo

——設計是「有創意的過程」

●● 許多設計師會稱自己是食物設計師，也有人堅稱自己不是。你經歷了實務設計與理論研究的不同層面，我們想知道你通常是怎麼跟他人介紹你的工作的？

這個問題非常有趣，我從事食物設計這麼多年，依然常常問大家：「你認爲設計對你而言是什麼？爲什麼?」而這也是一個一直以來我試著想要回答的問題。從二〇一〇年開始，不管是我的食物設計2.0課程或是其他在YouTube的線上課，總是不斷的定義究竟誰是食物設計師以及其作爲，而合理化食物設計的型態有哪些。就算後來有了學術期刊，到了今天，我們依然還在問這個問題。所以，這是一個非常有趣的發現。

我必須說，我不稱自己爲食物設計師，因爲我並不以傳統認知的設計方式完成設計。若以顛覆傳統的思維來看，人人都是設計師，設計在我們生活中無所不在。爲了食物與思考而創造思考工具，也是一種設計行爲，但我並不自稱是食物設計師。如果有人寫電子郵件給我，會看到我的頭銜寫著「法蘭雀絲卡·尚博羅，食物設計與食物設計思考，研究顧問，老師」。回到你的問題，我通常都會用一個關鍵字「食物設計研究員」（researcher）回應，因爲我意識到這是我將創意發揮得最好的地方。我很享受閱讀、學習、集結觀點的動作帶來的經驗，並且創造一系列以實用爲前提的思考工具，一定都是爲了務實目的，但不一定都能看到或是可觸及（tangible）。

我常常在想，廚師們應該都算是食物設計師，但是他們並不會這樣自稱，根本的原因是在飲食工作領域、美食學中，「設計」一詞的意義並不存在。以某些刻板觀點，設計師畫畫設計椅子或是時裝設計師設計衣服，才叫做設計。而這樣看設計的觀點是非常侷限的。所以每當我們大膽將食物與設計兩個字連結起來，大家都像瘋了似的。經歷了這二十年，連設計師也常常搞不清楚，直接將食物設計當作食物擺盤。但我相信慢慢的會有越來越多人理解，而我們大家的出版與課程，都能夠帶來些助益。

●● **對，這也是爲什麼我們時常被問到底是在做什麼，而我們兩人之間，就已經對於食物設計師的認知有蠻多不同之處，對於自己是不是食物設計師也有許多的辯論。或許主要是因爲我們太習慣「定義」帶來的舒適感。但實際上，事情遠比定義還要更深遠。而且，我們認爲有必要與大眾說明，這個時代已經不只侷限於你如何定義自己，而更在於你實際上做了什麼。**

「Food Design Voices 2022」集結86位不同的食物設計師、廚師、學者、科學家以及研究者分享食物設計的觀點，我們很榮幸能成為這本書的分享者之一。圖源｜Francesca Zampollo

我想我們今天這個對話很重要，但我也相信，這個問題大概每十年都會被再次提起。當你在食物設計領域越久，越來越了解工作內涵，你會對定義自己的工作頭銜越來越沒興趣。在二〇二一年七月的食物設計節（Food Design Festival），行內的許多食物設計人也在思辨，是不是應該要拋下「食物設計」這個詞？這個詞彙是否還貼切實用？但我想，這些初步的定義還是有它的實用性，特別是你初次踏入該領域的時候。我記得當我第一次接觸時，上網搜尋「食物設計」，出來的結果一片混亂。這些定義最重要的是在初次接觸時帶來一定的影響力，並且展示了關於食物設計的冰山一角，當你繼續探索，發現它有更多的內涵可以繼續深入，但到此而已！因爲最後，這個探索的人，終究會在學習的經驗中，創造出自己的食物設計，重新理解、定義心中的食物設計。

所以，其實我還是可以認同且理解一個人想沿用食物設計師、食物產品設計師等等的職稱，我認爲這些圍繞在定義食物設計與食物設計師的對話依然相當實用、重要，尤其越來越多人進入這個領域。這依然是一個相對新的領域，目前才約二十年。而大約二十年前，大概全世界只有五十個人在討論食物設計；反觀今天，更多的人依然在爭辯著什麼是食物設計。定義依然重要，因爲有更多人感興趣，慢慢進入這個領域，透過這個定義作爲入門的開端，再繼續展開個人的探索。

另外，定義也是人類在尋求一種「歸屬感」。像是有些活動設計師，他對食物設計有興趣，並說「我想要成爲食物設計師」，可以嗎？當然可以！進來加入我們吧！如果是花卉設計師提出說「我算食物設計師嗎？」，當花卉作品能在食物設計體驗中呈現，爲何不呢？對吧！

●● **所以就你的解釋，其實食物本身具有民主特質，任何人都可以參與其中。我們認爲這是需要傳達給更多人知道的一個很重要的訊息。任何專業領域都應該要懷有開闊思維，而不是某些人專屬的知識特權。那樣的時代已經過去了，現在太多危機，讓我們不能再區分你的我的，而是我們的，更重要的是人類怎麼同心協力，從彼此身上學習，一起進步。**

我完全認同，食物與設計分別是非常大的領域，而食物又是一切的起源。假設農夫種馬鈴薯等作物，問說「我這樣是食物設計師嗎？」，在我的觀點，我會說對！因爲可能在種植的過程中，你發揮了創意設計思考來種這些馬鈴薯、銷售它，而更根本的來說，馬鈴薯就是食物。而當你開始談論食物，你立刻會意識到後面龐大的食物系統，所以若以這個觀點來看，一切都是食物設計。

前幾天，我媽媽在家裡透過食譜，製作義大利麵疙瘩（gnocchi），如果你問我，在這個改變配方的當下，她算是食物設計師嗎？可能多添加了一些蛋或其他的東西。我首先會問：「這是一種創意的應用嗎？」「可以被稱之爲設計嗎？」說眞的，我不知道答案，但是我們可以討論看看「什麼是設計？」。設計是活的，設計是創意思考，光設計在這個時代本身的意義就有更多、更多的延伸。但設計永遠不只是「結果」，設計從來都是「過程」。那你又會問說「什麼樣的過程？」，當然是「有創意的過程」啊！所以如果生活中充滿了過程，那我們總是不斷地在發揮創意啊！

法蘭雀絲卡・尚博羅持續為食物設計方法學打磨理論基礎。

圖源｜Francesca Zampollo

●● 對，如果我們回溯食物的歷史，一切都是具有創意思維的創造。所以，某些精緻料理（fine dining）也算是食物設計嗎？透過這些高級、實驗性的創意料理，也能帶出永續等等的議題。但是同樣的議題下，食物設計師們也可以創造不同的體驗。我們覺得很有趣的是，雖然最後結果的呈現手法、體驗以及概念意義上可能有許多類似之處，但是兩者背後的方法學與意圖截然不同！

沒錯，這就是爲什麼我在「食物設計2.0」的出版以及課程中，繪製出食物設計的泡泡圖來詮釋「什麼是食物設計」，這個方法背後的意圖，其實就是想要傳達我的設計背景知識與我的觀點。我學習過產品設計，我是誰？我學習過美食學，我是誰？我學過系統設計，我是誰？就算我們在大學中的學科、專業截然不同，但是在過程之中，我們都同樣使用了創意！

在過去某個時刻，我確實有想過，定奪一個人是不是食物設計師的重點，會不會是在於「意識」（awareness）。許多精緻料理的廚師，確實不斷的在創新食譜、創新新菜，這些都是創意作爲行動的表現。當然，以某些觀點來說，他的創意過程中確實有設計存在。但是，他們是否「有意識」到自己正在用創意的方式製造出藝術性的呈現？可能不知道，因爲從來沒有人跟他們說過，創意的發生都可能與設計有關。但是，不管是不是設計，至少一定是創意的行爲表現，對吧？那這樣有些人改變製麵材料，讓麵變得更有彈性，這算設計嗎？他確實是在創造、確實是在改良、確實是帶來創新，而如果因爲這些動作的相似性，他又要回來定義這是否是設計，這個是我們不樂見的。

另外舉例來說，分子料理傳奇廚師費蘭・阿德里亞（Ferran Adrià），他是世界上最有名、最重要的大廚之一，分子料理發展到後來，更革命性的改變了美食學，因爲引入了許多新的創造食物的方法，所以，雖然他是廚師，但是我們在食物設計領域中，總是會尊敬的稱他的傑作爲「食物設計」，因爲他帶來了前所未有的創新到這個傳統深植的美食領域中。而後續，大家開始稱他爲「食物設計師」，他也就逐漸地意識到食物設計這件事，後來除了廚師的工作外，也開始了許多設計的顧問工作。

所以，如果廚師在餐廳的脈絡之中，要看他是不是食物設計師，我覺得第一個相對容易的問題在於「他是否有意識到自己是食物設計師？」，第二個問題則是「他是否按著食譜製作食物，還是他帶來一定程度的創新？」，如果他有創新也有自我意識到的話，那他可能是食物設計師。打個比方，如果一個廚師只照著食譜烹飪，又或是椅子設計師只遵照傳統工法製作、上色，那這樣算設計師嗎？我不知道答案。

——組織成員的心態、玩心關聯到創意的發生

●● **先前你提到，你的工作除了研究外，時常也需要與不同公司合作食物設計的顧問案。當你遇到傳統食品研發領域的客戶時，是否有遇到什麼樣的困難？在溝通創新或是抽象的想法時，有沒有碰到什麼挑戰？**

以我的經歷來說，一直都算是蠻幸運的。因爲通常找我的客戶，都是心胸開闊，更有創新思維與膽識將設計思考帶入過程之中。而這就是這些客戶能夠持續創新的原因。所以，每當我展示新的設計流程與方法時，幾乎沒有遇過什麼太大的難題，因爲他們也在

同一陣線上尋找新的可能性。

不過，對我而言，還是有兩個挑戰的部分。首先，我並不是設計顧問，因爲我不是隨到就能設計東西給你的人，我並不爲公司設計物件。我是另外一種顧問，可以稱爲「食物設計思考顧問」，我帶過去的是「過程」。所以，我的角色更在於培力這些公司運用設計思考，直到他們能夠完全在食物的設計以及創意過程中自給自足。在我嘗試的過程中，我很訝異，一個人就算沒有設計文憑，透過設計思考的訓練，也能做出相當程度的設計產出。

這就帶出我想說的重點：我認爲「設計只要透過思考過程的引導，任何人都能設計」。所以，你並不需要學位才能成爲設計師，你更需要的是「設計思考過程」。以同一種方式思考，你可以學習創意發生的

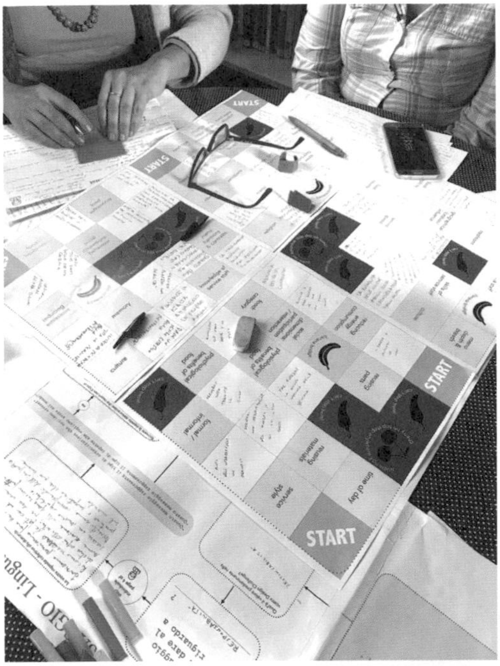

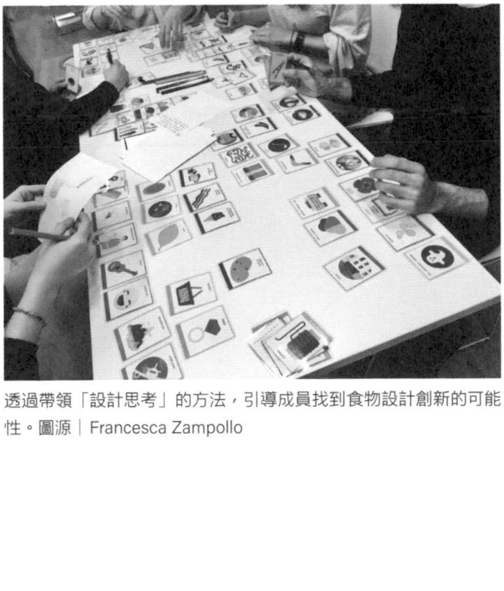

透過帶領「設計思考」的方法，引導成員找到食物設計創新的可能性。圖源｜Francesca Zampollo

過程，並且透過幾次的練習，就能夠自給自足，有能力創造出自己版本的食物設計思考以及屬於你的創意設計流程。這對我來說才是設計的核心，著眼於「設計師如何設計」，提供「怎麼做 how」，任何公司都有可能具備自給自足的創意、設計能力。我強烈的相信，任何產品或提案，不管是服務或是活動等等，唯有投入足夠情感在創造專案過程中的人，才有可能成就最棒的作品。任何在公司內部的人，比起外來的專家，一定更能夠投入情感在不同的專案之中。所以，授人以魚不如授人以漁，才能眞的賦權給不同的公司更多創造力量的可能。而創造這些力量，必須由內部開始。所以，在公司內部打造食物設計團隊，並且透過培訓，讓團隊內部有自給自足完成食物設計的能力。

而另外一個我更常觀察到的困難之處，在於讓更多人了解兩件事，第一，廣義上的創意來說，唯有當人擁有對的心態（attitude）及悟性（aptitude），才有可能創造出最好的結果。所以，如果擁有了對的過程、對的設計思考工具，很好；但是，如果沒有對的態度，什麼結果都不會產生。因此，讓食物設計團隊中的每一個人都能夠理解到「心態」的重要性是非常必要的。具有好的「心態」特質的人，通常都是心胸開闊的人、好奇的人、眞心想要參與其中的人，這些人在公司組織架構及成長的進程，都是對爲公司創造新的可能性感興趣的。這點非常重要。如果你的團隊中大家都能夠有這樣的共識、認同，擁有這樣積極的能量，那麼每個公司都有可能打造自己內部很棒的食物設計團隊。

而第二件需要大家慢慢理解的事情是「玩心對於創意的重要性」。尤其在組織企業的世界中工作，如果帶習慣這些工作組織模式的人玩拼貼（collage），他們可能會覺得這不是我兩歲的時候玩的東西嗎？我打領帶來公司，應該要來工作的，不是這樣吧？或是，當帶領他們做靈感生成的活動（idea generation activity）時，常常需要輔助卡片，透過「玩」的方式引導這些組織成員尋找答案與方向。從理論的視角來看創意，你必須實際透過玩來創造，因爲創意與玩心最合拍，而通常最好的創意，往往都是人們在玩的時候產生的。這就是爲什麼孩子是世界上最有創意的人食物設計創作的過程，是能將「玩心」具現化的展現。
圖源｜Francesca Zampollo

群，因爲他們總是在玩。而當你讓組織內部的人透過玩心的方式行動，他們一開始總會有許多的掙扎，不情不願。所以，最大的挑戰其實在於，如何讓他們認知到「玩心」對於創意的重要性。而這也是爲什麼透過創意思考的過程，或是以我的案例來說食物設計的過程，能夠讓「玩心」具現化。身而爲人，我們確實追求玩心，也眞實地想要玩，這並不是什麼預設結果的附屬產出。當透過這些方法，讓他們了解到這件事後，你會發現他們開始放鬆，可能在其中經歷一些尷尬的時刻，過了之後一切都好辦了。

這些大概就是我所遇到的難題。正因爲我們理解想要創新的需求，而創新與創意的發生有關，而創意又與玩心密不可分，都是彼此相關聯的。

●● 我們也觀察到一點，許多不同的食品單位，其實不斷的在找尋新的解方，但若主事者缺乏遠見，以及開放的心態，那麼不管給外面的人做多少設計，都是徒勞無功的。因爲這些外部帶來的刺激及激盪，最終還是需要組織內部的人能有足夠的動能、創意延續這些精神，實際行動，讓改變發生。

對，其實我觀察到有些組織希望能將這些創意的過程，外包給設計單位去解決。許多時候他們並不想自己親身做出改變。同時，僵化的思維與成見，在親自了解之前，習慣性地去批判自己不熟悉的新事物。所以，我會建議設計單位，如果想要眞的有效地發揮影響，最好的辦法就是，在剛開始接觸、還不熟悉時，設計一些「參與式」的情境，把大家都帶到一張圓桌上，直接開啟對話：「你到底要什麼？」創意思考的方法學中，有太多很棒的工具，可以直接使用於這些情境，輔助找到核心的問題與眞正的遠見日標。

——融入社會中的系統性思考實踐

●● 這些年，你組織了許多課程及活動，接觸到許多食物設計的實踐者，你是否有最喜歡的設計師或團隊，或最符合你心中「食物設計師」的榜樣？

有！團隊名稱叫做Namliyeh（www.instagram.com/namliyeh），是在約旦首都阿曼（Amman）的食物設計工作室，由兩位建築背景的女生創立，主要生產的是瓶裝果醬。我個人覺得她們做的事很美好，雖然她們的產出是「食物產品」，但做的事情其實遠比表面上的還更深遠。對我而言，她們倆是「食物系統設計師」，一手打造了屬於他們的食物系統原則，並且透過系統，實踐了兼具有「當地性」、「循環與共享經濟」的產出。除了果醬外，她們也有做一些「草本療癒」香草茶產品。但是果醬、其他產出其實都是階段性食物設計系統測試的結果，設計的是系統本身。她們在當地建立了一個一百五十人左右的農民網絡（network），在小農村，有的婦女種植無花果，有的小公司也種植不同的水果產品，全部都在當地自產自銷。所以，自然的生產、運銷過程中，都是以最低的碳足跡、最低的耗材來完成產出循環，超級在地！而因為當地鄉村本來就比較單純，有尊敬土地的傳統，所以原生性的就擁有了這個環境友善、社會永續性的生產小網絡，因為這就是他們本地人原來的生活方式。而透過她們的系統性串聯，完成產品的開發。所以，當我跟她們說：「你們是食物系統設計師！」她們其實很訝異，因為她們沒有意識到自己做的事情其實大於產品本身。

許多在生活中的食物設計實踐者，都是這樣的融入社會之中。如果你到了她們店裡，你看到果醬，購買，走人，就跟一般的消費一樣。但是，當你再進一步問她們問題時，她們都會非常慷慨地傾囊相授，並且非常熱情地分享她們的食物設計系統「原則」，以及眼中理想的食物未來：善待土地、種植良食、善待彼此。所以，對我而言，她們可以算是全世界、全宇宙中所有產品設計師可以參考學習的典範。

所有的設計師、建築師，更根本的來說，在這個世界上，都應該是「系統設計師」。這樣的實踐方式，是我認爲最完美的產品設計。因爲你從來都不只是單純設計一個單一產品，單一產品不存在，也不合理。許多我們在市面上看到壞的、無心的設計，其實都是只專注設計眼前的東西。但是，如果在設計的過程中，能夠多一點點更系統性的永續思考，不管是經濟永續、環境永續、社會永續等等，你就能意識到你並不是在設計單一產品，而是爲了整個系統在設計。所以，目前對我而言，她們做的事情算是最好的食物設計。雖然，我不知道她們會不會自稱食物產品設計師，因爲她們可能著重在生產果醬上，但是，如果可以透過交流，希望能讓她們知道自己做的事情含有更多系統性的貢獻，意識到自己實質的爲了設計出更好食物系統盡了一份心力。

●● 目前，我們可以看到許多人在生活中以截然不同的意圖以及設計產出在回應「食物設計」，有的可能像Namliyeh，以更系統性的方式實踐，產出還是偏向傳統食物範疇，有的可能透過展演、創作型的產品，來回應對環境及食物的觀察。在這麼多不同的型態中，你是否有觀察到一些未來食物設計的趨勢呢？

雖然我很常必須分享趨勢，但是我個人是完全不相信流行趨勢的。我不相信趨勢有任何可以預知未來的能力，因爲，我們只能著眼於所看到當下所擁有的。我想，關於未來最有可能改變的應該是人的意圖（intention），而且它是隨時在改變的。能夠有越來越多人關注環境及社會永續性是一件很美好的事，不過，大多都是口號性的，像是「我們思考永續性！」「食物浪費問題！」「無塑！」等等。打個比方，許多強調可以重複使用的環保塑膠杯，拜託，這是千禧年的發明，雖然可以重複使用，但依然還是塑膠！

我用任何塑膠瓶都能重複使用喝水，對吧？瓶裝

Francesca Zampollo用教育、論述、推廣的方式，直接、間接地促成了更多食物設計師的誕生。圖源｜Francesca Zampollo

水大概是這個世紀設計師成就的最大詐騙。水應該是基本的人權才對，飲用水應該要每個人打開水龍頭就能喝。現在，市面上還可以看到設計師聯名款的設計瓶裝水，爲什麼不能用一樣的設計能量，去設計服務所有人的飲用水系統呢？這點就能看到大公司品牌的力量，一切透過包裝設計解決營銷問題。而這類的產品雖然打著永續環保的口號，但是實質上並沒有解決任何問題，依然跟其他產品一樣製造著一樣的問題。

當然，我們還是能看到有越來越多案例，正在創造著我們今天與未來想要的世界。而我覺得這類產品與口號型產品最大的差異在於：是否透過系統性思考。每當我們看到一些食物設計的產品、活動、服務，你很容易看到它的產出是大於你眼前所見的產品，眞的把永續、循環系統性實踐在產品的設計過程中。我想，唯有透過系統，才能創造出獨特、有意義、實用、刺激思考、改變未來的設計。

回到趨勢問題，我確實感覺到越來越多人發現了這個口號型永續問題，並且更往「眞的永續」繼續研發，設計大於產品外的事。我會這樣說，因爲除了設計師，廚師也開始更關注餐盤內食物以外的其他事情，而這樣的影響，開始在更多不同領域的實踐者之中發酵。我會說感謝老天爺，因爲這是我們現今最重要的課題。

——食物與方法都是透過分享來傳遞

●● 就當下的實用性而言，食物設計中的推測設計，並不是那麼符合你所說的完美的設計系統，它面

對的問題有可能是出現在未來的時間軸，或是未來想像中的科技可以完成解答的動作，同樣都是實踐食物設計，但可能更充滿藝術性、哲思性、幻想性。我們想知道你的看法？如果放眼未來可能的現象，對你而言，還算是設計方法嗎？

我個人其實是推測設計的粉絲。大部分的作品雖然放眼未來，但依然極具實用性。對我而言，推測設計的功能更像是提供大家反思、產生想法的設計，所以實質上是非常實用的，就像藝術的存在一樣。藝術大多都不被期待具有實用功能性，目的更多是在於促進大家思考。在我的認知中，推測設計的目的並不是爲了要賣哪些東西或是促銷某些產品，它的終極目標是希望引發大家思考，那非常實用。我們需要更多人創造推測設計作品來帶動反思，邀請人們持續不斷的思考。如果不透過推測設計或是藝術開啟先鋒，討論不同議題，可想而知，商業品牌根本不可能會做出改變。

簡單舉例，假設一間食品公司提出素食壽司，想傳達更大的海洋永續議題、道德議題，也許它的主張是，人類爲了環保不該再吃魚，應該全面改吃植物基底的食物。但是，同時間，又以一次性塑膠包裝，量產運往全球，這依然與一般量產食品業在做的事沒有差別。這樣的產品我眞的沒興趣，因爲根本上並不是眞的爲了更遠大的環境永續在做思考。所以，推測設計作品之所以重要，是因爲透過推測性的作品促使我們思考、產生思想上的火花。而目前許多推測設計作品除了概念意義重要，在網路上也非常適合透過IG分享（instagrammable）。只要能被分享，就有更多可能討論、學習的機會，特別在這個人類仰賴視覺吸引的時代。視覺是非常重要的溝通媒介，我們常常被眼前看到的事物所吸引，進而引發討論。而開始討論後，就能有更多關於人類未來，或是以星球作爲更大思考維度的對話。

•• **自從二〇二〇年開始，全人類一同遭遇了嚴重的COVID-19疫情，這是否有帶給你一些關於食物設計與人類生存的新想法？可以與我們分享你的觀察嗎？**

（線上受訪的法蘭雀絲卡・尚博羅，在螢幕上分享了一張疫情期間人們在餐廳中被塑膠隔板分離的照片）

關於疫情期間的食物設計，我第一時間想到的就是塑膠隔板這個產品的誕生，而且它有非常多的變化型。雖然，我不知道這是否被標籤爲食物設計，但它依然與飲食服務業（hospitality）息息相關。在疫情期間，全人類或多或少都透過這個產品，直接間接地接觸了食物設計的一環，與任何人都有關聯。基本上來說，這就是一種透過設計解決問題的應用方法。當疫情爆發時，很感傷地說，這是人們面對疫情透過設計完成的第一個解決方案。但這又回到我們前面所說的，治標不治本的設計。當我看到這些圖片，我看到了「分離」。這次疫情帶給人們最多的應該就是「分離」與「隔離」了。爲了政府能正常運作、餐廳能夠持續營業，不管是類似這種隔離設計，或是封城等封閉型的政策，都是應急的解決方案，後續其實衍生了更多問題，就像前面提過的素食壽司一樣。在疫情期間，我看到過太多這類的設計。這些設計完全忘記了社會永續的概念，忽略了物理以及心理體驗的隔離感受。

我想，在這個疫情的大時代前提，眞正好的設計，理想上應該是能夠重新讓大家聚集的設計，不管是透過數位還是任何媒介都好。當然，有這種設計，必然也有許多好的設計發生，有許多產品把我們想對彼此關懷的核心意義放入設計之中。我看到一個案例，在倫敦，幾個不同的人，可能也不是設計師，他們建立食物服務系統，邀請人們捐助食物，並且協助送到有需要、本來生活就相對邊緣、與大眾隔離的弱勢群眾手裡，例如獨居長者。這又回到前面所說過的，透過這些案例，我可以看到如何設計單一產品本身背後更大的系統。在這個倫敦案例，我們爲了彼此而設計，眞正體現設計能帶來的愛、分享與對他人的關懷。

●● **因爲病毒的緊急狀況，在這麼短的時間、資源下，能夠快速透過設計的回應是相當有限的。但是，隨著人們逐漸適應新的生活節奏，在疫情尖峰與尖峰之間的緩衝時間，我們可以開始考量到人與人接觸的設計如何才能實質的展現愛與關懷。我們相信這些需要時間。**

沒錯，而且我相信食物扮演了很重要的角色。因爲，食物本質上具有分享性。我們透過吃來滋養身體，在現今社會文化中，我們都是一起吃的。所以，食物應該是第一個能夠重新協助人們分享、建立關係的重要工具。

我是一個食物設計的理論家，
我的熱情、喜悅，
都是由研究出可能推進
設計思考的工具而來。

——法蘭雀絲卡．尚博羅（Francesca Zampollo）

訪後小記

經歷這兩個小時的談話，我們發現到，食物設計的實踐，正因為有許多不同面向、理想的實踐者，所以能廣闊的從餐飲、商業、藝術、環境等不同的切入面，跨界激盪出火花。法蘭雀絲卡．尚博羅透過更具參與性且更符合當代資訊傳播的方式，讓本來深鎖在學院或是隱藏在許多產品背後的食物設計思考，變成容易取得的「思考工具」，更多有興趣的人，都有機會透過這個敲門磚進入食物設計的世界。

法蘭雀絲卡．尚博羅算是我們食物設計方法學的啟蒙導師，早期剛踏進食物設計的圈子，對食物設計方法學一知半解，從網路、書籍找資料，東拼西湊還是找不到完整的論述。直到看到她提出食物設計六大領域，分析食物設計應用於設計產業之方式，才漸漸摸索出一個輪廓。方法學是門學問，我們也是邊探索邊修正，才發展出自己原生版的方法學。就像她也是邊觀察邊調整，後續才會更新食物設計2.0架構的版本。食物與知識，都是透過分享來傳遞的。在後疫情時代，接下來會以什麼樣的形式與設計方法激盪出更多具有社會永續性的食物設計呢？我們不禁期待著。

Chapter
8

邦帕斯&帕爾
Bompas & Parr

英國

用食物說故事的體驗設計師

新冠疫情期間，邦帕斯&帕爾團隊雖然大多都在家，但仍全球連線工作著。這次線上採訪由山姆・邦帕斯作爲代表，與我們聊聊這些年創造驚豔食物設計的旅程。邦帕斯&帕爾是由山姆・邦帕斯（Sam Bompas）與哈利・帕爾（Harry Parr）兩位兒時玩伴創立，轉眼十幾年，現已成長爲一個超過二十人的跨領域團隊。他們也是這次採訪的食物設計團隊中，作品產出最多元的，從現場體驗、展覽、出版物都有，擅長透過強烈視覺風格與劇場感的獨特切入點敘事，讓食物成爲不同歷史意涵、人文視角的載體。而他們大多數的作品，都是現場體驗型，奇幻又充滿魅力，透過現場接觸食物與其他人產生連結。

在訪問正式開始前，山姆・邦帕斯分享到過去幾年有幸能在台灣做過不少專案，也一直對台灣的飲食文化印象深刻，讓他始終大力推薦其他人一生都要來台灣一次。

由山姆・邦帕斯(左)與哈利・帕爾合組的邦帕斯&帕爾。圖源｜Bompas & Parr提供

邦帕斯&帕爾
Bompas & Parr

www.bompasandparr.com

由山姆・邦帕斯(Sam Bompas)與哈利・帕爾(Harry Parr)創立於倫敦的設計工作室，擅長結合食物、藝術及設計創造出各式各樣的五感體驗，專門為商業品牌、藝術機構和各型展覽合作提供服務。英國《獨立報》評為「十五位將定義英國藝術未來的人之一」。

2007年工作室創立。

2016年首度來台參與台北世界設計之都國際合作計畫《The Food Project》「小吃進化論」。

2020年在海外香港首設國際工作室。

從創立時只有兩位創辦人的工作室，發展至今已擁有二十多名經驗豐富的創作團隊，持續為客戶和觀眾提供引人入勝的沉浸式感官體驗。

問——UOVO食物設計工作室
答——山姆．邦帕斯（邦帕斯＆帕爾）

——著重跨領域與飲食結合的創意發揮

● 你與哈利．帕爾分別來自行銷與建築的背景，這些背景是否提供了你們對於食物設計的獨特觀點或是特殊技能呢？

就跟任何人做任何工作一樣，你會在身邊尋找可以用的工具去完成目標，對吧？當我們開始以食物創作的時候，其實完全沒有一個領域被明確定義為「食物設計」。我們非常單純就是熱愛飲食文化體驗的人，因為食物總是能透過歡樂的方式把人們湊到一塊。

當時，我們有意識到，與食物有關的工作者，大多是標準餐旅服務業（hospitality）出身。我們知道那是非常困難、需要專業知識訓練的領域。簡單打個比方，當我們開始實驗果凍的原料吉利丁時，我騎著單車，跑遍倫敦所有的超市，以成本最高的方式把所有的庫存買下來。但如果你是專業廚師，你可能就有一定的人脈網路，今晚打電話，明天早上二十公斤吉利丁就送到你家門口，他們不需要像我們一樣土法煉鋼。而且，當時不像現在有這麼多食物生鮮外送服務。所以，剛開始，我們每次做不同的作品與案子時，都會希望盡量滿足他人的期待，我們必須從自己現有的技能中，萃取出可以用的。像是我的夥伴哈利．帕爾，他有大學建築的專業訓練，雖然不是建築師，但後期扎實的訓練在很多地方都用到了，例如說空間策劃、基礎的合約簽訂、專案流程規劃等等，都是非常實用的。而我偏向商業行銷的訓練，一開始我在一些房屋行銷公司工作。我想當時工作帶給我最重要的禮物就是「如何說故事」這件事，如何說一個全世界都能懂，並且能夠連結大家的故事。我當時的舞台其實都是一些讓人很沒有想像力的普通住宅行銷規劃，所以，當我開始以食物作為說故事的媒介，對我真的是很棒的事，食物給予我們更多的想像空間，能夠做更多的嘗試。

在當時的時空背景下，我們兩人完全都沒有食物的相關經驗，而坊間也完全不像現在有這麼多的食物設計課程及書籍可以參考。所以，我們只能盡量使用以英國百年銅模具公司Benham & Froud為題，將史料考證與經典果凍結合創作。圖源｜Bompas & Parr官網

我們擁有的能力，提供所有參與者叉子上一點美味的食物享用。不過，這個經驗到現在變成一種原則性的延伸。我們選擇工作夥伴不是尋找傳統飲食領域的工作能力，更著重在跨領域的能力如何與飲食結合，產生許多尚未存在的好點子。

所以你們並不會侷限自己只以食物爲主要素材，更多是與食物有關的其他創意可能性？

對，如果你仔細思考「創新」這件事。可以引科幻小說家威廉・吉布森（William Gibson）的看法：「未來已經到來，只是分布尚未均勻。」（The future is already here. It's just not evenly distributed yet.）而如何分布呢？我想，可能可以透過不同的產業、不同的領域、甚至是不同的地理特性。這就是我很愛這種工作方式的原因。假設我到了台灣，有機會學習到新的文化，這些習得，我又可以進一步帶到不管是紐約或是帶回倫敦。另外一個簡單的比喻，大概是二十年前吧，我身邊大半朋友都沒有人會用筷子，而在這

二十年間，全球的亞洲飲食文化迅速蔓延，光這點就已經完全改變倫敦人吃東西的習慣了。以前，我們所認知的「中國菜」，都可能都是爲了迎合在地人而出現的廣東風味菜餚，但現在有更多不同地區的專業食物文化聚集在此。這個就是地理特性帶來資訊交流的直接案例，是一件很棒的事。

另一個例子則是由「食品工業」往「分子實驗料理」，再到「日常料理」的移動。其實，當你仔細看這些實驗料理，許多應用元素都是已經在食品工業製造中存在很久的基本技術，只是從來沒有在專業廚房或是家常飲食的環境中使用過。一開始，這些分子技法都像是一個故事一樣，但食品工業中，使用液化氮灌入瓶裝飲料中以保存品質或是作爲急速冷凍使用是非常常見的。我想起第一次在餐廳看到使用液化氮的經驗，非常壯觀。但原本好像很尊貴的技術，現在已逐漸的廣爲人知，進入大眾消費者的視線中。同理，舒肥法（sous vide）本來都是在高級餐廳出現的專業技法，現已在家常的烹飪中出現。這樣的例子層出不窮。

邦帕斯＆帕爾設計的互動更著重帶給參與者正面的情緒體驗。圖源｜Bompas & Parr提供

——參與者的體驗最重要

●● 如你所說，以前基本上完全沒有食物設計這個概念，這些年來，你們的工作角色是怎麼樣逐漸產生的？你們怎麼定義、介紹自己所做的事呢？

我們現在都對外稱自己是「體驗設計師」，但當然這個稱號背後更重要的、美味的、流行的脈絡，則是「飲食」。會這樣自稱，反映了我們必須全面的考量，可能包括環境設計、聲音設計，能夠完整提供作

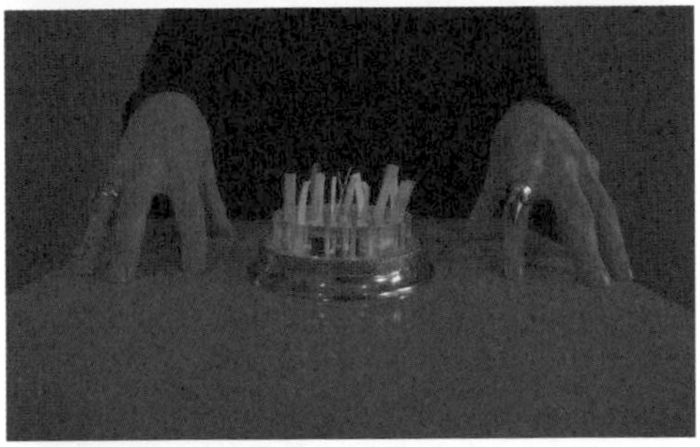

〈舌頭小鎮〉2017年於巴西聖保羅現代美術館舉辦的十週年回顧展。
圖源｜Bompas & Parr官網

品敘事性的各種設計。而「設計師」這個角色，也把我們與藝術家的職責作了一定的區分。如果你是藝術家，你的作品就是最重要的，如果參觀者體驗不好，藝術家要出來道歉，不是一件很奇怪的事嗎？而如果是設計師，其實是更根本的提醒我們自己，參與者來參加的體驗是最重要的。

而這個醒悟眞的是從食物說起，任何與食物有關體驗的成功，靠的是必須大方（generous），因爲追根究底，它的本質是關於餐飲服務（hospitality），是關於歡迎、關於關懷他人，就像有些廚師會說「我把愛放入食物中」。因爲在食物的體驗中，你是眞的可以品嘗到「愛」，而我們也是儘可能地把這些精神特質注入所設計的體驗之中，始於食物，將精神擴散到其他的可能裡。這就是爲什麼「體驗設計師」在設計上，會更著重帶給參與者「正面的情緒體驗」，像是快樂、喜悅。因爲，沒有人想要在體驗食物的時候有任何負面情緒，或是你很少會想要體驗這樣的事物。

●● 這讓我們想到一個我們很喜歡的你們的作品〈旅遊評論網上的鬼故事〉（Ghost Stories of Tripadvisor），恐懼本身並不是什麼特別好的情緒體驗，可能大多都是負面的，但是恐懼又很常與刺激有所連結。在這個作品，你們透過靈媒，召喚死去的有名酒保，提供私藏酒譜，然後在現場提供給來賓享用。你們是如何轉化這種負面印象的事物，變成神祕有趣、可以共享的體驗呢？

這個作品是在新冠疫情的第一年誕生的，我們同時做了活動以及出版物。說起來非常感傷，當時面對封城，所有餐旅業都面臨了存亡危機，整個城市就像鬼城一樣。這個作品看似有趣，但是背後其實是更嚴肅的評論目前的產業現況。我們的工作性質與餐旅服務業息息相關，當許多認眞的經營者，花了畢生的努力，想要提供旅客、參與人最棒的體驗時，當然會很在意在這些評論網上顧客的評價。不看還好，一看就看到他人評論「鬧鬼」、「我住的環境非常棒，空間很美麗，服務一級棒，但是隔天一早我被猛鬼搖醒」……。

在活動結束後，我們收到許多參與者的電子郵件，分享說覺得這個體驗超棒。身爲人與體驗設計師，我們了解人的本質是混亂，就算是你完整設計了體驗，但是，參與人也會帶來他人生中的所有經歷、故事到現場。人類的情緒景觀（emotional landscape）、當天吃了什麼、當天沒吃什麼，都會改變體驗。所以，每當設計體驗時，每次實際的互動都帶來很多驚喜，你得保持彈性隨機應變，盡可能地照顧到每個人。

●● 透過體驗設計，我們能看到服務參與者情緒中的多種可能。一方面，雖然一開始可能是可怕、不舒服、情緒性的題材，但透過設計、體驗的創造，有點像握著參與者的手，陪伴他們一同走過一些存有刻板印象的事物，甚至是走過未知的恐懼。尤其在疫情期間，你們眼中的「食物設計」、「體驗設計」，透過餐旅的角度切入，是否能夠提供人類與世界更多的價值呢？

在這些評論網站上，人們透過文字與故事創造了負空間（negative space）。最有趣之處應該是，當你把這些看到鬼的故事寫上評論網後，這個動作立刻讓該空間有了超越平常的迷人意義、完全另類的新敘事。而這些故事，可能遠比官方空間本身的呈現還要更有趣、更令人興奮。而這同樣可以套用在任何事物上，例如，現在包括我在內，全世界都在瘋「元宇宙」（metaverse），雖然在五年內都還無法普及，但是你可以明顯觀察到所有人依然很積極的在討論著。因爲，這件事情提供了人們新的事物可以談論、與彼此溝通看法。而在食物設計，越來越多人也開始探索所有數位媒介、大數據可以如何改變我們飲食的方式。但最終，任何虛擬產出的互動方式都是聲音與圖像而已。以NFT來說，這讓我想到一九九〇年代，人們買賣一些品牌二手衣、二手車，穿出來展示或是炫耀用。其實，原理就是基本的文化資本（cultural capital），而資本就是消費。當然，從十幾年前，食物也開始被以類似的方法運用。因爲人們找到可以讓食物、展演持續性存在的方法，而這個現象的誕生，則是拜社交媒體所賜。

當我們開始以食物做設計時，對於當時英國社會來說，飲食的社交文化地位是相對低的，許多人會對我們說：「你們爲什麼要放棄好的、受人尊敬的職涯，跑去做餐飲？」要能理解這個決定，其實有賴於高的文化水平（high cultural status），而隨著社交媒體的助攻，我們能夠有機會透過飲食的體驗，來逐漸形成自我認同。而下一步，則是透過元宇宙以及Web3.0，在下一個文化資本形成下，會提供什麼樣的意義與型態呢？我相信，這個問題隨著時間推進會更加鮮明，許多目前不知道的問題，也會逐一被大眾解答。屆時，會形成一整個食物與元宇宙結合的文化。所以，我想我們先靜觀其變，等待全貌被打磨出來。相信我，會非常快速的。

——襯托團隊每一分子的表現

•• 從你們第一個作品開始到目前最新的作品，你是否有觀察到什麼過程、方向、作法的改變呢？

剛開始的時候，只有我跟哈利兩人從頭包到尾，全部自己完成專案。而之前因爲疫情關係，全公司包括我們都減班休息，放無薪假，又再次有機會體驗到當初只有兩人的感覺，像是近期設計博物館的專案，哈利還要自己做木工、鑽釘、搬東西等等。但我想說的其實是，目前，我們是一個有二十人組成的全職團隊，可能我們兩個也在這個領域待得夠久了，對我們現在而言，更感興趣的是支持團隊完成有趣的工作，襯托大家的表現。所以，我們不是像獨裁者一樣告訴大家「你應該要這樣做！」，我們的角色更像是協助團隊的每一分子，制定基本問題方向，並且得到需要的工具，有團隊支持，一起回應內部或外部相關事物。

我們對於團隊集體意識、任何形式的集體創造都很感興趣，不太喜歡個人英雄這種概念。好的作品完成，每個人都有功勞。不過，每當有新的、具有挑戰的機會進來，我們大概都會先派一到兩人先破解看看。畢竟，如果超過五人，被強迫綁在一起，硬要生出創意，會是最糟糕的情況，不可能有效的。

當你們在組織一群非常有創意的獨立團隊時，大家都非常有想法，常常難以達到共識，你們是否有什麼獨門的引導技巧呢？

當然，在專案中，每個人都還是需要一個適合自己負責的角色。並不是說，你一旦選定特別項目，就不能爲其他事情做出貢獻，而是劃分清楚你必須在時間內完成哪些分內事務。我們的引導方法，其實蠻像一般劇場或是電影，不一定是我或哈利，但總會有導演的角色存在於專案之中。同時，也像電影結尾可以看到許多感謝人員名單一樣，我們也會在作品中把該有的功勞歸給不管是內部或是外部的合作夥伴。

你們這一路從雙人創作，到現在像創意團體(collective)，透過眾人之力，一起找到更多探索有趣事物的可能，眞的是蠻大的轉變。

我必須說，我們不是創意團體。因爲畢竟主要結構還是一個公司，我們有付大家薪水的責任在。

〈自然的力量〉將1350度的熔岩作烹煮熱源表演，形塑壯觀原始的飲食體驗。圖源｜Bompas & Parr官網

但在這樣的前提下，我們還是希望能協助大家發展個人的職涯規劃。一般來說，在一個單位待六、七年，這可能是在某人職涯軌跡中的臨界點。而我們希望，所有與我們共事的人，在這裡的經驗，不管是學習、實踐設計、曝光度、拓寬人脈等等，都可以是他們職涯中的新高點。我們剛成立工作室時，成員的平均年齡大概落在二十一至二十二歲左右，他們必須與世界最大、最知名的公司第一手合作。剛開始，確實是很像一堆小孩，邊玩，邊把自己覺得酷的設計直接端給客戶。但是，隨著我們越來越著重作品的專業精神，與初始覺得酷、好玩就直接做的狀況相比（雖然我們依然在做很多我們覺得很酷的事），我們更希望可以給每個人機會，並且照顧到他們與家人。而同等重要的是當我們面對客戶時，不僅是「我覺得這個很棒，就做這個了」，更著重在如何滿足、照顧客戶的需求。我們眞的長大了，是吧？

邦帕斯＆帕爾擅長從故事創造出截然不同的現代體驗，圖為作品〈Architectural Punch Bowl〉。
圖源｜cakeheadlovesevil.wordpress.com

跟所有廚師一樣，每次他們來問候時，總會說「今天……可以做得更好吃……」，但是這道菜對我們來說，已經是這輩子吃過最美味的一道料理。所以，每個人對於專業的追求，是無止境的過程，永遠有可以進步的空間。而在這個追求的過程中，總會遇到不管是奇怪或是美好的學習，所以，每當有人離開邦帕斯&帕爾，大家齊聚一堂時，問「你有學到什麼？」，不管好壞，總有學習吧？過去有一個男生與我們共事大約六個月提了離職，當時我們做了許多關於口香糖的研究與實驗，當我們問這個問題時，他回答道：「我覺得我現在是世界級的口香糖專家，一輩子沒想過竟然有這樣的專業，雖然這個技能，我不覺得以後會在哪裡用到，但我真的學到很多。」對我而言，真的很難忘。

——從書中尋找不同領域的交會點

●● 你們是怎麼搜集日常的靈感？最近是否有哪一本書或故事，帶給你最多食物設計的啓發呢？

書，真的非常重要。（山姆拿起鏡頭，展示了他的書櫃）這些只是我家小小的收藏，在我們工作室有一整個圖書館的書。書的類別有飲食、待客文化、神祕學草藥、死亡、衰敗、情色、建築、攝影等，會有這麼廣的種類，反映了我們總是在找這些不同領域中的交會點。如果要我選一本書的話，我會推薦食物作家艾倫・戴維森（Alan Davidson）的《餐飲大全》（*The Oxford Companion to Food*），其實就是一本字典，書中以非常融會貫通的方式，帶你透過文字穿越世界不同的飲食文化，集艾倫・戴維森二十年以上經驗寫成。我會選它的原因，主要是因爲我們時常在工作上，接到來自不同食物專業領域的委託，很多並不是我們很熟悉的領域，可能是鳳梨產業、果醬製造商等等。在這個情況下，我們需要很快速的獲得部分專業知識，而這本書扮演了很好的引路人角色。初步了解後，就能夠聯絡對應的專業對象合作，或是繼續延伸，找到更深入的資料研讀。所以，如果書櫃上只能有一本書，就是這本了！

目前邦帕斯&帕爾做了很多前衛創新性、可能更科學想像實現的作品，但是在你們的發展脈絡中，文化參照確實佔了很大的比重，傳達了更爲敏感、情感的題材，這是否有什麼原因呢？

我想其中一個原因是：歷史是很好的編輯者。四百年來，同樣的點子啟發了無數的人類。而你可以觀察到，人類這些年來，除了許多轉瞬出現的發明外，其餘行爲上並沒有太大的改變。如果一個點子能夠啟發一個國家，通常也能夠很成功的啟發另外一個國家。這就是我們對於找尋故事、典範很有興趣的原因。十七世紀的英國海軍上將愛德華・羅素（Edward Russell），曾經建造一個可以讓小男孩在上面划船的大酒缽（punch bowl），然後所有英國海軍圍繞著酒缽連開了六天的派對。但當你回顧這個故事，以現代的科技與飲食工作實踐，你重現的並不是往日榮景，而是創造一個截然不同、全新的體驗。以建築簡單打個比方，建築師要建一間房子，需要當代可用的工法、材料、技術才能達成，就算古人與現代人看到同一個靈感、同一個點子來源，蓋出來的房子也會因爲可用的素材、科技而有所不同。實際上，歷史就是不斷重複創造的模式。

在你的文化或是你其他的日常觀察之中，有沒有什麼獨特的物件、儀式、體驗帶給你關於「食物設計」的靈感呢？

〈AI饗宴〉世界第一個人工智能舉辦的餐宴。透過AI想像，讓英國歷史人物栩栩如生與參與者互動。圖源｜Bompas & Parr官網

對我而言，把一杯健力士（Guinness）黑生啤酒倒出來的過程，其中就蘊含了許多階段儀式性。爲了裝杯氣泡完美填滿杯緣，這類的氮氣啤酒需要服務生兩次小心的拉霸才能上桌。比起其他啤酒，明顯較長裝杯服務的過程，這個動作，對於提升品牌想傳達的價值及彰顯品質上，發揮了很大的作用。

——以美學強化食物的視覺體驗

●● 二〇二〇年開始，我們人類群體遭遇了最嚴重的COVID-19疫情。你們在疫情期間，透過許多網路的活動、出版，讓更多人在虛擬世界保持聯繫，共同發揮創意。是否可以與我們分享你們在這些不同的共創中，有什麼樣的收穫呢？

我們現在世界的運作，即便像是食物一樣物理上有形之物，如果沒有對應的「虛擬物」，便無法在現實中（IRL，in real life 縮寫）成立。在過去幾年中，虛擬的傳遞一直受限於科技的發展。不過很慶幸的

是，現在開始，一切就像是電影拍板開拍一樣，我們興味盎然的開始思考可以如何利用這些虛擬技術來擴大「食物設計」的想像與規模。話雖如此，這依然不比一群人實體的聚在桌邊，放下手中的科技設備，邊吃邊喝還來得令人感到陶醉與興奮。

●● **當你們在把一些抽象的概念轉譯成作品或是體驗時，有經歷過哪些挑戰呢？而在轉譯「食物設計」的過程中，你們是否有優先表達的核心價值呢？**

在我們以食物作爲傳遞創意的媒介時，最核心的考量之一，便是如何在尊重食物的前提下，創造出令人驚艷、敬畏、幻想的作品。簡單舉例來說，在實現規模化的同時，保持高服務質量以及零浪費。

●● **前面提過，你們工作室除了你與哈利之外，目前有二十個夥伴，我們想知道你們典型工作的一天是如何？在執行「食物設計」專案時，是否有特別的分工方式呢？**

我們有一個適用於設計各種案子、作品發展的六階段流程。

❶ 構思與研究（Ideation & Research）
❷ 概念發展（Concept Development）
❸ 設計開發（Design Development）
❹ 預先生產（Pre-production）
❺ 生產（Production）
❻ 現場展示（Live／Presentation）

不過，針對不同作品，成員的組成差異性很大。這也反映了我們作品、案子的多元性。在同一天，我們可以同時進行幾種不同的工作流程，一邊思考著威士忌二十年後的未來，同時間放眼過去，重現歷史中重要的餐宴，援引歷史呈現十五種不同使用「冰」的新方法。

●● **在你們的作品中，我們觀察到了許多美學的展現，同時兼具了「劇場美學」般的展演特色。對你們而言「美學」是什麼？在你們的「食物設計」作品中，又扮演了什麼樣的角色呢？**

說到食物，眼睛通常是味覺體驗中最強大的器官。而隨著傳遞食物的媒介快速發展，能夠超越媒介傳達食物體驗的目前只有視覺、聲音與敘事。在這個情況下，視覺通常更勝味覺與嗅覺的存在。我想正因為如此，與食物有關的美學會被優先地加強考量。例如，就算你在倫敦冬天最想吃的是美味褐色燉菜，但它的視覺可能在社交媒體上並不受歡迎。

在我們以食物作為傳遞創意的媒介時，
最核心的考量之一，
便是如何在尊重食物的前提下，
創造出令人驚艷、敬畏、幻想的作品。

——邦帕斯＆帕爾（Bompas & Parr）

訪後小記

我們很榮幸訪問到業界知名的食物設計鬼才雙人組邦帕斯&帕爾的山姆．邦帕斯。他大方暢言了他的食物設計觀點和經歷，讓我們深刻體會到，所有在探索食物設計的人，「探索」這個動作，都會成為自己專案企劃或是設計創作的養分基礎。邦帕斯&帕爾為了要以食物說一個好故事，即使過去沒有與食物的相關經驗，但持續實驗、看書、研究，樂於挑戰未知，無止盡的學習，這對於創造前衛性、引人入勝的創作是非常重要的。再者，團隊跨領域的專業與溝通，也是食物設計師非常重要的工作能力。一個工作室要有通曉各方面知識的人，同時還要知道如何聯繫各方面的專家。

「做食物的人，都有愛」，這樣的信念，在與山姆的訪談中得到共鳴與驗證，畢竟食物回歸到本質，是關於愉悅、關於關懷。縱使疫情重挫全世界人們的生活日常和社會網絡，唯有人性、關懷、愛是無法被隔離、被剝奪的。隨著元宇宙以及Web3.0時代的到來，食物又會創造出什麼樣的意義與型態？就像山姆說的，這個探索會更加引人關注，許多檯面上還不知道的問題，也將逐一被大眾解答。

Part 3

食物設計方法學

吃，是非常適合解構獲得資訊的媒介，藉由圍繞在「食」的感官體驗設計，能夠帶大家更直觀地通過自身的體驗去獨立感受、判斷。雖然目前「食物設計」研究沒有明確的系統定義及規範，卻已經可以從大多數實踐者不同的行動和論述中，找到一些蛛絲馬跡。對創作者、設計者而言，若能透過更直接製造「有感」的體驗，把「意義」定奪權留給體驗者（消費者），就能保留更多的空間可以對話。

在這個章節，我們將透過分析自己的經驗、其他食物設計案例，提供可以構成「食物設計」體驗的基礎及要素作爲參考。邀請大家藉由「設計」，挖掘食物帶來的感動、議題，轉化成「適切且達意的」作品、產品、系統，與眞實世界產生互動連結。

Chapter 9

食物帶來的限制

在我們過去的工作過程中，觀察到當「設計」與「食物」這個媒介產生連結的時候，確實會衍生許多特有的限制。它們帶來了食物設計「無法百分之百」掌握的「變因」（factor），但也因為認識了這些特質，設計師反而可以更極致的發揮食物有關的特性。就像是廚師煮菜，需要先知道自己手邊有什麼材料、工具，透過經驗，分辨材料的特質應搭配怎樣的烹調方式或刀工才可以發揮它最好的風味一樣。瑪萊雅・弗赫桑曾說「沒有什麼比食物更真實的材料了」，正是因為這些如人生一樣無常的特質，刺激我們將感受放大。通過食物本質與我們的實務經驗比對後，我們發現食物與其他媒材遇到的限制最大的不同為：不確定性，跨域性，爭議性。

不確定性 Uncertainty——緩衝、彈性、接受不完美，保留哲思的空間

不確定，就是有未知的變因、風險影響過程與結果。食物帶來的不確定性，主要在於「短暫存在」（temporary）的特性，以及體驗難以完全複製（unduplicable）。這兩點在「食物」以及「與食有關的體驗」上都充分體現了。雖然，兩者皆可以透過人為、機械介入等盡量減少變化，加長保存的長度，提高可預測性；但是，必須認知到食物本質的有機特性，以及帶來的有機互動特質，它會隨著時間衰敗，它的發生與互動有期限限制，體驗到的感受也非常取決於參與的人。這也促使我們進一步思考，存在於當代生活中，讓「食物」得以有「確定性」、「可控」的方式，背後是由什麼樣的系統支撐而成的？

——思考「可控」的兩難

一場倫敦的「剩食尋寶」（food-diving）體驗，揭

露了某些答案。二〇一五年，在友人帶領下，我們在晚上九點店面陸續打烊後，開始在倫敦鬧區餐廳外的垃圾堆「挖寶」。根據朋友長期的經驗，每天的收穫都非常看運氣，有些餐廳為了避免爭議，就算當天沒賣掉的完整包裝新鮮食物，也都會打開倒掉或是破壞，避免被撿走後有食物安全疑慮，這出現在第一站的高級壽司店外面，打開垃圾袋後，眼前的壽司跟醬料全部與塑膠垃圾混在一起。下一站，來到倫敦知名連鎖的咖啡快餐店，朋友表示這是最容易有機會找到剩食的點，一邊示範用手在黑色的大垃圾袋表面摸索一邊說：「通常，如果你摸到形狀很立體，而且又放置在最上面的，應該就是了。」一打開，一大袋三十幾組的有機三明治、沙拉、飲品、甜點，依據標準化品管原則，就這樣躺在垃圾袋裡。「偶爾比較友好的店家，會這樣放置，讓流浪漢、有需要的人不用翻找。」我們將包裝比較完整的食物拿起來，當場打開來吃，像是流浪狗一樣，在大都會繁華的街邊，撿拾、啃食著都市過剩的產出。

推測設計師宮保睿的〈人類鬣狗〉（Human Hyena）作品也觸及了這個議題。在糧食過度製造的現實以及未來糧食短缺的可能推測下，他以人類學習鬣狗食腐肉的特性出發，提出一系列物件，讓人類可以改造自己的消化系統及感官體驗，以便在糧食不足的情況下，還能吃腐敗的食物維生。但是，這終究不是我們想要的未來。透過「食物設計」，在可能還來得及的時候，提出潛在的解方，同時也邀請大家一起思考「想要」（preferable）的未來。透過不同的作品，若能影響某個人今天生活中的決策，或啟發組織往更永續循環的系統前進，某種程度上，設計的目的就階段性達成了。

保持適度留白的彈性

當我們開始實踐「設計」的時候，以往都希望盡量接近想像中的完美，但因為食物等有機材料的無常，過度執著於程序或精準，只會帶來痛苦。在這樣的前提下，我們學會了更常利用這「一期一會」的特質，不管是回應食物的原生議題也好，又或是保留緩衝，一樣能透過「概念」創造意義，解析出「本質」，進而設計出「體驗」，與參與者互動。這樣，儘管不見得能夠取得最精確的材料，我們也能在特質相似食物中找到更「著時」的緩衝替代方案。

二〇二一年，設計師馬蒂・吉塞的太陽能餐廳計畫（The Lapin Kulta Solar Kitchen Restaurant）在空曠的

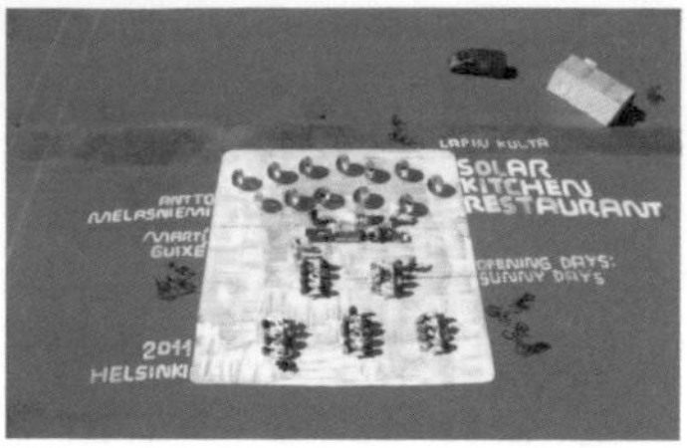

右｜馬蒂・吉塞的太陽能餐廳計畫凸顯「與食有關的體驗」的不確定性。圖源｜Martí Guixé官網
Photo copyright by Inga Knölke

左｜宮保睿的〈人類醫狗〉刺激人們對未來糧食短缺思考因應之道。圖源｜宮保睿官網

廣場進行，採「自然彈性隨機應變的營運方針」，沒太陽就吃沙拉，下雨就不營業，有太陽就吃可以加熱的料理，參與者的體驗完全仰賴天公作美。這個設計，讓體驗者更直觀的感受自然的重要性，以及保持彈性順應變化的心理素質，畢竟一朵烏雲飄來可能就沒飯吃。這個計畫凸顯了「與食有關的體驗」固有的不確定性，而馬蒂・吉塞說，這更是一個商業模式設計，提供觀點，讓大家重新思考大自然與我們的關係。

即便是做好同樣設定的「感知」體驗，就算能百分之百控制框架內所有變因，複製形式，每個「角色」帶到這個舞台的「演出」、「氣氛」，每次的體驗，也都「完全不會重複」。這正是食物設計體驗最有靈魂、最迷人的地方。因此，為了這些發生，不管是空間或腳本，在執行上都要有適度的「留白」，讓這些不預期的要素有空間舒展。順應「不確定性」特質，做好心理準備，保留彈性，讓意義「自然而然發生」，也能提供食物設計過程中更理性務實的風險管理。

跨域性 Interdisciplinary——策略、溝通、合作的練習場

在我們開始接觸「食物設計」的專案後，發現自己要看更多不同專業的書，除了有人類學、社會學、科學、化學，許多也跟策略、經營管理以及品牌設計等有關，每次研究牽涉的領域非常豐富。這點，恰好呼應食物設計的第二個特性「跨域性」，這項特性最直觀地從三個面向體現：食品安全、營養學與烹飪專業（food proficiency）；多功能性（versatile or multi-disciplinary）；跨域合作（Interdisciplinary）。

——食品安全、營養學與烹飪專業

從食品安全、營養學與烹飪專業這個面向，顯示了食物設計師與創意料理廚師最大的不同之處。關於「可食物」（edible object）的處理，路上任何一個小販、廚師都一定比我們更了解；而食物設計師更多的時間都是在關注、探討食物除了滿足味蕾享受外，還可以如何與其他人事物建立怎樣的關係。

每一種不同的食材加工、飲食文化探究，都有它的專業性。我們在不同的飲食合作中，藉由參訪、田野調查、對話，逐漸累積了許多設計前更重要的「材料」。我們所有的食物設計專案，都有專業廚師作為顧問或

1 | Fabrica爲一所傳播溝通研究中心，由班尼頓集團於1994年創辦，是歐美當代設計在視覺傳達、社會設計、產品設計領域的前衛實驗機構。

是合作夥伴，讓我們在設計體驗時，對於食物適合的用途，不會有太多偏誤。更明確的說，「食物設計師」的角色更像是「策展人」，負責整合材料與資訊後，解構核心元素，透過更通透的設計思維，以最適合的呈現方式將作品帶到參與者面前。

——多功能性

如果你已經有一個穩健的團隊，可以完成「食物設計」中相對應的分工，那恭喜你，這是非常幸運的事。因為以我們目前自身以及採訪其他團隊的經驗，從事食物設計，不只要發揮整合的能力，通常也必須具備多功能的特性，遊走多重專業。

以一般的「食物設計」商業合作案例來說，過程中我們做的有：類似專案經理，與業主接洽對應；類似研究員，做田野調查，拍攝與文字記錄觀察；類似品牌顧問，針對商業趨勢、案例分析，協助委託方（業主）傳達品牌精神；類似設計藝術總監，引導體驗成形的方向，確立風格；類似藝術家，在展演現場表演、創造物件；類似廚師，處理食材烹調；類似會計師，整合預算以及帳務出納……。這些都是我們自己的內部分工需要「實際」做到的事。不過，就跟所有產業一樣，不同規模的專案，都會有完全不同的分工配置。當網路上美麗的照片能夠出現在觀眾眼前，背後絕對是由非常多人的貢獻、默契以及妥協而完成的。

——跨域合作

當我們檢視自己的實務經驗，有時候會與時裝品牌合作，有時候與傳統魚工廠合作，有時候跟政府文化單位合作。食物設計工作中的跨域，不會侷限於只能以食物說故事或是只能為食物說故事。在我們的工作中，食物設計師，許多時候只是龐大計畫下的一環。跨域這件事，不只是合作產業跨域多元。另外，為了完成最佳體驗，時常也需要邀請不同能力的設計師跨界合作。

來看一個親身參與過的國外案例。二〇一六年，義大利Fabrica research centre[1]與法國知名香檳品牌凱歌（Veuve Clicquot）在米蘭設計週合作了一場名為《BEYOND》的展演。就品牌方而言，當然希望透過設計，把將近二百五十年的品牌故事、製程、帶給香檳產業的設計革新，更進一步地傳遞給消費者認識。在一個主題情境架構下，消化兩世紀的產業製程、品牌文化

Fabrica為凱歌香檳打造的《BEYOND》展演是跨域共創的結晶。圖源｜Fabrica提供

脈絡，透過一系列設計物件、演出、體驗，打造耐人尋味的感官之旅。在展演現場，整體的食物設計體驗，不只是傳遞「香檳」的特色，也是作為商業品牌溝通策略的一環。而當天完整的體驗，也仰賴了平面設計師、產品設計師、空間設計師、互動設計師、演員等等一起跨域攜手打造完成。所以，作為食物設計工作者，對於設計、藝術執行類別的職掌，需要保持敏銳度，才有機會發揮創意，找到獨特切入點合作的可能性。

一個作品的完整度，是仰賴業主廠商、設計師以及製作承包商之間密切合作才得以完成。這個案例具體而微地提醒我們，透過概念跨維度整合，與不同專業的設計師們共同合作，有助於打造出不同規模的設計產出，以及具有細膩度、令人難忘的體驗。

◇◇◇◇◇

逐漸地，因為設計，產業與產業之間的距離越來越近，也更加體現了當代「共享」的精神。有別於過去「涇渭分明，專業不落外人田」的設限，如今更著重於「環環相扣，我們都是整個星球一分子」的互動連結。雖然針對共享規模化，在目前資本先行的社會和人性上，仍有它的挑戰及適應難度；但是，「食物」分享的本質，更容易透過設計，成為促成與不同產業開啟跨界交流的契機。

所以，食物帶來的這些限制，並非都是缺憾。不妨把每一次設計專案，當成一個新的機會點，不管是對自己、業主、產業或是地球，都是一個「共創」（co-creating）的練習場。

爭議性 Controversy——連結、倡議、影響力的可能

這裡所謂的「爭議性」，其實就是指食物主觀所帶來的複雜觀點與爭議特質。在《策展人工作指南》一書中，香港西九龍M+美術館的設計與建築策展人陳伯康（Aric Chen）曾說到：「設計和建築與設計藝術，除了極少數『去情境化』問題的案例外，你處理的從來不是事物本身，而是事物的象徵。」透過食物設計，我們能夠更包羅萬象的去呼應超越其功能性背後更龐大的人類世議題、資本權力結構、永續環保、道德、食安等議題。

——餐桌：開啓互動的場域

看似簡單的「吃的行為」，佔人類一日許多的時間。以文化表現來說，一塊蛋糕、一杯咖啡，都可以是一整個大航海時代的掠奪史，每一口帶來的感官經驗，都能代表一片土地的蓊鬱繁盛或是貧瘠苦澀。正因為每個人出發的角度、背景、觀點都不同，只要有利益衝突，就難以一起坐下來理性對話。但是，食物因為具有社交連結的屬性，餐桌自古就常常是連結人與人日常或是談判的場域。

設計師瑪萊雅・弗赫桑的代表作〈Sharing Dinner〉，便是利用歐洲飲食傳統白色桌布餐巾的意象，製造了圍繞在餐桌的裝置。用餐者必須把頭手伸進去對應的洞，才能開始用餐。透過布料的遮蔽去除個體化，讓來到這個桌面的陌生人平起平坐，一起用餐。而桌面上的食物都以不平均的方式散落在長桌的各個位置，若想要吃到想吃的料理，就必須與鄰座的人產生互動。在這個作品中，透過食物設計，自在的隱匿性，讓用餐者不用擔心因為自己的穿著被他人賦予既有的偏見；藉由食物位置以及行為預測的設計，讓互動自然而然的產生，而陌生人彼此之間的連結便由此展開。瑪萊雅・弗赫桑後來也繼續以類似的手法，邀請歷史上衝突的不同群體，透過食物設計，在餐桌上體現同理心，展開對話。

——將議題導入食的感官體驗

食物在本質上，具有非常具體且主觀的功能需求。尤其，關於食物的經驗一定需要「感官」介入才能成立。例如，小明不敢吃內臟，小美害怕香菜，小華討厭三色

豆，主觀的經驗帶來五感感受，會比起用文字、對話、敘述，更快一步傳達到對方。食物未必能夠滿足所有人，而設計師正可以利用這樣喜惡分明或具有挑戰性的「感官認知落差」，譬如對某些食物過敏、害怕的食物、動物道德等，來拋出議題。一些看似有爭議性的點，透過設計及架空的場域或情境設定，加上推測性的物件提供緩衝，有助於鼓勵大家突破習慣性及偏見，嘗試沒有「吃」過的東西，認識沒有接觸過的議題。

二〇一九年，在荷蘭阿姆斯特丹Mediamatic中心，舉辦了一場以〈吃人〉（The Eating of Humans）為主題的創作，作為新未來主義晚宴系列的其中一場。藝術家三人組關・凡・德・史旺（Gwen van der Zwan）、布魯斯・史提巴（Bryce Steba）、克里斯蒂娜・契卡（Krisztina Czika）邀請參與的賓客，提供自己的「人體食材」，在活動現場抽血、蜜蠟拔體毛、去腳皮，再交由大廚入菜，讓大家第一次「親密」的品嘗自己身體，同時也反思日常吃進身體的動物製品與自己的關係。這般有趣的體驗設計以及完善的食物製作，讓平常更常在犯罪實錄或是食人原始部落的「吃人」場景，以輕盈且直接的方式，將議題導入參與人的感官體驗之中。

——科學結合推測設計的倡議行動

另一個有趣的案例是設計師顧廣毅入圍二〇一八年未來食物設計獎（Future Food Design Awards）的作品〈虎鞭計畫〉（Tiger Penis Project）。在中藥療方中常「以形補形」，傳說食虎鞭（雄虎的生殖器官）能夠壯陽，雖然目前科學無法證實，但在這個傳統前提下，不只老虎，還有許多瀕臨絕種的動物依然被私下交易、捕殺。但若是完全禁止，則這個充滿文化象徵的療方將會消失。在矛盾之中，想像由此而生。顧廣毅透過醫學專業合成生物學推測以及3D列印技術，將所有能夠提供壯陽功能的「生物細胞」有根據的合成，打造出一個尚未存在的超級壯陽產品。並且透過「未來中醫診所」的體驗設計，邀請不認識中醫文化的參與者，在設計情境中把脈觀診，更進一步理解設計師想傳達的禁忌議題。

務實來看，這個作品的最終產出在「此時此刻」還不能吃也不能用，但是，有根據的未來推測概念不只能發揮倡議功能，更探索著解決未來問題的潛在可能性。透過藝術家的視角，以具有十足溝通性的設計方式，綜合文化、科學以及設計，邀請參與者正視議題，反思行為，也形成認識生物藝術、推測設計、環保議題等的入門磚。

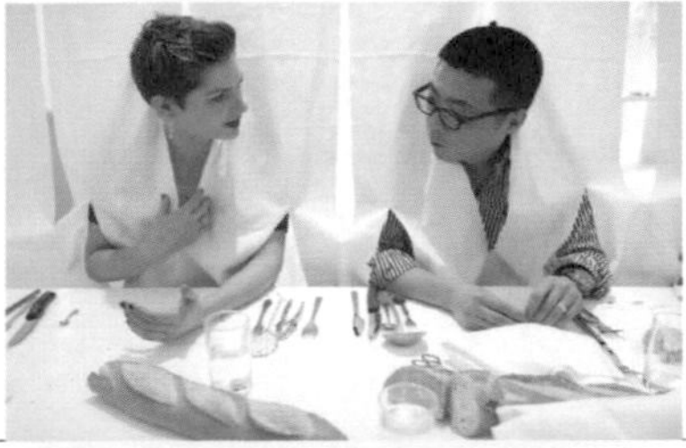

瑪萊雅・弗赫桑〈Sharing Dinner〉的用餐設計促使陌生人自然產生互動。圖源｜Marije Vogelzang官網

——

〈吃人〉的新未來主義晚宴以食用紙吸收用餐者的眼淚來入菜。圖源｜Mediamatic官網

——

〈吃人〉晚宴上的蘆筍有混合用餐者血液的不同醬汁可選擇搭配。圖源｜Mediamatic官網

——

顧廣毅的〈虎鞭計畫〉是科學結合推測設計的倡議行動。圖源｜Core77官網

食物設計的實踐，除了前述較為實驗性的案例，許多時候，因為其「可食」、「感官體驗」、「跨域」的性質，連帶富含「品牌」、「商業」的特質。在目前的許多呈現上，常常都是以有時間、場域限制的饗宴、裝置、展覽等形式來表達，每一種呈現都是造價不斐的體驗。

若食物的功能性僅是由滿足果腹、提供營養來定義，那麼，能夠參與「食物設計」體驗，則是相當程度的幸福與特權了。所以如果食物設計師能夠把握每個食物設計發生的場合，跳脫單純的故事敘事，把它當做一次表達觀點、促成行動的機會，就可以朝著解決問題的更遠目標，透過體驗觀點及倡議，更深刻的影響每個前來參與的人，共創人類更理想的未來。

Chapter 10 食物設計的形成

說明「食物設計」具體在做什麼、怎麼做，並不是很容易的事。我們實際帶工作坊以及進行設計教育課程的時候，總是希望可以找到簡單解釋的「方法」，讓小學生都能夠認識「食物設計」的輪廓，進而產生興趣，引發動機來「玩」出自己心目中的食物設計作品；又或是透過「食物」的框架，重新建構一個屬於個體觀察世界的視角，而後促使改變或行動。

「食物設計」目前相較於其他領域還是相對新，有很多可以嘗試、實驗以及論述的空間。當我們開始實踐的時候，在研究或是創作上都會參考其他相對成熟的領域，如食物藝術、設計思考、使用者經驗等，從中進行類比交叉思考，推導模式及製作方法。在設計作品的過程中，必須仰賴五感體驗不斷篩選過濾，因此在解釋食物設計是如何形成時，我們最喜歡的比擬方式，莫過於借用原始人類「吃的循環」來回應。

循環中有循環——由內而外，把關環節的連結，把概念具象化，啟發影響

以下請跟著我們一起出發，從原始人「吃的循環」的想像情境，去認識食物設計形成的三個階段，每一個階段分別對應到不同的實踐重點：回應需求、觀察、發現；無形與有形的轉化；影響力。

一、設計前：針對潛在的主題，進行觀察、資訊蒐集、素材初篩

情境一——回應需求、觀察、發現

一個原始人（作品主體），因爲飢餓的「需求」，所以有了想找東西吃的想法作爲「目的」。爲了「回應」這個「需

求」與進食的「目的」，他開始在叢林裡的千百種植物中，尋找可以吃的食物。沒有地圖，他憑著記憶與族人的指點，在尋找的過程中，仔細「觀察」、「分析」周遭的環境、地形、安全與否，繼續前行，最終發現了許多「看起來可以滿足吃這個目的」的果實、植物等不同的材料。在許多植被中，他發現某個未知果實，先是透過原始的感官探索（primitive references），如嗅聞氣味、觀察顏色大小、手捏的觸感；而通過經驗（experience references），他同時回想起，過去阿嬤曾說過這個區域這個顏色的果實可以食用（他人經驗），也想起自己好像曾經吃過類似的果實（個體經驗）。綜合了以上觀察、資訊的搜集，看似零散的資訊變成了有用的情報，於是原始人做出決定，判斷這個果實「應該」可以吃，就把它放入口中。

出現需求▶產生目的（潛在主題）▶形成意圖

以上過程，非常類似我們每次接觸不同題材，構成整體食物設計前的過程。每次作品或案子發生的契機，總是回應一個「需求」而產生了「目的」。有時候，為了業主的委託，以食物設計作為目的，而開啟專案。有時候，出於將自己發掘的議題完成的內在渴求，而產生了製作作品的目的。設計師以原始人的視角出發，同時間也代表著這個尚未成形的作品主體，就是「潛在的主題」。在有明確定義方向與執行方式之前，我們會先觀察圍繞這個主題的相關「資訊」，包含與飲食有關的心理學、人類學、社會學等脈絡。而以食材來說，便是了解作為可食物材質的特性，這些都可以統稱輸入物（input），也都是由資訊轉化而成的情報。

觀察▶蒐集資訊▶探索素材▶初步篩選情報

因為有了需求，所以產生了一個預設的目的，以求滿足這個需求。腦內有了這個意圖（intention）後，便能有意識的為了這個目的開始行動，而不是不著邊際的亂找。當原始人開始在叢林中找尋、採集不同的果實、植物時，就像是我們開始做田野調查及資料調研的部分，蒐集與主題相關（relevant）的素材。這一步，仰賴既有的文獻研讀外，更重要的是像原始人以自身經歷，去感受這些素材。我們常常透過親身走訪、體驗，更全面性的獲得相關資訊。尤其當進入食物這個媒材的文化脈絡，我們需要進到農地、工廠等，或是飲食行為發生的地方，確實的觀察，爬梳這些素材與人、環境有形與無形的關係，並且與了解潛在主題的人開啟對話，以影像、文字記錄、蒐集取樣物件。

因為食物可以吃的特性，我們也會把食材蒐集回來，先行透過自身的經驗以及較為原始的五感接觸，主觀的探索這些材料的適性與推測，同時間與廚師顧問等人討論、實驗這些媒材的潛力。透過感性與理性的交互作用，這些素材採集成為造就後續作品「質」的重要元素。這些採集到的資訊，未必都能夠使用，所以也會在這個階段進行第一次的篩選，另行保留。

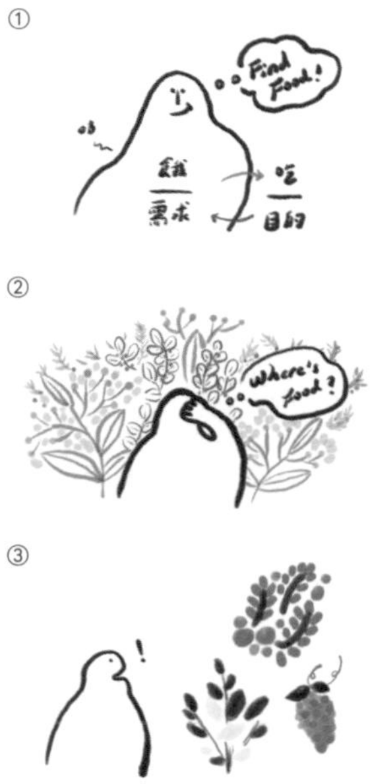

1.回應需求：因需求而產生預設目的，形成潛在主題。
2.觀察：思考並觀察可能的相關資訊。
3.發現：蒐集資訊，爬梳素材。
圖源｜作者繪製

——二、執行設計：整理作品所需構成，將素材設計轉化成預設產出

情境二——無形與有形的轉化

當原始人選擇將果實攝食入口中後，透過五感感知與記憶交織，尤其嗅覺與味蕾的交互作用，將這個情報傳遞給大腦判斷。透過感覺，果實的風味成了最直覺、最主觀、最直接的篩選系統。當果實透過牙齒咀嚼、分解後，吞入，果實正式進入人體的消化系統。一個果實內，不同的物質必須透過酵素分解給對應不同需要的五臟六腑（預設產出），分解後的物質才能轉化成細胞能夠吸收利用的養分，完成回應飢餓的需求，進而完成飲食的目的。當對應的養分進入個別器官之後，果實正式變成了營養，提供給原始人整個身體系統能量往前行。而不需要或過多的養分，則是會變成排泄物，回到外面的世界重新循環。

解構情報與材料▼判斷必要的構成▼轉化成輸出物

以上情境，就是從輸入物（input）轉化成輸出物（output）中間的過程，也就是將取得的材料，透過分項設計無形與有形的轉化（transformation），變成預設產出，來完整作品的表現。這個階段更接近「設計方法的發生」。果實入口後，透過五感，引發主體的想像，有了最主觀的判斷；就像是不同的設計師、藝術家，都有自己對於事物的見解，也許帶有個人經驗、情感故事，又或是相對客觀的詮釋蒐集之資訊，喜惡鮮明的把獲得的情報又再一次篩選，往預設目的前進。

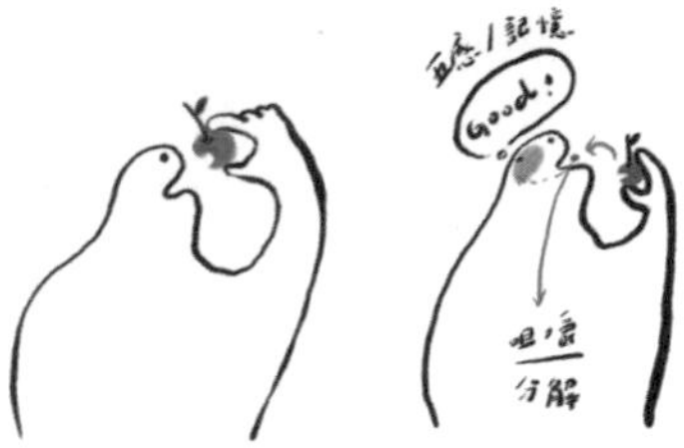

轉化：設計師將可用素材進行無形與有形的轉化。圖源｜作者繪製

而如同人體無法直接自行製造養分，需要透過體內環境攝取、消化與吸收來獲得營養，我們也得將前一個階段蒐集的情報、材料，以不同的設計思考解構，設計轉化後輸出。此時，首先必須仰賴判斷，整理出完成「潛在作品」需要的所有構成，每個構成都像是我們身體的不同臟腑，對於完成作品有舉足輕重的影響。

以設計連結個別環節（跨域整合）▼呈現總體體驗

舉例來說，如果一場食物設計的體驗活動是終端目的，那完成這個作品前的所有預設產出，也許會有平面設計、體驗設計、產品設計等具體的設計執行項目，共同協助整個作品的構成。設計在這裡的角色，除了像是個別器官一樣接收情報後，完成個別專業的設計執行，更重要的是，以設計作為連結，用一個更全面的視角，如同串聯所有器官的血管一樣，為了最後作品完整呈現，整合個別器官的專業產出。這也是我們主要的工作範疇，為了主要的設計主題方向進行必要的跨域整合，提出各式各樣可以完整呈現作品的個別設計執行方向，同時必須尋找能夠合作完成子項目的合適藝術家、設計師共創。

不管是單純為了食物入口而重新設計餐具，又或是為了表現某個故事而設計了可食的物件，這些都不是設計的終點，而是為了讓整體體驗更完整而存在的角色。就像每個器官都不是單獨存在，彼此之間都有一定的連結、因果關係，而連結的品質取決於不同設計師的執行方法。如果其中一個環節不協調，那麼總體作品就算完成了，完成後的「質量」也會有差異。設計就在這無形的連結之間發生，這也是每一位設計師把關的重點。

輔助概念

設計的二元性

「設計」可以在各種產業促成連結，同時也是個別的「設計」產出；它既是動詞，也是名詞。那在作品完成的過程中，「設計」之於食物，扮演的角色究竟是什麼呢？《體驗設計：整合品牌、經驗以及價值的架構》一書，將「設計」於體驗設計中的角色，通過設計的二元性意涵來表達：「設計」作為動詞，「是想像、規劃、和實踐一個想法的流程」；「設計」作為名詞，「更是經過以上方法後的一個結果」。

對我們而言，設計可以是一個服務，綜合理性與感性層次，提供更具有系統性的解決「方法」（method），同時也是洞悉設計方法及設計的技術（如排版的技術、陶瓷的技術）綜合之後的結果。不管是平面設計、工業設計或食物設計等領域，都帶有這樣的二元性。

三、設計完成：將概念具象化，引動感受和意義，促成影響力循環

情境三——影響力

爲了完成這個「吃」的目的，原始人陸續吃進各式各樣的果實。而這也依賴著器官與器官間的默契，順暢的連結合作，篩選消化運輸，自成一個又一個的循環，一起協力提供人類主體養分，維繫生命現象。而隨著攝取的品質，以及原始人本身的健康狀況，慢慢形塑了每個器官個別的狀態和可見形狀。時間軸繼續推進，不同形狀的器官跟內在的健康狀態，慢慢的形塑了原始人這個人內在到外在的樣貌。而這些轉化過後的營養，則是兵分兩路的隨著內在與外在的成形，提供了原始人延伸內在(internal)與外在(external)的力量。內在，不只回應了飢餓的需求，可能也從「感覺」上，帶來了口腹滿足外的心情，產生看不見的影響。而外在，則提供了原始人動能，促發行動，往下一個目標邁進。換句話說，個別器官接收了養分產出能量之後，在相互影響的連結之下，最後「養分」變成「營養」，開始對原始人主體有了作用、意義。

作品由內而外完成▼輸出力量▼作用於參與人的經驗和體驗▼發揮影響力

在我們每次完成作品前，需要把關不同設計執行的「質」是否能夠最好的呼應「潛在主題」（此時通常主題已經相對的明確）。因為，像是個別器官一樣，隨著不同功能、不同轉化方式，都會環環相扣的由個體影響到總體，形塑整個作品產出，這也是概念具象化的必要環節。每一個臟器，最後必須看篩選進來的養分是否「適切」，而未必是最大的「歡愉、刺激」，因為每個臟器得到的養分，最後會塑造出器官有形的樣態，以及看不見的健康程度。例如，在設計一個大主題時，時常會有視覺傳達產物的呈現，若以臟器比喻，臟器最後的外觀，就是視覺風格與造型的呈現，是一目了然的；健康則像是這個視覺「傳達」訊息的品質，是否達意、幽默、清楚，讓參與人能有效理解。

透過整體的主題框架及設計師的整合，作品由內而外的完成了。當每個如臟器般的獨立設計項目開始個別運轉、彼此串聯發生作用，內在與外在都啟動了循環，作品便產生力量（generating power）。而這些力量的輸出（output），就會透過「參與人」的經驗和體驗，開始發揮影響力（impact）。

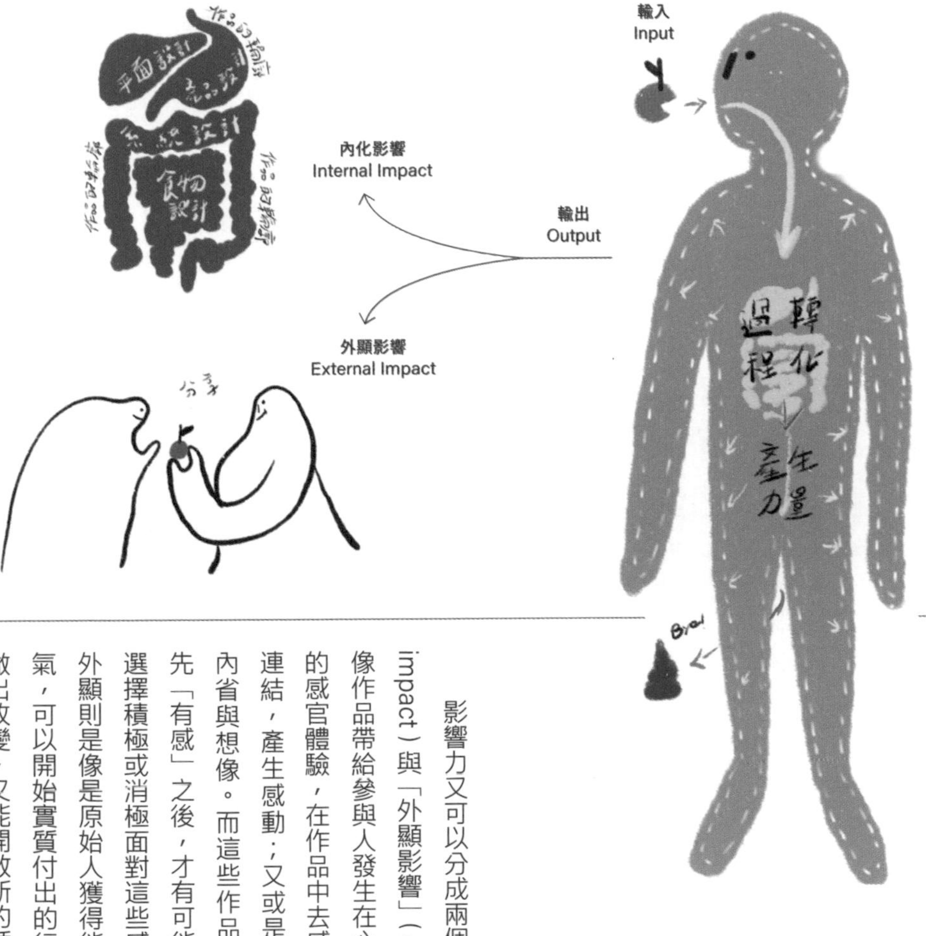

影響力：令人有感的作品可以在內外層次起到作用。圖源｜作者繪製

影響力又可以分成兩個層次：「內化影響」（internal impact）與「外顯影響」（external impact）。內化，就像作品帶給參與人發生在心裡的感受及思考。透過主觀的感官體驗，在作品中去感受，也許是情感連結、記憶連結，產生感動；又或是獲得新知、促進思考，激發內省與想像。而這些作品能夠提供的內在養分，都是先「有感」之後，才有可能達成，而參與者被鼓勵可以選擇積極或消極面對這些感受，產生屬於自己的觀點。外顯則是像是原始人獲得能量後，產生了動能，有了力氣，可以開始實質付出的行動，在社會、環境、群體中做出改變，又能開啟新的循環。

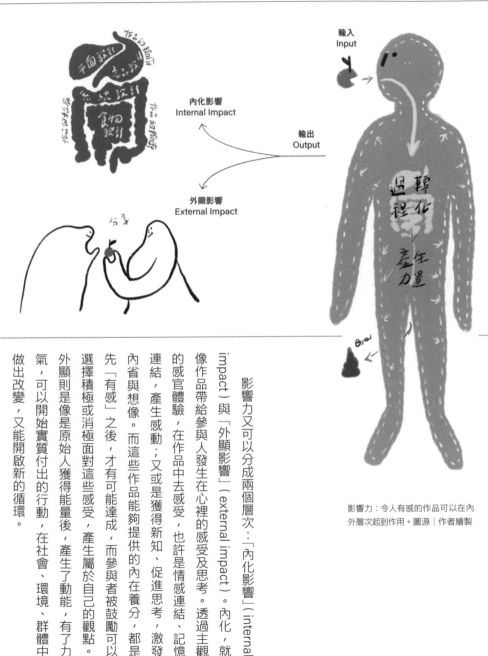

輔助概念

「質」的發生

一個透過設計的終端產出物（production or creation），它的「質」（quality）都是綜合動詞以及名詞意義的「設計」所完成的。對於「質」的觀念，在視覺傳達、建築、產品設計、觀念藝術皆有許多的討論，日本設計師原研哉曾在著作《設計中的設計》中說道：「某個情報在世間被流傳、在某個場所聚集了很多人潮、某個情報強烈震撼了人們的心靈，以及在某個商品熱賣的背景應該都有一股力量在運作。藉由提高『情報的質』而發生的力量，會有加速接受情報這一方理解力的功用。與設計家相關的部分，就是情報的『質』，在控制這個『質』當中，就會產生出力量。」這個「質」的思考過程與發生，對於食物作為媒材傳遞情報特別受用。

因為，透過食物設計，我們全面性的掌握了體驗者直觀通過知覺的感受，不管是直接味蕾品嘗，又或是五感直接接觸，這些感官體驗能比透過文字、影像更有效率地傳達，「質」會更赤裸的跟參與人直接接觸。未必非黑即白的定義「質」的好壞，而是更柔和的探索黑與白中間的可能，更著眼於完成意圖（intention）傳遞的程度。正如同原始人獲得果實帶來的能量後，影響力由內而外的開始發酵。

對於任何想以食物進行創作、設計的人，鼓勵大家可以多練習觀察生活中，帶來「質」的物件、事件有哪些。而藉由觀察、分析其他設計師處理「質」的方式，以及其是否有效的傳達到參與者心裡，也能幫助我們檢核自己的作品，強化「質」的力量。

內外影響▼產生連結▼反饋與修正▼造就循環

在《設計的力量：如何讓百年老牌煥然一新》一書中提到：「想要真正了解設計的價值，就必須弄清楚：該如何把看得見的有形事物與看不見的無形事物連結在一起。」上述的原始人情境故事，從採集果實開始，經過身體消化，最終產出內在與外在的能量，在分解轉化的過程，交錯著有形到無形，大部分的發生未必肉眼可見。

食物設計的形成也是如此，可說是循環中有循環：將有形事物（果實／潛在主題的情報）透過主觀感知判辨，無形化分解、解構（營養／篩選出可用物），而後有形化輸出（傳導到個別器官／轉化成感受、體驗），完成作品主體，但是作品的完成並不是停在實體的結束，而是最後再次進入無形化（給予人類動力促使行動／內化成個別體驗，判斷與改變）的過程。因此每一個專案，我們都應該去觀察、思索如何應用設計思考以及食物的特性，讓創作或是務實的產品設計過程，能夠在不管物質或是精神層面，更「永續」的激發更多漣漪。

對於設計方而言，食物設計作品經過一次又一次的經驗值累積、驗證，與外在交流產生連結（未必只限與人類交流，可能是自然或其他生物），比起其他體驗，能更即時的獲得反饋，予以修正，調整更適合作品的敘述（narration）與產出（production），讓自己的想法、觀點，更有效地傳達，發揮效益。甚至理想上來說，也越來越能夠造就互利（reciprocity）共生（co-existing）的循環。相對於產品設計師過去習以其他工業材料製作產品、工藝創作，以食物為媒材為作品帶來的即時性、親密性特質，容易建立更直觀的連結，是其他媒材難以比擬的。而食物設計的方法，就隱藏在促成這些「連結」的各種可能之中。

輔助概念

有感的素材

原始人在覓食過程中採取的果實，是對不同型態的資訊作為原料的判斷，也是造就最後作品品質的重點。若是採取到有毒、腐敗的果實，可能就會單向性輸出，還沒轉為營養就變成腹瀉結束。這跟目前許多的產品一樣，若未能考慮到循環，素材判斷失準，只會如滾雪球一樣製造出未能收拾的問題；而當一個作品無法引起循環性的互動，則影響力難以發揮，可能走馬看花後瞬間就被忘記了。

想做到準確判斷，建議平時就要下工夫，勤於觀察、思考，去發現會讓你覺得難忘、印象深刻、感動的事物到底有哪些，這些都將成為創作前篩選素材、測試轉化的良好判斷依據，更是能夠說服自己也能夠說服他人的有感關鍵。

我們從很多藝術作品或展演中，透過藝術家或設計師設定的視角、腳本，所獲得的感動、感受、新知，是在有範圍的引導下，經由我們的「體驗」來獲得的感知，我們這些被賦予感受的主體，也能就個人知覺自行判斷這個感知帶來的效益。而以「可食物」為主要媒材傳達概念的食物設計師，在創造體驗與設計產出的感知上，無形中佔有最大優勢：食物是親民而又持續的存在，參與者普遍都對於吃的行為與食物有一定的認識與自己的主觀價值，有利於更直觀更即時的獲得感知，做出判斷與回應。

Chapter 11 食物體驗設計的必要構成

在食物設計領域，產品開發以及系統性的革新，從概念倡議到落實、回收，需要更長的時間、開發資本、法規協調等來完整實驗與驗證。相較之下，「食物體驗設計」（food experience design）由於它的「可商業化」、「倡議」特性、「五感」體驗特質，不但容易為大眾所接觸、有感理解，也能讓更多新接觸食物設計的朋友，可以透過未來的參與以及自己動手設計執行，更容易在生活中跨域實踐「透過食物溝通觀點」。而這也是目前檯面上較多食物設計師讓想像力發生的範疇，透過「食物」與「體驗設計」的結合，以較小規模、保有較大彈性的做法，創造人與人之間的連結、對話、分享的空間，更進一步在這個階段溝通觀點，倡議理想的未來，提出潛在問題尚未存在的解方。

體驗設計，是在設計、商業領域中，相對近代被定義出來的範疇，其概念不只出現在商業行銷、品牌策略業界，也被有效運用在改善產品設計的使用者經驗，讓產品體驗更流暢、更自然直覺。蘋果電腦可謂體驗設計的翹楚，從產品的軟體到硬體，從包裝到店面的服務經驗，都是圍繞著讓消費者的體驗最佳化，以最容易理解的方式設計。無印良品旅館則是透過住宿的體驗設計，聚集想親炙品牌生活提案的人，在這個設定的場域，完整的親自與品牌產品產生互動及連結，創造記憶點，加深對品牌價值的認同與忠誠度。而藝術與設計作品中，也出現了更多透過社會參與式藝術（socially engaged art）、社會設計（social design）等強調體驗特質的創作，邀請觀眾成為展演的一部分，打破觀眾只是被動接收者的角色，著重體驗的隨機性帶來的關係美學催化，攪動僵化的現況，促成改變的漣漪。

體驗的構成，仰賴全面性思考，由大到小，從空間到物件，有形到無形，具體的行為引導、互動設計等。「食物設計」的體驗，常常像是戲劇一般，通過腳本，串聯空間與時間的象限，用說故事的視角，讓在場的每一個物件，在場域、情境、互動中被賦予意義，提供使用者、互動者與創作者本身價值。目前，因為飲食的時效、保存特性，食物體驗設計大多都以餐宴、沉浸式體驗、展覽、演出等時間軸較短形式發生。如果是商業合作，通過食物協助品牌溝通其故事與價值，當商業應用與創意設計碰撞，一定有許多的務實考量，要保留故事核心精華，同時間必須兼顧經濟效益、食品安全、流程順暢以及行銷面的掌握，設想如何將創作者想像中更遠大的意義、觀點、目標、未來食物命題對策，輕盈且具體的置入愉悅情境中，透過體驗設計跟參與者溝通。

面對這樣的創作過程，用傳統的5W1H——什麼時間發生（When）、發生的場域（Where）、為什麼發生（Why）、由什麼構成（What）、有誰參與（Who）、如何發生（How）——來檢視必要構成，釐清事物本質，對於需要全面性思考的食物體驗設計非常實用。

運用「軟模組」思維

5W1H這六個元素，其中最能夠定義體驗本質「核心」的是「為什麼Why」、「如何做How」、「做什麼What」。這並不代表「誰Who」、「哪裡Where」、「何時When」不重要，而是前三個元素能夠在利用結構、保留核心精華之外，還能保有彈性順應突發狀況。此外，即便以「誰，哪裡，何時」為體驗設計發生的必要動機（如：失智老人，小漁村，中元節），仍必須回歸到「為什麼」的本質層面探究（如：「為什麼為了他」、「為什麼在這個地點發生」、「為什麼因這個時間節慶而創作」）。因此，在我們執行設計時，一旦明白定義的「核心」，便可以在執行過程中，透過類似模組化設計（modular），保有體驗發生場域、參與人、材料變化的彈性。讓故事可以更遠播，使感動與影響觸及更多人、發生在更多的場域。

在此，我們特別提出「軟模組」的想法，邀請大家重新看待框架與思考模式。當我們實際在操作、創作練習時，一切並不會井然有序的照理論進行，人類的偏好、靈感及誤判等情況，隨時都有可能發生。事物並不是幾何、固定、非黑即白的存在，而更像是生命一樣，由動態、柔軟的組織所結構，隨著特質比例及程度的不同，有的大，有的小，有的明亮，有的幽微，整體由更多看不到的連結連動構成，隨時流動、改變著。

「軟模組」的思維系統，對於驗證思考脈絡以及執行面，都非常有用，能透過架構的延展、生長，協助我們進一步探究在食物設計上所呈現的本質是由什麼構

輔助概念

食物體驗設計的黃金圈，垂直水平都重要

被許多人應用在品牌思考、商業策略面的黃金圈（golden circle）理論，由勵志作家賽門・西奈克（Simon Sinek）提出。他將「為什麼Why」、「如何做How」、「做什麼What」這三個必要元素組成同心圓的垂直關係，「為什麼」置中，回應核心的價值、目的，經過下一層「如何做」回應執行方法，到最外層則回應具體「做什麼」能夠完成整體事件的構成。這個同心圓的構成，主要是為了在組織結構中，釐清核心意義到尾端的產出，進行雙向驗證，彼此有所連結。

若透過「食物體驗設計」來解讀，三元素之間除了上述垂直關係，還存在著互相依賴、同時間並重並存的水平關係。缺少呼應「為什麼」的概念整合，則作品淪為形式、炫技，沒有靈魂；少了方法，則無法有效組織，土法煉鋼；缺少適合的「媒材」，則淪為形而上，無法被他人所感受、理解。藉由這樣三元素平等分立的圓餅圖結構，我們可以個別再往外延伸，尋找答案，逐步讓這三個元素有形化，構成作品的本體；也要反向將終端有形物往回推驗證，往作品核心靠攏。

這兩個圓提醒我們在設計時要分別做垂直與水平的驗證，一個兼容並蓄探究本質核心的意義，一個平等外擴探索作品實體的輪廓。

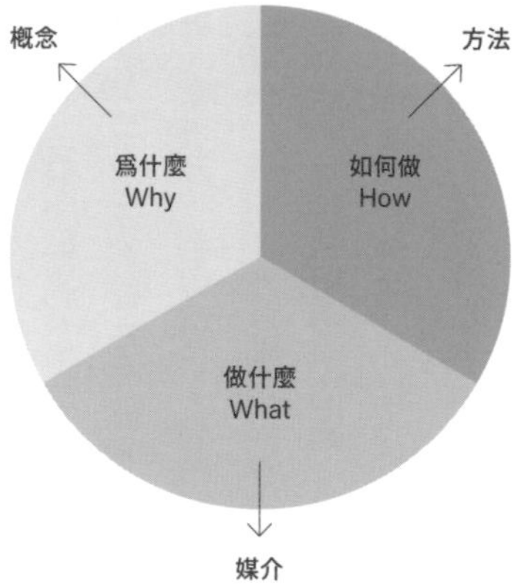

作品身體的生成，三元素平等分立，找到對應的執行方式。圖源｜作者繪製

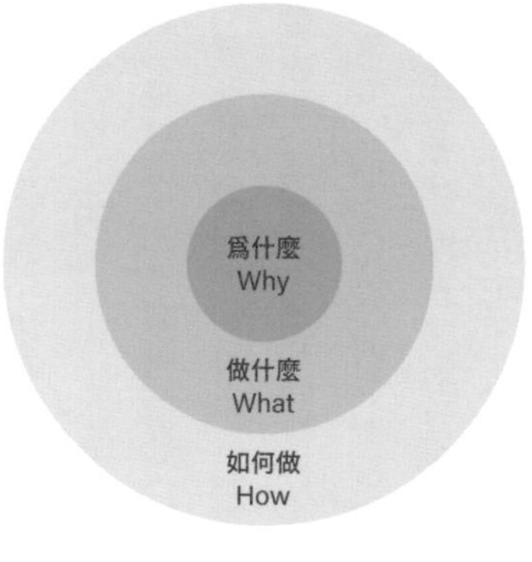

作品靈魂的生成，聚焦為什麼，形成作品的哲學。圖源｜賽門・西奈克「黃金圈」，作者重製

成。「為什麼」象徵「目的」，回應著「需求」，是以概念（concept）作為載體，來承載完成這個目的的意義。而意義的真正發生，則仰賴著「用什麼」以及「如何做」來呼應。在食物體驗設計中，「用什麼」必然是「以食物或與食物有關的媒材」作為媒介（medium），直接定調了產出與概念、主題的相關性。而「如何做」則是對應到方法（method），集結「設計（動詞）過程後的設計（名詞）」，發揮媒介特性，通過概念，適切、誠實的傳達給參與、體驗作品的人。簡言之，「為什麼」、「做什麼」、「如何做」這三個主要元素，點出了食物體驗設計的三個必要構成：概念、媒介、方法，從無形由此朝具體化方向演進，最終完成作品。

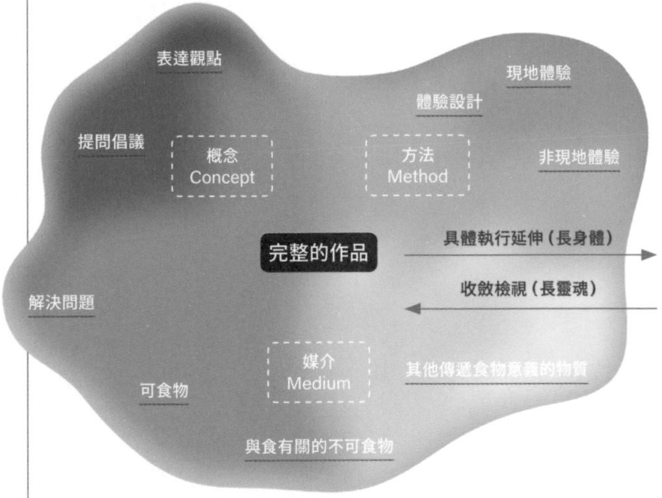

食物體驗設計的軟模組思維系統，作品的型態會隨其中的圈圈元素之多寡、程度、連結有所差異。圖源｜作者繪製

接下來我們將以「軟模組」思維為基礎，探討這三項必要構成，同時結合案例，說明需要特別注意的差異。

設計之概念 Formation of Concept——回應「為什麼」，定位概念的具體目標方向

過去學校的教育中，定義「設計的目的是為了解決問題」，這也是大家普遍對於設計的認知。但是在食物設計的實際經驗裡，我們對「物件」意義的探索、材質創新實驗、在虛構的情境透過推測回應議題，很多時候，我們的目的並不是解決問題，且產出未必是可使用之功能物件；而是透過設計、媒介更進一步的傳達溝通觀點，本質更著重在意義的「溝通」，而非一定要有回饋、起身改變的動作。

食物體驗設計的「概念」其實就像是一個故事的主題，串聯著所有的角色、物件、時空與事件的發生，但是，形成主題的背後，還存在著不同層次的「溝通目的」或「動機」。通常，透過概念的傳達，我們期待著作品能夠回應議題（問題），或者預期促成回饋，甚至希望帶來改變。從這些預期行為的「積極度」（activeness）表現，我們可以將概念及作品產出的溝通目的，做出三個程度上的區別：表達觀點（perception）、提問倡議（advocacy）、解決問題（solution）。

必須提醒，若要達到設計師的作品能透過體驗促成行動這個層次，並不是靠單一的力量，而是必須由許多人提供不同的觀點累積促成，譬如關於探索未來，有的科學家靠實驗、工程師靠研發、藝術家靠創作、哲學家靠思考，多方不斷開啟議題的討論、倡議，進而在後續逐步吸引更多資源投入，不同團隊跨域合作，更積極地促成改變。所以，上述三個層次之間，並非切割分明，而是層層相疊的。觀點表達，未必包含倡議或解決問題，但是無形間會促進行動的積極度增加；倡議，未必能提供解方，但也許包含了觀點以及潛在的解決方法，而這個現未存在的方法說不定會在未來實現，這也是目前許多關於食物的推測設計表現重點；而從解決問題層面來看，勢必包含了觀點以及倡議，因為沒有上述兩者，就無法溝通產出解決方案的必要性，有效的在當下透過設計、生產解決問題。所以，如果回歸到軟模組思維，某種程度來說，食物設計能夠促成的改變越大，則在思維系統圖中，「概念」呈現區塊的比例與顏色會更豐富。

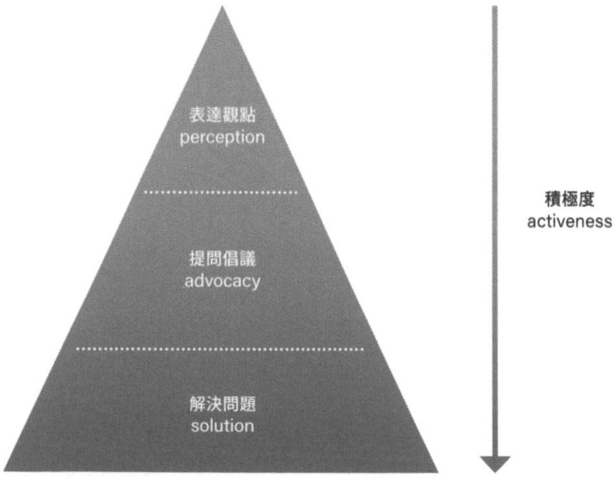

「概念」存在著不同層次的溝通目的。圖源｜作者繪製

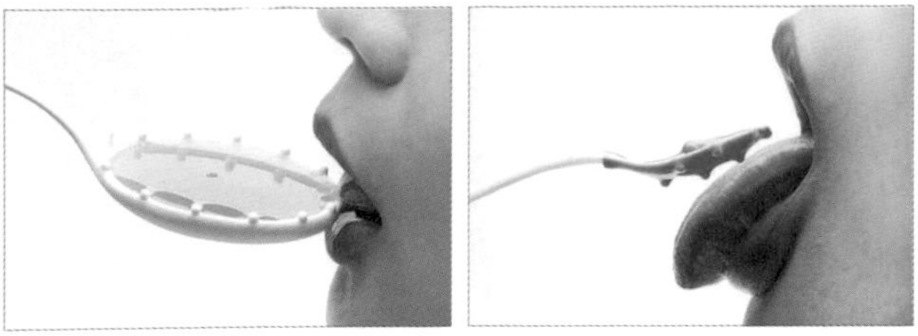

「感官刺激餐具」以體驗為概念。
圖源｜JIN hyun Jeon官網

一・表達觀點

這類作品的概念，有時候更具文化性、社會性，又或是偏向個人觀察、情感抒發，給予參與者的五感感官體驗價值更高。提供的體驗除了已知的「飲食」範疇外，也有更多是觸發感官愉悅的設計發生。

在這些概念目的成形的過程中，並不是以積極解決問題作為前提，而更是細膩的研究人的感受、感官刺激帶來的大腦感知與心理變化。透過媒介與方法，將概念置為核心，以可以互動的物件作為體驗的載體，表達出集體或個體的觀察，具有提供觀者可以繼續探索的啟發價值。

案例｜感官刺激餐具：「體驗」透過概念單獨存在

「體驗」透過概念單獨存在，可以在一些食物設計的產品設計中發現。最經典案例，是探究人類味覺體驗的「感官刺激餐具」（Tableware as Sensorial Stimuli）。韓國設計師Jin hyun Jeon認為，餐具不應該只是把食物放進口中的工具，而可以是身體延伸的一部分。人的舌上共有大約一萬個味蕾，她設計了一系列不同材質湯匙，分別能夠在與味蕾接觸食物的同時，感受到「新工具」與附著食物的關係，同時間帶來的體驗與刺激，讓吃的體驗有更多的想像空間。這並不是為了解決問題而形成的作品，而是鼓勵大家探索更多人類未知的知覺經驗，突破習以為常的既有模式。

案例｜世界鬧鬼高峰會：挑動對現象的感知

若以較有規模的體驗設計來看，另外一個有趣的案例莫過於二〇二〇年萬聖節，英國食物設計雙人組邦帕斯&帕爾，在倫敦的標準（The Standard）飯店舉行的「世界鬧鬼高峰會」（The Davos of Ghost Hunting）。他們邀請知名靈媒通靈，連結這幾世紀來最有名的幾位「已故」調酒師，並請這些「看不見的朋友們」提供自己帶到墳墓內的祕密調酒配方，由酒吧調酒師創意解讀，與現場的參與者分享這些穿越時空的獨家酒水。他們也集結網路上飯店鬧鬼評論，完成出版物《旅遊訂房評論的鬼故事集》（Ghost Stories of Tripadvisor），並且邀請對於「鬼」有想法的學者、心理學家、作家、表演者

「世界鬧鬼高峰會」請靈媒召喚鬼魂提供祕方再製成獨家調酒。圖源｜Bompass&Parr 官網

等，一起在現場朗讀。讓大家在這個充滿魑魅魍魎的節慶，跨越維度，一起輕鬆地慶祝。

他們觀察到，隨著二〇二〇年新冠疫情開始升溫，在醫療研究、社會研究上也發現越來越多「迷信行為」的發生，相信或是聲稱自己看過鬼魂。活動與談人之一心理學家斯圖爾特・維斯（Stuart Vyse），在自己的書中曾提到，「日常迷信的主要目的是在缺乏控制的情況下提供一種控制感」。而他們出版這本書也呼應了這個論點，大家透過撰寫評論來得到某種控制、可預期，真實反映出現下萬事皆不可預測的時空背景。他們並不是在批判迷信行為，而是藉由觀察「鬧鬼現象」、「飯店場域」以及「人類評論行為」，發現了與飲食、文化信仰、現在時空脈絡之間的連結。將這些看似無形，但確實存在於我們每天生活中的現象，透過輕鬆卻能專注的小型聚會形式，藉由情境場域的氛圍以及故事設計的帶動，挑起在場參與者的好奇與恐懼的感知，讓這些具有個人觀察、反思的觀點，變成輕盈有趣的互動體驗。

◇◇◇◇◇

這些作品回應「為什麼？」的方式，其實就是將任何一個觸動藝術家、設計師的觀察，透過概念與主題的設定後，圍繞著想要傳達的意念，建立腳本、說故事方式，設計形塑成引人入勝的難忘體驗，以期達到「當體驗展示者的工作消失時，體驗的價值卻彌留延續」[1]。

設計師、創作者透過作品給予參與者的體驗感知，都是真實發生、真實感受到的，重要的是，在短時間的作品結束後，參與者回到現實世界，可以獲得什麼新的觀點？這也是目前許多「沉浸式」體驗設計著眼之處，觀者在參與過後，因為親自體驗，以及概念題材的親密度，留下了深刻印象，不只是走入創作者的視野，也帶著因這些體驗而來的「禮物」，重新回到現實生活中。

1｜引自《體驗經濟時代》（The Experience Economy），約瑟夫・派恩、詹姆斯・吉爾摩，經濟新潮社，2013。

「70%餐具」讓人不得不慢慢吃，達到倡議效果和改變的實現。
圖源｜cychedelic官網

二．提問倡議

不同於單純表達觀點，提問倡議，透過「概念」串聯感知，目的是希望引起更多共鳴促成行動發生。在這類設計中，務實的功能性並不是物件被創造的目的，而是要導入提問，以倡議回應，激發改變。

具有倡議特質的概念設計，能夠為我們帶來「更中意的未來」（preferable future）。所有的未來並不是在未來發生，而是當下我們做的任何事，都會改變未知未來的結果。提出這個概念的是《推測設計》（*Speculative Everything*）一書的作者安東尼·鄧恩（Anthony Dunne）與菲歐娜·拉比（Fiona Raby）：「概念設計的主要目的之一，便是在完全由市場驅動的設計之外，提供另類的脈絡。這是一個思考的空間，試驗構思和理想的空間。」

推測設計某種程度上透過了設計師的想像以及實踐力，提供了更長遠而非短視的解決方案，透過批判性思考回應更多尚未存在的問題，又或是透過未來的隱喻，構思出鼓勵大家在「此時此刻」做出改變的設計。

這樣的倡議類體驗作品，若運用有趣且詼諧的設定，有助於讓人們更直接的接觸議題。而且，透過五感感知體驗，參與者一旦有感、留下印象，更有可能進一步促成在生活中落實創作者所訴求的觀點，牽動改變；又或是以概念出發，邀請科技慢慢開發，追上設計思考的腳步，不斷驗證這些理想推測，探索能夠提供的永續解方。

案例｜70%餐具：破壞功能性的倡議

英國設計師安卡·庫拉·辛（Onkar Kular Singh）的「70%餐具」（70% Cultery），看起來像瑕疵品，他故意將餐具削弱三十%的功能，湯匙挖了洞，所以邊喝會邊漏湯，使用者只能慢下速度，把食物吃完，同理也應用在叉子與刀子上。這個設計提供的服務不在完整的功能性，正好相反，他企圖以「不便」，點出現代人吃飯總是又急又快的共同問題，直接破壞本來被期待功能性的物件來倡議。他從觀察人類行為層面，透過這個餐具概念，表達觀點，促成改變的體驗實現。有趣的是，這件作品除了達到倡議目的，也實際成為產品銷售，在他的日本代理商網站，用圖表強調吃東西的速度快慢與BMI值的關係，可說是無形中可以讓身體與心靈同保健康。

案例—大鯖魚夢工廠《找魚展》：
海洋食物的永續推測

二〇二〇年，我們為宜蘭大鯖魚夢工廠設計的《找魚展》，也是透過概念設計，來傳達品牌永續漁業的理念。我們提出許多未來海洋食物的推測，並邀請韓國藝術家Myungsik Jang協助予以視覺化。例如〈喜食部位〉（Preferable Cultured Mackerel），我們推測未來科學家能夠在實驗室的人工培養皿中創造新的魚肉組織和新的風味，鯖魚的不同部位可依消費者喜好，組合成不同的型態與味道進入海鮮消費市場，同時也讓生產過程更具環境永續性。又譬如〈膠囊鯖魚〉（Mackerel Super Capsule），目前，英國公司Nufood已實驗出食物3D列印設備，使用者可以在家輕鬆利用3D食物列印機，製作各種「食物膠囊」，尤其現今的生物科技已經可以以合成或提煉再造的方式取代食物本體，在可見的未來，或許鯖魚風味的膠囊就會出現在我們的餐桌，有著客製化的營養成分，還能減少食材運輸的體積與消耗。雖然目前科技尚無法還原推測設計中的食物作品，但是在推測、概念的呈現後，科技總是能夠慢慢的驗證、追上，到最後造成改變。

這類的概念作品，雖然無法讓參與者用「吃」直接體驗，但是設計師可以透過類似的食物組織結構，仿真模擬，也許借助模型、也許類比風味，加上概念展演脈絡設計，琢磨五感體驗，讓體驗者感受到彷彿置身未來。

《找魚展》是倡議海洋食物永續未來的概念作品。圖源｜作者提供

案例—肉眼見未來：
科技可以解救人類和大自然危機

斜槓哲學家、科技研究專家的荷蘭藝術家柯特．凡．曼斯沃特（Koert van Mensvoort），推廣運用科技

培養皿餐廳See-Through Sashimi計畫。
圖源｜Bistro in Vitro

《肉眼見未來》回應人類與地球存續議題，探尋人造肉的潛在未來。圖源｜nextnature.net

以取得人類與地球雙贏，時常以不同的媒材，將哲思具體化為創作。回應飼養肉品動物的食物道德與環保議題，二〇一六年，他以展覽《肉眼見未來》（Meat the Future）提出對「人造肉」的趨勢想像，從一個未來流行文化的框架往回推測，如果這些「肉」普及後，會帶來哪些食物的變化形？

他先與廚師、生物學家等組成跨領域團隊，以輕鬆風趣的方式，推測了四十五種可能的料理，出了一本未來的《人造肉食譜》（*In Vitro Meat Cookbook*）。其中例如「編織牛排」（Knitted Steak），目前，生物組織肉的生長與列印，肌肉組織會受限於生物本體的大小，這些肉的纖維，也許會需要像是織品纖維撚線一樣，製作成長長的生物纖維，他們推測未來，在食物的工藝上，會不會加入許多老奶奶的獨家編織絕活，把肉當作線，在廚房裡面慢慢編織成厚實的肉排。

為了讓參與者能直接體驗，不光靠眼睛來想像風味，創作團隊打造「培養皿餐廳」（Bistro in Vitro），提供所設計的四十五道菜色。首先，透過網站入口，將他們想像中的人造肉運用方式以視覺呈現，讓大家評價，還很幽默地保留了一個二〇二八年才能開始預訂的按鈕。而在實體展演中，則透過仿真的模型，讓這些概念實體化。最後，他們打造了一輛人造肉的冰淇淋車，將不同的概念變成六種不同口味的冰淇淋，邀請現場參與者嘗鮮。而作為一個兼具倡議與教育性的創作計畫，他們也舉辦了比賽，邀集其他對這個議題有興趣的人，提出創作，共襄盛舉。

這樣具倡議特質的概念設計，其用意正如柯特・凡・曼斯沃特在二〇一六年TED演講所說的：「預測未來是不可能的，我們能做的更像是雷達，找尋潛在的未來，讓夢想與惡夢更容易觸及，一起構成我們真的想要的未來。」

——三．解決問題

食物產生的相關「問題」，大至全球暖化、世界糧食危機、剩食浪費、碳足跡，小至可能是解決水果餘料應用、食品銷售或是提供地方振興的方法。解決問題的概念作品結合「表達觀點」、「提問倡議」兩者的特質，倡議也許能夠呼籲改變，但提出解決方案來回應問題，則是直接以行動促成改變，是更務實的設計。也許，著重效益，會壓縮幻想空間，但是我們依然可以透過體驗設計，讓「問」與「答」，不斷經由體驗創造的過程，藉「回答」的動作代替尋找唯一的「答案」，讓「改變」可以越來越鮮明地在世界上發生，回答的對象也可以從個體、群體、人類、大自然等慢慢擴展。

透過互動體驗設計帶入亮點，解決銷售的問題，或是透過「解決問題」的概念結合成功的體驗，這樣的食物設計已經有很多產品先例。若從產品開發的商業視角切入，像是佐藤大領軍的Nendo所設計的幾個巧克力產品開發案例（參見P.70-72），不僅搶攻視覺，也透過感官體驗與行為過程帶來的趣味性，讓人產生想購買、想食用的慾望，有效地促進銷售及曝光度。

關於飲食促成解決問題的實踐，應用在地域活化領域，我們看過很多人透過社區以及地方小農社群共生，利用已知的工具及方法，直接參與，為人類找出新的共存方式。運用創意結合食物設計與地方創生思維，創造新的溝通方式，可以期待透過產品的重新開發或是有意義的完整體驗，帶領消費者或對議題有興趣的人，認識隱藏在背後的風土文化。

概念驅動改變的設計，除了促進商業銷售，也有機會解決更多問題，開發出新的商業模式。必須注意的是，概念產品若想突破倡議層次，在設計的過程中，也要將經濟效益一併納入考量。改變，必須透過一定程度的規模化，保持生產效益，具有循環，不只給予也有回饋，才能更永續的創造、共榮。例如前面〈食物系統設計〉章節提過的「東尼的寂寞巧克力」，便是在商業規模上直接做出看得到的影響，自成一個具有永續意識及系統性的商業模式。

概念與體驗的結合能夠解決問題是最理想的，但是，要兩全其美，通常需要相對應的資金、人員、開發技術等，才能更有效的將對未來的遠見，慢慢落實到生活中，讓人人都能夠輕易接觸，成為親民的存在。

香料蠟筆搭配特別設計的著色本，為「剩餘料」創造新的價值與教育意義。圖源｜Makuake官網

IKEA未來生活設計實驗室Space10提出「明日肉丸」（Tomorrow's Meatball）計畫。圖源｜Space 10官網

案例｜香料蠟筆：香料剩餘料升級再造

香料在產品製作的過程中，與蔬果等食材一樣，會有許多邊餘料浪費的問題。於是，日本香料食品公司House與以「蔬菜蠟筆」聞名的Mizuiro公司合作，利用香料在很多文化中可以拿來當天然植物染的原料特性，製作成無毒的「香料蠟筆」。除了能夠直接拿來畫畫外，香料自身的顏色，也加強了感官對不同香料的認識。為了進一步讓體驗完整，他們也設計了著色本，讓使用者在透過五感直接體驗食物設計產品的過程中，還能了解這些香料的原產地、運用方式等教育資訊。

這個產品積極解決了「發現剩餘料」的問題，透過設計，讓剩餘料不只回收（recycle），而是「升級再造」（upcycle），創造新的價值。雖然不能吃，但是透過體驗結合五感，賦予了教育的意義，也成為可以讓創意發生的工具。值得一提的是，這個產品在初期透過募資超過四百萬日元（大約九十七萬台幣），顯示結合概念與體驗的問題解決方案，的確需要一定規模的資金才得以支撐設計的實踐。

案例｜未來香腸&明日肉丸：因應未來人類蛋白質類食物短缺

「未來香腸」（The Sausage of the Future）是瑞士洛桑藝術大學（ECAL）研究生卡洛琳・尼布林（Carolien Niebling）的研究計畫。製作香腸，是人類已知數世紀、不分國籍保存肉品的方法，在回應未來人類蛋白質類食品短缺的預測下，引用祖先智慧還有成熟的加工技術，不但可以達成設計師希望的減少未來肉類的使用，也可以加入其他替代蛋白質的食材，像是蟲、水果等，增加口感及風味。著眼未來的概念，必須著手於當下設計，目前，設計師已經開始跟量產香腸加工廠合作研發，開發未來其中幾種品項進入市場的可能。二〇一七年，她在義大利米蘭設計週衛星展（Salone Satellite Milano）中，透過不同的媒材、解剖結構模型、書籍等完整展示她的設計過程與階段性成果。

在類似訴求下，瑞典傢俱品牌IKEA的未來生活設計實驗室Space10也提出「明日肉丸」（Tomorrow's Meatball）計畫，希望透過超越文化認知圓型球體的視覺語彙，將未來食物的可能一一呈現，例如以可食昆蟲替代蛋白質、3D列印、剩食集結等創意方案。

可望商品化的「未來香腸」，回應未來人類蛋白質類食物短缺的推測。圖源｜Écal官網，© Emile Barret（上）、Damn Magazine（中）；Carolien Niebling官網（下）

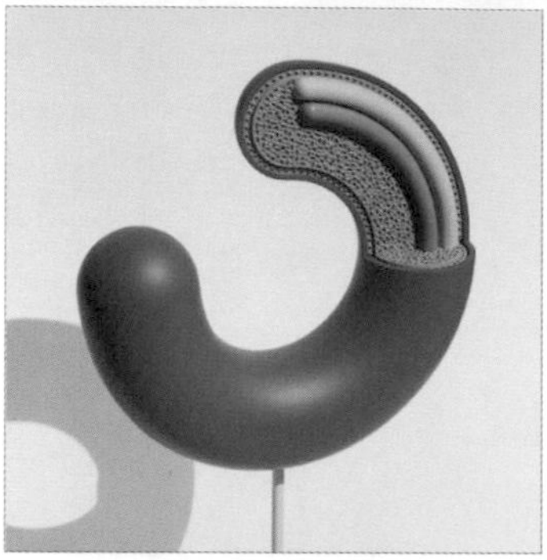

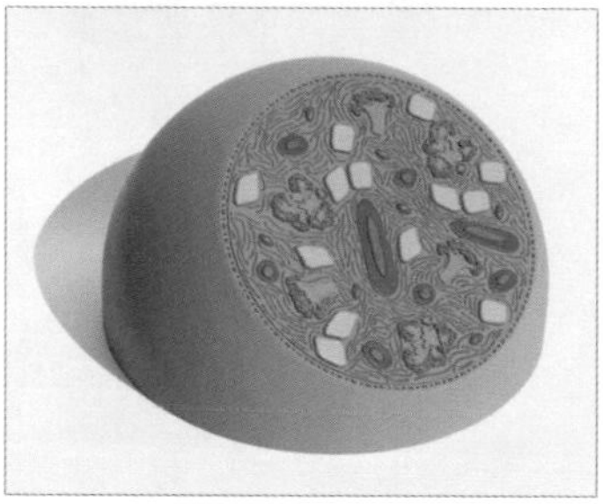

案例一 3D食物列印：改善被照護者的飲食體驗

我們常常在醫院或是安養機構中，看到病患或不方便吞嚥的長輩被餵食流質食物，又或是直接插鼻胃管。某種程度上，對於有意識的人來說，沒有人希望以這種方式攝取營養，取代食物原始帶來的感受。滿足物質效率的飲食照護，真的無法照顧到人心理層面的需求嗎？發現了這樣的需求及問題，在二〇一〇年，德國的食物科技研發公司Biozoon，將概念與現有技術結合，透過3D食物列印，客製個人化風味、質地、健康的分量，開發出目前最能被「負擔」的平滑食物。不同的設計，可以讓長輩、病患重拾飲食的感知，改善體驗，不用隨著老化、機能退化，失去好好進食的生活能力與愉悅。另外，搭配服務設計，將智能管理導入，目前，在德國已經有超過一千家的安養機構採用了這個產品來服務長者。歐盟也投資了三百萬歐元以上，在現今高齡化社會中，更全面的改善長照系統的飲食問題。

這個食物設計解決方案，在概念意義上，突破了個體性、地域性，以普世人類現況作為核心，結合技術實踐，察覺心理以及感知因素，直接在現今人類的生活中產出，促成改變。

Biozoon的3D列印食物改善了被照護者的飲食體驗，兼顧營養需求。圖源｜3dprinting.com

◇◇◇◇◇◇

表達觀點、提問倡議、解決問題，這三個不同層次的概念，能夠概念先行分別帶來結果與影響。若要訴求「改變」，則背後需要許多個體、群體、公私機構等全面性力量加入，才有可能掀動人類飲食的革新。

當食物設計師實際接觸不同產業時，往往需要打破合作方既有的「設計僅是美化」的偏見。事實上，「設計」可以扮演遠見與科技的橋接，透過設計體驗等，設定可能的目標以及可以改變的事。由過去的設計經驗來看，其實我們一直不斷的在嘗試與錯誤中學習、進化。運用在食物設計上，設計方與食品製造端，都必須練習更有耐心，放下求速成的心態，以更循環的設計方式，思考從產地到終端的成本；而成本重要之處不只是金錢上的付出與回饋，還有眾人對於地球的責任。透過設計與其他跨界專業不斷交流修正，讓產品可以帶來超越收益外的利他效益，讓設計離開設計師之後，獲得這個設計的業主也能夠繼續執行下去，並且找出新的變化形，讓創意突破倡議，因更有序的延續性，持續的改變社會。

從前述的案例，我們可以看到，食物體驗設計的實踐現在尚未飽和，還有很多實驗與創新的空間，許多人也正著手在挑戰。「改變」的理想，仰賴「設計教育」持續加持，務實面來說，也需要更多的業主有意願主動打開視野、心胸，信任設計可以帶來的新價值，與設計或創意提供者展開交流，以概念作為核心、目標，一步步突破框架，創造更多周邊效益，讓良善的改變與影響力得以最大化。

設計之媒介 Formation of Medium——回應「用什麼」，確立作品的主要具體媒介

區分「食物設計」與其他類別設計，媒介，是很直觀的重要判斷依據。我們可以使用食物作為媒介，不只是有形體的可食物材料，也可能是與食有關的物件，又或是作為傳遞食物有關經驗的意圖載體等。

而利用食物創作、表達概念，在藝術史上，出現在二十世紀觀念藝術（conceptual art）思潮中，藝術家們紛紛跳脫傳統材料手法，開始使用會消逝、腐敗的食材做為表現的一種媒介，回應政治、環境等等的社會性議題。在那個食物設計還未成形的年代，開啟了食物藝術的新領域。例如，德國行為藝術家約瑟夫・博伊

〈可食城市I〉透過可食物媒材與吃的行為，彰顯了城市公共性。
圖源｜Walker Art Center Archives

約瑟夫．博伊斯的作品Joseph Beuys capri-battery以食物為主題。
圖源｜pinakothek-beuys-multiples

斯（Joseph Beuys）有許多作品都用食物為主要創作媒介，諸如檸檬、蜂蜜、馬鈴薯、牛脂等，完成了許多社會雕塑（social sculpture）。而具有建築背景的奧地利前衛設計團體Haus-Rucker-Co，曾在一九七一年發表可食地景作品〈可食城市I〉（Food City I），以美國城市明尼亞波里斯為原型，利用蛋糕、糖果、果乾、糖霜等，在約高達二到四公尺的範圍內，在美國沃克藝術中心（Walker art center）館外廣場，建起了一座食物砌成的城市模型，並在表演開始後，邀請觀展的居民一起吃掉，直到表演結束。整個展演期間，作品自然的在廣場形成了一個臨時社區，參觀者圍繞著作品吃吃喝喝，開始有了對話與連結，為場域創造了新的公共性。當年這類以食物為媒介、打破傳統的跨域前衛創作，無形中奠定了後來出現的食物設計地基，如今，我們已經常常可以在美術館、電視節目甚至是餐廳，體驗到具有以上特質的食物設計。

現今，在食物體驗設計案例中，實現食物設計意義、完成食物作為媒介的物理特性，主要可以分成三個判別點：可食物（edible object）、與食有關的不可食物（non-edible but relevant object）、其他傳遞食物意義的無關物質（non relevant material for expressing food matters）。

一．可食物

只要生而為人的一天，我們都仰賴可食物提供營養與生存的能量。對於「食物」這看似理所當然的存在，在此，我們更想討論的，是解構既有飲食文化的產出，或落在已知飲食脈絡外的其他可食物。

關於前者，我們可以在目前的精緻料理（fine dining）以及許多食物設計餐宴中觀察到，但想深入其中，就必須認識「脈絡化材質」（contextualized material）的觀念，意指使材質脈絡化，使其在一個情境中象徵意義，成為傳遞故事、概念、觀點之物。情境可以是架空虛構的，也可以是有其文化背景來源。

案例一電馭和菓子：吃進氣候的變遷

日本傳統在製作、創作和菓子時，總會注重「旬」（しゅん，當令的意思）的概念，讓食物的顏色、造型及食材，都能呼應季節時令。但是，隨著全球暖化，季節的變遷越來越不鮮明，又或是大型天然災害無可預測。日本公司Open Meals於是以此為概念，設計了一

「電馭和菓子」回應生活中的氣候變遷議題。
圖源｜Open Meals官網

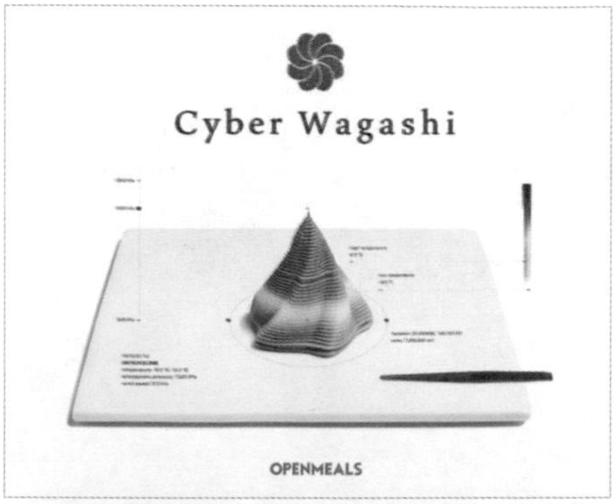

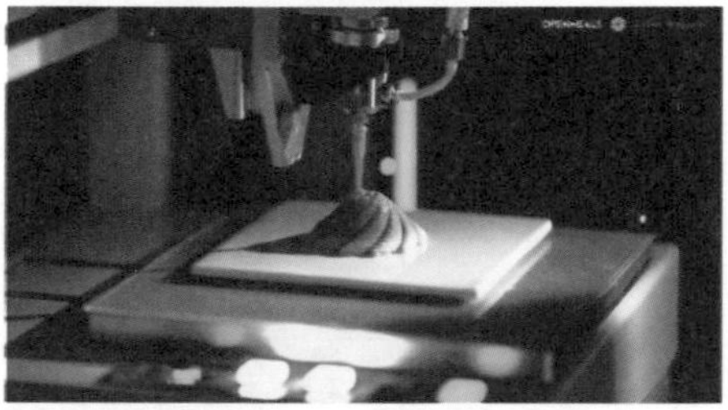

系列的「電馭和菓子」（Cyber Wagashi），將近代每一年極端氣候數據中的風速（密度）、氣壓（高度）、氣溫（顏色）分別視覺化呈現在和菓子上。例如，歷史上觀察到最熱的夏季和冬季，及未來極端氣候的推測。這個設計，除了本身機械的革新，在文化語彙轉譯上，由視覺便可以直觀感到震撼，一目了然這些年的變化。當你吃著和菓子，你吃下去的可是象徵著過去、現在與未來日本的氣候變遷，透過食物作為媒材，好好認識這些影響著我們每一天的因素。

案例｜Eataipei：透過食物的展演體驗領略風土文化

對於擁有多元文化歷史的台灣，你會以什麼樣的方式透過食物告訴別人我們是誰？在二〇一五年，台北與倫敦設計週合作，由設計師曾熙凱與建築師吳雅筑共同策劃《Eataipei》食物設計展，與主廚蔡中和合作，透過五個主題五道菜，介紹隔年即將成為世界設計之都的台北。不管是地貌與歷史轉譯，又或是愛唱歌喝茶的文化，結合食材以及造型，透過概念與故事營造直觀的五感體驗，邀請在場對於台北的風土民情有興趣的人，以吃作為楔子，認識我們引以為傲的島嶼和城市。

《Eataipei》以吃的體驗設計作為認識台北的楔子。
圖源｜wdc2016官網

案例｜SPAMT：將可食物轉變爲現成容器

食物的容器、包裝，在第一個既定印象中，我們想到的大概是塑膠、陶瓷、玻璃等不可食材質。但是看看大自然及先人的智慧，椰子將果肉與水分包在果殼中，香蕉透過外皮把籽保護在果肉內，先人以葉子包裹食物如粽子等，二十世紀初出現用餅乾甜筒盛裝冰淇淋……，人類在追求「便利」的同時，是否也可以不用多製造浪費與汙染，並能潛在的為食物增添風味，或是增加飲食樂趣與口感？

〈SPAMT〉用番茄來裝麵包，邊吃邊上網方便又美味。
圖源｜food-designing.com

食物設計先驅馬蒂・吉塞在他最早的作品〈SPAMT〉回應了這個提問。一九九〇年代，隨著電腦科技日益發達，為了有效率的吃飯，人們逐漸開始在電腦前面完成進食，一心二用下來，一不留意就導致食物灑落，造成問題。馬蒂・吉塞觀察到這一點，於是把西班牙傳統Tapas中把蕃茄丁放置在麵包上的料理，反過來倒裝，將番茄開洞變成容器，把麵包丁裝進去，吃起來就不會掉滿地。看似單純的動作，卻是設計思維的體現，因應情境趨勢，改變包裝或容器需求，同時間解決問題又能保持美味。

二・與食有關的不可食物

不可吃卻又與食物有關的物品有什麼呢？從我們目前的飲食脈絡來看，人類為了滿足裝載、保護、保存、運輸、交換、製作食物原料、加工品、料理等需求，而產生了包裝、容器皿、餐具以及各式各樣的工具。這些物件的出現，一開始都是基於功能性考量，更重要的是，必須承載可食物。舉例來說，以促進商業銷售來看，在當代包裝設計案例中，必提的經典是日本產品設計師深澤直人的香蕉汁包裝，透過直觀的果皮內包含新鮮水果的經驗，直接反映在產品包裝上，在完成銷售與保存運送的功能性時，也彷彿暗示著裡面的果汁就像水果一樣新鮮，利用食物本身的特色，透過包裝的視覺溝通，傳遞給消費者。另外，服務較為極端環境的案例，

2｜「形隨機能」（form follows function）爲德國建築師路德維希・密斯・凡德羅（Ludwig Mies van der Rohe，1886-1969）提出的設計主張。

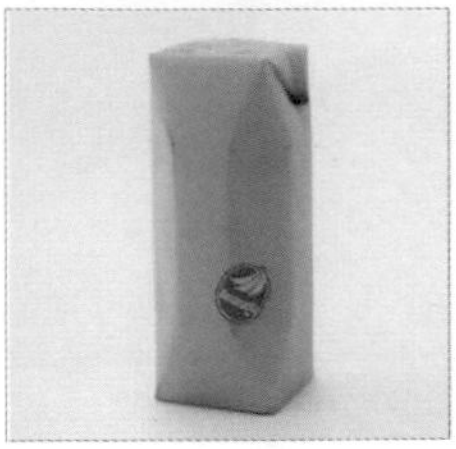

深澤直人設計的香蕉汁包裝反映果皮內為新鮮水果的直觀經驗。圖源｜https://www.toxel.com

設計師Ed Jones、Insiya Jafferjee、Amir Afshar和Andrew Edwards共同開發出如紙一般的龍蝦殼容器（Shellworks）來取代一次性塑膠器皿。圖源｜Dezeen官網

可以看到NASA為了太空人在無重力環境下進食，必須設計一系列的特殊容器，提供他們吸食。

在現代一般生活中，我們可以隨時發揮創意製造開放定義的容器，未必一定要服務某個媒介、材質才有存在的意義與必要性。但是，在過去，食物容器確實是因應特定需求誕生的，即所謂的「形隨機能」[2]，這也奠定了人類文化中的工藝發展。工藝，其實就是古代的科技，不管是陶瓷、玻璃、竹材或其他的天然材料，許多物件都是為了採集或是製作食物而生。這些與食有關的物件，隨著服務機能驅動需求也好，又或是美感或是個體差異帶來的變因，慢慢地透過認同、共識演變成集體的文化語彙，形成了兼具美感及功能的工藝。

一九六〇年代過後，塑膠等便利、便宜、耐用的材質出現，逐漸取代了工藝在常民生活的功能性。由於取得飲食的方式工業化、系統化，在現代人講求方便與效率下，不管是批發又或是點餐外送，都習慣使用石化材料等新材質，保存、保護食物的核心不變，但卻直接導致了當代許多的環境問題，也帶來目前與食有關的物件之核心課題：如何解決已造成環境破壞的問題，並且找出永續的解方？而我們常看到的面對方式大致有兩種：①開發更多可分解的材質來製作食物包材或容器，像是提煉藻類、龍蝦殼作為3D列印容器材料，又或是利用廚餘製作餐容器。②開發更多可以反覆使用的產品，並且在生產過程中重視碳足跡等製造與回收的循環流程，像是蜂蠟紙取代保鮮膜。這些透過設計來積極面對的做法，都還有許多進步空間以及問題存在，需要更長時間透過市場的回饋，來驗證何種方式可以提供環境更多的永續價值，同時也符合人性行為需求。

由於食物本身對於個體的感知意義是主觀的，在食物的體驗設計層面很重要的觀念便是感官化材料（sensualized material），根據線上「小小服務設計字典」（A Tiny Service Design Dictionary）定義，「感官化是將個別五感體驗總合在一體經驗的方法」。以食物設計來說，就是利用不可食物件能夠帶來的感覺的特質，與可食物相輔相成，讓食物物質通過媒介提昇體驗，促進味覺、嗅覺、視覺、聽覺或觸覺與進食的關係，以增進五感體驗賦予感知意義。另一方面，這樣的不可食道具也承載食物的物理特質，像是氣體、粉末等等，能刺激體驗者對於事物的聯想。

與食有關的載體與工具，除了原始服務食物的保存運送需求，也具有一定的社交、文化意涵，可以扮演改善行為與關係的重要媒介。在食物體驗設計中，我們時常會衍生出一些物件來輔助體驗及行為的發生。因為在傳達社會文化意涵層面，比起主觀意義的食物本身，藉由與食有關的器具促成的行為、體驗來引發感受，更容易催生直接產生反思的機會。

案例｜Totomoxtle：以設計加值玉米的循環經濟

費南多・拉波斯的「Totomoxtle」以墨西哥本土品種玉米的殼葉為原料。
圖源｜WGSN官網

本書前言曾提過，在生產玉米中常常被浪費掉的玉米殼葉，是啟發墨西哥設計師費南多・拉波斯（Fernando Laposse）創作「Totomoxtle」系列作品的起點。墨西哥以往有非常多品種的玉米，不同的大小、長相、顏色，是過去當地原住民仰賴的糧食也是經濟作物，為該國飲食文化不可或缺的重要原料。隨著全球化及工業化耕種，由於這些特色物種的可控性低，逐漸被淘汰，改選擇相對生長平均、營養、糖分足夠的品種栽種，卻造成生物多樣性（Biodiversity）的浩劫。於是，費南多・拉波斯在研發作品時，特別聯手當地農民、社群、世界最大的玉米種子庫，將過去二十五年間消失的墨西哥本土品種，重新復育成功。

「Totomoxtle」是將這些不同品種與顏色的玉米殼葉，熨平後製作成一系列的鑲嵌材料，能應用在牆面裝飾或是任何平面需要拼接製作的設計，透過雷射切割以及視覺設計，成了可以客製的模組系統。由於形色美麗，讓世界重新注意到這項天然材質，也吸引了商業訂單。不僅當地復育品種的玉米可以在菜餚中重新出現，進入消費者市場，也讓剩餘材料進一步透過循環經濟思維和系統的建立，在美學及經濟上發揮最大的效用。

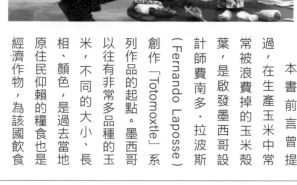

案例｜Proef：還原飲食的感官體驗與意義

共感於失去飲食能力之人，只能任由營養液注入身體，無法再體驗到飲食帶來的樂趣，產品設計師露易絲・克諾伯特（Louise Knoppert）開發了一系列道具「Proef」，希望這樣的體驗設計可以為這些人還原一些食物帶給口腔特殊的味道與感覺。例如一個製造泡沫的餐具，細柔的泡泡會在舌尖上慢慢破掉，刺激感受。又或是道具上特殊的紋理，可以按摩口腔，讓不同物理特性的液態食物停留口中，找回被剝奪的感知，還原食物最原始帶來的愉悅。這一系列富有詩意的作品，不只將不可食道具的功能感官化，同時將承載味道的可食物媒介賦予感知意義。這樣的不可食道具所帶出來的意義與感受，根本來說，都是主觀的，可以由創作者定奪「質」的共感程度，也可以由參與人自由想像，非常適合應用在需要互動特質帶出感受的體驗設計之中。

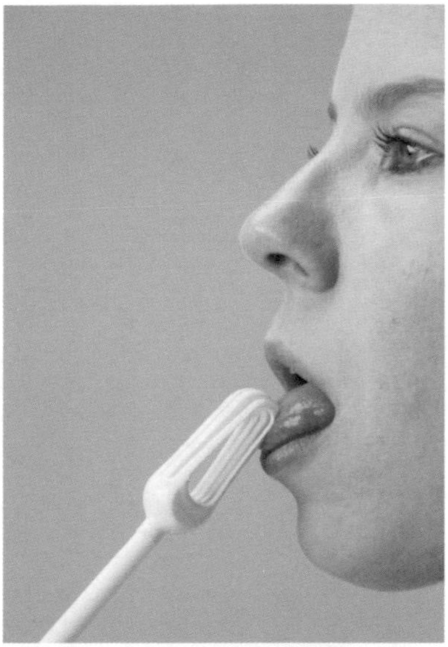

不可食道具系列「Proef」還原食物帶給口腔的特殊感覺或味道。圖源｜Louise Knoppert官網

案例｜一起吃的食譜：讓行動附著在器具促成感知

究竟什麼是美好的一餐？丹麥設計師約漢娜・易柏（Johanne Ib）對許多丹麥人做了調查，發現社交能夠帶給現在孤獨、寂寞感強烈的社會一些安慰。於是，她透過參與式設計與劇場理論，深刻的將「讓我們一起吃」作為畢業製作〈一起吃的食譜〉（A Recipe for Eating Together）的核心。以「食物作為社交黏著劑」的思維，有意識的實驗，製造一系列四個主要物件體驗與儀式，借鏡劇場，透過行為互動，讓參與人真正的「一起」吃飯，而不是像我們平常聚在一起各吃各的，重點也不是吃什麼食物，而是由「關心」（care）、「時間」（time）、「在場」（presence）、「感知」（senses）四個「食譜」構成。

這四個結論，是由她一系列的實驗以及原型製作的反饋而得。她邀請受試者，製作之後體驗會用到的幾個道具的客製化陶瓷模組。在兩人一組的實際體驗活動上，她設計了四種體驗道具，邀請參與者以此一起互動飲食。一種是「眼罩」，帶給某些參與者在許多陌生人的場合一些遐想及舒適的隱匿性，雖然不便取

設計師約漢娜．易柏重新詮釋「一起吃」，讓行動附著在器具上，促成感知的發生。圖源｜Designskolen Kolding官網

食，但是能增加互動與感知體驗。第二種是「陶瓷義肢手指」，將陶瓷製的義肢器官綁在手上取食，雖然是透過自己的手完成動作，但是異物感強化了感官體驗。第三種是「夢想」（靈感取自國王派以及幸運餅乾，為隱藏訊息或驚喜的載體），裡面隱藏的訊息成為開啟話題很好的方式。最後一種是「長匙」，餵食的匙面，是由參與者個別製造，並且套裝在對面的餵食對象的長匙柄一方，兩人必須在互助的前提之下，才有辦法舀起湯食用。

參與者表示，透過這些帶有挑戰性的互動，好像又重新認識對面的人。這個作品，經由體驗設計串聯，讓行動附著在器具，促成了感知的發生，重新建立人與人吃飯的儀式與連結。除了對人的行為與體驗的實驗性，研究成果也有潛力催化更多當代社會需要、打破冷漠的媒介。

——三．其他傳遞食物意義的無關物質

以非與「食物」有關的媒介去傳達與食物有關的議題，這樣算食物設計嗎？基於它的意圖（intention），就我們的觀點來說，是的！我們更傾向在概念思考上藉由適切媒介落實食物設計精神，透過設計動作創造，回應溝通的目的，未必執著於以食物媒材為主體。也許，這個傳達媒介會觸及紙本、影像等非食材媒介，例如二〇一五年「食物與人——Daily Food Outfit」的計畫，但是繞了一圈，便是會回歸到食物上。更重要的是透過該媒介，傳遞信息的「質」。人是經驗性的動物，必須透過體驗才能習得新知，藉由與食相關的體驗設計，通過不同「人」對外感知的刺激或是習得，歸納出自己的經驗而產生「意義」。很多食物設計的作品，在現場體驗或是產品使用體驗完成後，便是以「訊息」（a piece of information）的形式，儲存在體驗者的腦中。

食物常常是一個大系統產出的結果，而造就這個系統的本質，依然是以「食為目的」進而開發出各式各樣的機械、科技來應用。一個食物設計作品，需要複合各種媒介，層層堆砌，相互依賴襯托，可以是單一存在，也可以是規模擴增。結合了概念與媒介，設計的動作，便有了方向與材料，可以構成整體作品。

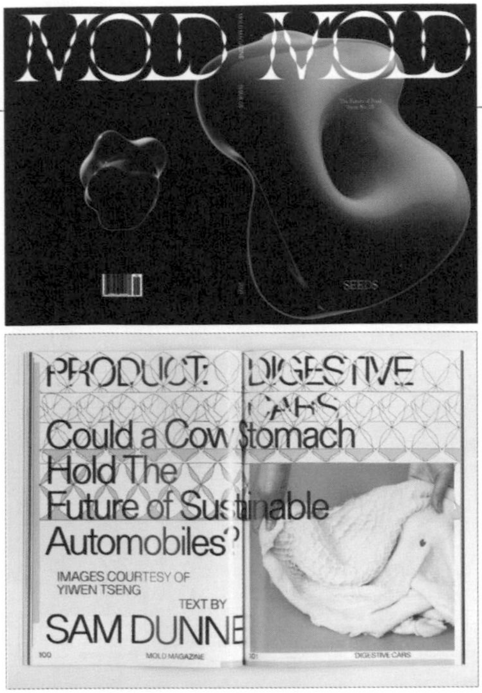

《MOLD》雜誌透過紙本媒介傳遞食物設計的多面向可能。
圖源｜Mold Magazine官網

案例｜MOLD：探索以設計改變食物系統的力量

第一本回應食物議題的雜誌《MOLD》，透過紙本與線上媒介傳遞，以概念性主題、影像創作、編輯策略，串連許多在食物設計相關革新上的實踐與願景，涵蓋領域從餐盤內到餐盤外，包含系統性革新、問題解決又或是透過設計體驗促成行為，在意義上突破視角，跳脫「食物作為功能性之物」（單純溫飽提供營養價值），貼近與「食物」有關的本質。

目前，在歐洲已有許多食物設計組織，像是巴塞隆納未來食協會（Foodture Barcelona）、歐盟科技研究院食品創新計畫（EIT-Food）等等，它們分別透過不管是網站平台分享最新作品、教育課程、廣播節目、思辨論壇、未來白皮書等方式，來溝通跟食物有關的訊息。不同的媒介，讓食物設計變成重要的資訊情報，向外傳遞，讓更多人有機會認識、參與。科技的演進，不只促成技術與體驗層面的革新，我們也能從AR、VR虛擬影像、互動媒介，重新認識食物與我們的關係。更多的實踐，是在我們回應「用什麼」時，心繫著傳達的意圖，著實選擇適切的媒介，進而創造出更多適切的「方法」，才能成為體驗設計構成的助力。

設計之方法 Formation of Method——回應「如何做」，對應的設計方法與具體執行

回應食物設計「如何做」的方法可以有無限多，它可以是「系統設計」，通過系統化的設計流程，循環的

回應媒材以及概念帶來的問題；可以是「視覺設計」，透過色彩、平面動態造型包裝資訊，來傳達意義，回應概念；又或是「產品設計」，基於媒介發生的問題或是生產需求，透過3D建模，列印打樣來找出量產的解方。許多時候，食物設計案會包含了一種以上的「如何做」方法，大多以複合或是互相包覆的方式呈現，少有單一存在的，例如，系統設計中有產品設計、平面設計，體驗設計中有包裝設計、產品設計等等。就像概念、媒介、方法三者互相依賴，層層交錯相互輔助。

一個作品的完成，不會只止於概念的完成又或是媒介物理材質的製作完成，還包含發生在中間組建的設計過程，以及後續與資訊接收者的互動上，如此才能更全面的將作品的層次完整呈現。而以食物為媒介的作品，更能讓參與者經由親自體驗，專注於「當下」與「互動」，帶來更多感受性，直觀接收創作者的意念。然而，當體驗的發生受限時，概念的呈現如何保持完整性？我們可以看到二〇二〇年以來隨著COVID-19疫情升溫，許多仰賴現場體驗、表演、人與人接觸的事業都面臨了關閉或轉型的挑戰，這是侷限，也是刺激我們創新的機會，思考食物設計的五感體驗可以如何突破「當下」與「互動」的限制。或許利用當代開源（open source）的思維、新的商業模式，又或是利用虛擬新媒介串聯，以不同規模、型態的體驗設計，來體現同樣的概念與詮釋媒介能夠帶來的意義。

——讓體驗變成難忘的經驗

我們在生活中所有的「體驗」，不管好壞，都是構成「經驗」的一部分，兩者的發生，有著「有形層次」與「無形層次」的差異。「體驗」的發生，通常是經歷物理型態有形與無形的感官體驗、事件，隨著過去到未來完結，依附著時間而存在，為物質性的體現，屬於「有形層次」，是可以透過設計來創造的事物，也是設計師著重的工作項目。而「經驗」，則是「經歷體驗」後的習得。由於體驗的完成落在未來，主體隨著時間線性經歷體驗後，能察覺五感感知的意義、習得的知識、轉化成的回憶，構成主體的「經驗」，而經驗隨著時間還會有相對的改變及詮釋，是心理層次更主觀的體現，落於「無形層次」。任何人在沒有他心通的特異功能下，很難全然地站在另一個主體的主觀上，完全了解其在體驗之中的習得。

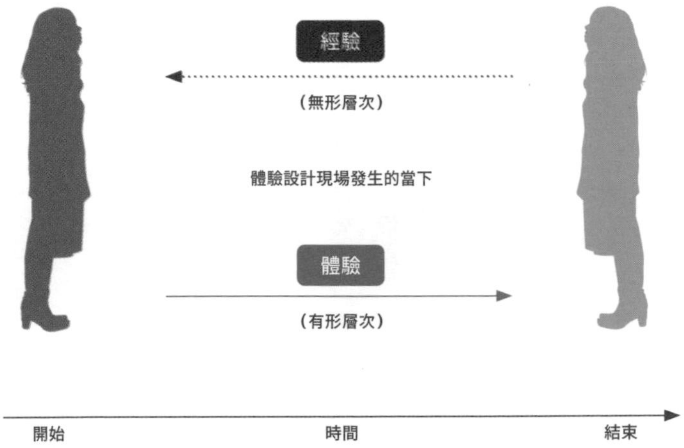

「經驗」是「經歷體驗」後的習得。圖源｜作者繪製

精準預設反覆驗證

只是，即便是物質性的體現，同一個設計帶給參與者的體驗也不會一模一樣，正如《體驗經濟時代》一書所述：「體驗事實上是當一個人達到情緒、體力、智力甚至精神的某一水平時，意識中所產生的美好感覺。結果是，兩人不可能得到完全相同的體驗，因為任何一種體驗，都是某個人本身心智狀態與那件事之間互動的結果。」在食物設計中，參與者的「經驗」，更屬於不可控的因素，如果是以可食物為媒介，參與者的身體狀況、偏好等都會直接改變他的體驗。

面對這樣的不可控性，我們能做的，是不斷訓練自己有足夠敏銳度，能以較為細膩心理層面的預想完成構成，更積極的從自身的主觀經驗抽絲剝繭，換位思考，去推測同為人類最有可能的感受。經由行為心理學、研究分析，又或是個人體驗習得的經驗，作為設計反覆驗證的依據，再透過體驗，促成可能的對話，得到回饋後，調整每次的設計，逐步做出更多精準預設、更能切中核心的作品或產品。

融合劇場美學

由於食物體驗設計的創作常運用到如空間、時間、腳本、演員等戲劇元素，有一個領域值得我們特別關注——劇場美學（scenography），英國劇場設計家潘蜜拉・霍華（Pamela Howard）對其做了清楚的定義：「劇場美學是在一個作品中，由空間、文本、研究、藝術、演員、導演與觀眾無縫合成而成的。」道破了一個劇場性作品的發生，游移在物質與非物質間。食物的跨域性特質，讓食物體驗設計更容易結合劇場美學手法，藉每個人每天都會有的「與食有關的行為」，將概念體現於場域以及細膩的互動體驗，在不同媒介互相襯托下，帶給參與者吃的感官體驗，同時促成更擴張性的關係連結、反思，讓體驗有機會變成難忘的經驗。

——靈活運用現地與非現地體驗

食物設計的體驗，可以簡單的以「體驗」發生的場域之規模及位置來做分別：現地體驗（on site），非現地體驗（off site）。這對於我們的設計以及規劃「如何做」，有著非常大程度的準備差異，主要會影響到時間及規模，也連帶牽動到人員配置、經費、食材保存、場地、設備、工作動線等其他環節。兩者各有特色，設計師可以思考如何適當運用，創造參與者和體驗之間有意義的連結。

現地體驗：

❶ 限制特定時空

現地體驗著重的是「限定於特定時空才能發生的體驗」，例如食物設計的餐宴、展覽、另類實境遊戲（Alternate Reality Game，簡稱ARG）等等，馬蒂・吉塞仰賴太陽才能開業的餐廳就是一個很明顯的例子（參見P.152）。

❷ 體驗發生的主控需求高

大多食物設計師、創作者、策展人的作品，尤其著重可食媒介者，完全仰賴當下環境空間、媒介與他人產生互動等特定的時空限制條件，才能完成。這類的食物體驗設計，設計主事者對於作品體驗發生當下的主控權需求相對高，非常倚賴隨機應變、危機處理，做好場控。

❸ 共同經驗的載體

現地體驗形態更容易打開專屬個人的「經驗」，促成所有參與人們產生了「共同經驗」，透過互動交流達成共感，豐富作品的體驗層次，成為共同經驗的載體。在這樣的特色下，場域與時間的拿捏，都需要精準計算，更直接的比喻就是劇場，隨著時間軸，情節的發生、故事線恰到好處的節奏，都需要反覆排練、修正，不只是把食物端到客人面前而已。

而若可以將體驗，以模組系統化的方式設計，釐清體驗中每個節點所需的要素，則有更多的機會可以創造出「沉浸式體驗」，或是有效率的安排更多場次，讓更多人有機會體驗到。從務實面來說，則是有助於攤平場地的建置、人才的培訓、產出的腳本、設計的成本等支出，在經濟效益上營造更高的回收。

❹食物現做課題，仰賴專業廚藝人員

現地體驗若牽涉到可食物，就必須仰賴專業廚藝飲食工作者，不管是在現場把關食物安全，又或是透過顧問形式提供服務。而因為食物可以在預期的短時間內使用完畢，不妨利用這個特質，帶入更多「新鮮」、「限地」的飲食元素，作為互動的基礎式。

非現地體驗：

❶不受制於特定時空

非現地體驗著重的是「不會受制於特定時空的體驗發生」。體驗發生的場域相對濃縮在較小的載體，不需要工作人員就能獨自完成。舉例來說，一些體驗組（kit）、禮盒、食玩，甚至是仰賴虛擬媒介特質的事件（例如開源3D列印、線上串聯遊戲）。在我們生活中其實蠻常見到的，像是考古巧克力，拿一個錘子跟尖錐物，慢慢的把裡面的恐龍骨頭模型取出；又或是健達出奇蛋、麥當勞兒童餐，使用者透過手中相對小的場域範圍，讓驚喜隨著體驗出現，還可以帶著走。

❷體驗發生的主控需求低

非現地體驗的食物設計，設計主事者對於作品體驗發生當下的主控權需求相對低。就算借助影像、聲音來精準示範或引導，參與者的操作，在體驗發生當下還是有很大概率會發展成各種變化型，相對難以預測。但也由於結果的不可預知性，容易為體驗帶來客製化的獨特渲染力，很值得思考如何善加應用這個特質。

❸適應當代媒介，產出的多元特性

不受特定時空限制的體驗，很適合如社交媒體等當代媒介。二〇二〇年，全球新冠疫情爆發時，英國的食物設計雙人組邦帕斯&帕爾便改以非現地體驗方式，做了許多未來推測預報及線上比賽。他們也集結了眾友人

〈頹廢DIY〉是透過網路串聯的非現地食物體驗設計。圖源｜Bompas&Parr官網

及網路之力，以〈頹廢DIY〉（DIY Decadence）命題，與網友一起找出許多「與飲食有關」愉快度過居家隔離的方式。

利用當代媒介，突破地域及時間的限制，設計師提供的未必是創新或解決方案，有可能是提出有趣、好玩的點子服務人們，發揮心理療癒的功能；又或是利用開源、共享的精神，讓他人接著繼續發展，讓這份體驗成為全人類的共享資源、價值。

❹ 食物保存課題，仰賴食品加工專業

非現地體驗若有可食物作為媒介，則需要考慮到食物安全的保存，建議在設計上，能夠與可靠的食品製造商顧問合作，找到最適切、健康的保存方式。雖然，不能像現地一樣，能夠直接面對面體驗整體設計，但是伴隨個人性的特質，非現地可以成為自我學習體驗的發生場域。

——建構軟硬體的流暢結合

「引導」體驗的發生

當然，以體驗發生場域的規模與發生位置來區分，只是幫助思考的一種方法，更重要的是以規模為參考點，去發現圍繞在這個規模框架內，體驗會聚焦於哪些部分。例如，較小規模的體驗，可能涵蓋五感感知，以及參與者雙手張開方圓內的所有互動；較大規模的體驗，則可能更著重整體氣氛、情境體驗的鋪陳，也可能包含小規模體驗當中，個別的五感能夠造就集體五感什麼樣的影響。而這些設定前提，不分規模大小，都仰賴對體驗者的「引導」，而不是「指導」。「指導」固然可以直接明確點出要去的方向，但是我們觀察到，許多我們認為最好的食物設計作品，都是把體驗的指引隱藏在視覺、觸覺等感知當中，透過五感，又或是富直覺性的引導，讓體驗者可以自然而然流暢地完成在完整體驗中的角色任務。

佐藤卓於東京21_21設計美術館（21_21 Design Sight）策劃的《Design Ah》展覽中，在「觀察」展區，打造了一個日式便當的裝置藝術〈酸梅的心情〉，中間挖空，參觀者可以把頭伸進去飯裡，由於日本傳統便當常常在飯中間放一顆酸梅，當人把頭鑽進洞中，就能體驗一顆酸梅看到的世界長什麼樣子。正是透過不同的視角，我們得以從與自己不同的角度，投射經驗，設身處地的想像，開啟共感。在體驗的設計過程中，設計者自

身需要先做到這樣的換位思考，精準預設互動行為，進而才有可能引導參與者在體驗當下也能夠換位思考，溝通作品的概念。許多想傳達的觀點或倡議，如果是採指導的方式，直接用「我告訴你應該怎麼做」，常常造成反效果，不易被理解；但是，如果巧妙地引導，「邀請你實際站在這個角度看看，你自己判斷」，則能更有感，並能鼓勵所有的參與者形成自己的看法，突破角度，透過食物的體驗設計，產生同理心，而後做出良善的判斷。

建置故事腳本與場景硬體

決定好體驗發生的場域後，便能著手聚焦需要完成的範圍，繼續延伸作品的各種細節、關係、互動、出發視角等等。除了概念性、媒介的應用外，如同戲劇一樣，在實際體驗與經驗發生前，一定要有軟體（故事線腳本，無形產出）與硬體（場景內，所有的有形產出）的建置，各司其職，相輔相成，無形到有形照顧著「體驗」的發生，這仰賴設計師確認過程的所有設置必須流暢，提供參與者最適切的經驗。

在特定場域發生的體驗設計，可以在情節上虛構、架空，幫助體驗者進入前，抖掉腦中的現實世界煩惱，再進入情節想像中身臨其境。而體驗的發生，則是仰賴互為表裡的有形過程／硬體（現場空間動線）以及無形過程／軟體（故事、體驗發生節點），巧妙的結合兩者後，便能完整建構出食物體驗設計的基礎框架。

營造橋接轉折的儀式性

而在所有的故事篇章進入狀態前，有一點很值得注意，像是電影轉場般，常常會有一些較為緩衝的漸入畫面，體驗設計也一樣，需要製造一些緩衝地帶作為轉折，在故事情節中，扮演橋接的角色。設計者可以透過一些動作、空間營造的儀式性，讓參與者感知的期待感提升或改變，轉換慣性的節奏，做好準備，銜接進入故事的下一個章節。這樣的轉場對於硬體的配置及故事線的鋪陳，都是很重要的關鍵，有助於掌握體驗的細膩節奏。

如果少了橋接轉折的情節，故事會缺少一些關聯性，這也是在將抽象故事應用在實體體驗中，常會因為場域限制而發生的情況。而這個不足，則有機會透過工作人員扮演類似引導者的角色來彌補，就像是電玩遊戲中的NPC（Non-Player Character，非玩家角色）提供闖關線索一樣。設計者的任務就是在這些橋接地帶，透過人或是不同資訊的引導，為參與者指引體驗的方向。

目前許多實體「沉浸式」體驗，都帶著類似的體驗特質，經由大主題的串聯，聚焦幾個著重溝通的意義，不管是透過五感體驗，又或是多元媒介的輔助，借助參與人之力，成為故事情境完成整體故事的一部分。

◇◇◇◇◇

任何一個作品的構成，絕對不只是框架內反覆驗證合理性、套用各種設計方法公式就能夠完成。其中有更多像是靈感等不可預期、細膩的個人觀察，都將如畫龍點睛一般，又或是點與點之間看不到的虛線，能夠帶給作品更豐富的體驗層次與連結。更抽象的說，造骨肉之於造靈魂。

——如何策劃一場食物體驗設計展覽？

案例 「找魚展」：

從軟體到硬體的設計思考歷程

接下來，我們將帶大家真實走一遍作品的原始設計旅程，包含了軟體及硬體的策劃建構過程。這個半虛構性質的案例原本是為宜蘭大鯖魚夢工廠而做，當時，參觀第三代轉型觀光工廠，第一次真真實實的看到我們平常吃的鯖魚，是如何在工業製程下被準備完成，撲鼻氣味隨著冷風及視覺震撼帶來了難忘的經驗。雖然「找魚展」在現實中沒有被完整實現，實際作品最後改為濃縮版，但如此的落差，體現了設計規劃的原則：現實隨時在變化，能回應核心問題，找到概念想傳達的價值，才能有變化的彈性。希望透過我們創作體驗的設計思考歷程，有助於大家更具體理解概念、媒介、方法在食物體驗設計的運作脈絡。

Step 1 定位作品設計基礎

- **概念**｜在大鯖魚夢工廠這個具有商業及飲食特質的特定場域，在與食有關的範疇，帶領大家穿越文化性的認識鯖魚的由來以及永續漁業的眉角。（回應「為什麼Why」）
- **媒介**｜結合五感體驗展覽設計及食物設計。（回應「用什麼What」）
- **方法**｜體驗設計。（回應「如何做 How」）

思考點：站在誰的角度談永續？

永續的本質，在於循環。在人類愛吃海鮮的大量需求下，過去不環保的大量捕魚方式，大的魚、小的魚，通通落網。在台灣東岸，開始越來越多人使用定置漁網，透過特殊的漁網設計，讓小魚能夠游出、長大，並且適量捕捉，盡可能地讓海洋生態永續。不過，我們是站在誰的角度落實永續呢？是人類的角度？還是海洋生物的角度？我們身而為人，真的有辦法理解魚的需要嗎？除非投胎為魚，以魚生存，不然在我們有生之年應該只能靠想像來揣測魚生。我們發現到這個觀點後，便以此作為初步的基礎，開始發展整體體驗的設計。

Step ❷ 規劃故事線

思考點：想帶給參與者什麼樣的體驗？

我們假想魚的觀點，提出「人魚共生」概念，如夢似幻的霧，猶如預示催眠進入一場魚之夢，讓我們（消費者）都成為鯖魚，放大五感檢視周遭環境所有關於海洋的事。邀請所有到場的參與者，換上魚的視角，穿越海洋，經歷捕撈，進入工廠，來到人類的餐桌。寫實的透過鯖魚的眼睛，透視熟悉的海洋，以第一人稱身分游過人類飲食進程。

Step ❸ 建構故事情節（體驗的發生）和硬體配置

思考點：如何引導體驗者在想像的情節中身臨其境？

我們把魚的一生依故事時間軸線分成Ⓐ海洋、Ⓑ工廠、Ⓒ餐桌三大區，隨著故事線的進行，各區之下再依序細分出章節場景，透過空間、動線、物件等有形過程形塑體驗，並且特別留意章節的銜接轉折。在正式進入魚之夢的體驗前，也設計了Ⓞ儀式性互動，幫助體驗者調整心情，準備進入情境。

Ⓞ 跟著引路人準備入夢——

思考點：如何具體賦予角色，轉生成魚？

為體驗開始前的緩衝，也就是從觀光客變成魚的過程，具體的賦予角色。透過票券設計的方式，讓每個參與者都會獲得一頂魚型帽子。集合後，走進體驗前，會有穿著白色工廠服的引路人，像是孟婆一般，帶領參與者走到轉生體驗的起點。到了入口，便讓魚兒（參與者）自由進入探索。

A 海洋｜第1章｜我們都是鯖魚——

思考點：如何營造能讓五感沉浸的深海氛圍？

深深的海洋，晦暗中伴隨來自遙遠海面的波光。鯖魚在海中，總是群體擁擠而快速的移動，畫面壯觀，常常像龍捲風一樣掃掠而過。以此為靈感，視覺上，空間的色調逐漸由近而深遠的暗了下來，伴隨著微微的幽光，忽明忽滅的映照海中魚群身上。而魚群，除了人被賦予的新角色外，廊道的兩側佈滿一：一真實大小的軟魚模型，模擬魚的觸感，擁擠的演繹海中真實的畫面，人們必須互相有默契的輕微推擠才能穿越。聽覺上，取樣海洋水流動的聲音。嗅覺，則是利用當地盛產的鯖魚柴魚與風扇，散播修飾過鹹香的海腥味。隨著故事線軟體以及硬體的搭配，刺激五感，如身歷其境，穿越眼前的人造海洋。

A 海洋｜第2章｜一網打盡？——

思考點：如何轉換情境，預示大魚小魚的不同命運？

隨著光線漸明，漁網現形。大魚逐漸落網，而小魚游出，開始了兩個不同經歷的故事線。靈感來自於定置漁網的特性，而正如實際捕撈時的狀況，模型中的大魚與小魚，隨著情節需要，在空間兩側，在裝置藝術與動線的配置下，分別引導著參與者進入不同的資訊展覽中。這個場景的設定扮演了過渡空間，轉換情境，預示、橋接下一個故事的發生。

A 海洋｜第3章｜小魚的故事——

思考點：如何透過小魚導入對在地永續漁業的認識？

像是電玩遊戲中的支線任務一樣，伴隨著冒險的過程，總會有些有趣的小插曲。當小魚脫網而出重回大海，隨著故事線，來到工廠所在的南方澳漁港「一日游」，窺探當地悠久的鯖魚產業歷史、慶典、地方故事，以及定置漁網捕魚法與永續海洋環境關係的科普知識。

A 海洋｜第4章｜大魚的故事——

思考點：如何傳達有關鯖魚的基礎知識？

大魚因為漁業需求，被捕獲集中入網。對應到故事線，此時此刻，參與者的角色，猶如靈魂出竅般，看著肉身往下一站邁進。隨著展覽體驗對應的資訊延續目光，開始認識鯖魚種類以及相關的基礎知識，例如不同的產地環境、海域溫度造就的肥肉比例、肉質的特色等等。由於台灣生活中常見的三種鯖魚的花色非常容易辨別，因此讓這三種特色花紋放大成一面牆的互動性裝置藝術。而大魚與小魚之旅在此重新匯集，準備進入下一個章節。

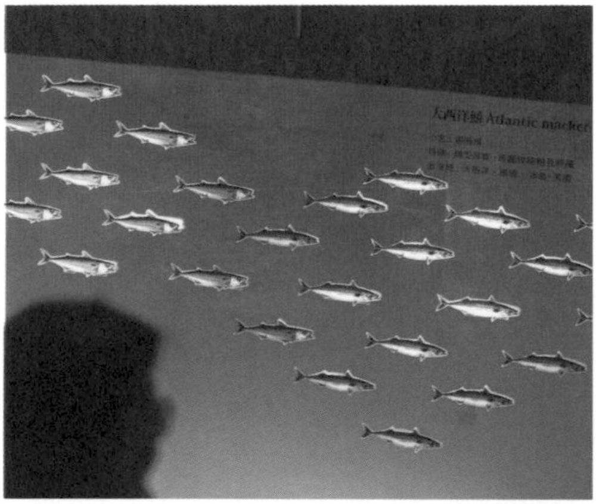

認識鯖魚種類，牆上的紙卡魚可以帶走，紙卡背面印有相關基礎知識。圖源｜作者提供，鑒光影像陳麒年攝

B 工廠—第1章—冷凍加工設計考——

思考點：如何呈現鯖魚在過去、現在、未來的加工保存方式？

被捕撈的大魚入港後，會配送至工廠內加工。魚被傾倒，放入冰鎮的巨大水箱中，接著，魚身柔軟的滾過運輸帶，經過不同的清潔、鹽漬過程，隨後低溫冷凍熟成，打造出風味獨特的產品。工廠內其實有許多非電動的傳統傳輸、清潔設備，有的銀白潔淨，有的隨著歲月褪色，在視覺上，呈現獨特的物理層次與工業美學。而要進入冷凍熟成的大冰庫，必須經過層層關卡，一搬開厚重的門，冷冽的零下溫度會隨著風衝擊性的迎面襲來。

結合上述設備的特色，故事線中，象徵魚兒的參與者，開始進入工廠。這時會先體驗撥開大型冷凍空間會用的重重透明塑膠片，進入下一個空間，映入眼簾，一

模擬鯖魚放進大缸裡鹽漬。圖源｜作者提供

整座冰結成視覺的牆，成為進到主要場域的緩衝，牆後方則模擬冰庫內的強風吹送。繞過冰意象的牆，所有關於冷凍加工的資訊，都像是漁獲一樣，隨著運輸帶圍繞著空間，在場內緩緩移動。而展覽的內容，包含過去和現在智慧保存食物的方式，以及未來的潛在保存模型展示。參與者則是以魚兒的靈魂視角，窺視著人類自古獲取魚後珍惜糧食的保存方法。

B 工廠—第2章—未來餐桌——

思考點：如何透過推測設計來激發對食物資源的思考？

保存食物的目的，是為了在需要的時候能夠「食用」。但是人類在許多時候，若沒有在類似的基礎呈現差異，透過「比較」，則很難察覺出眼前事物的特徵或意義，更別說對其產生個人意見。從這個思辨出發，回到故事線，隨著輸送帶運行到最後，象徵鯖魚經歷了製程，將被人類食用。這時，透過展示具有未來可能性的特色保存方法後，銜接的是一張「一半／一半的餐桌」。餐桌預設了一家人的晚餐，左半是未來，右半是當下。藉由鯖魚為主要食材媒介，在桌面上，可以看到在未來那半邊，是透過推測設計、未來學家思辨的未來新的可能製程，例如3D列印、培養肉等概念，透過模型，將尚未存在的食物具象化。而象徵當下的右半邊，則是當今在台灣最常看到的幾種鯖魚料理方式。引導參與者直觀的透過這個假離的時空，慢慢地回到現實，對比眼前熟悉的事物和具有未來幻想的物件，希望能激起珍視的感受，珍惜現在所擁有的食物資源，進而思考永續性議題。

C 餐桌—第1章—世界鯖魚城市——

思考點：如何展示、傳承人類的鯖魚飲食文化？

我們實際做調研時，以往對於「鯖魚大多都是日本料理」的既定印象完全被打破了。由於鯖魚的洄游，在葡萄牙、義大利、北歐、南美等世界各地都有料理蹤跡，隨著各地烹飪習慣、飲食文化不同，同樣類型的材料，就有了截然不同的料理呈現。在這個創新快速更迭的時代，就像工藝一般，傳統、家常的料理技藝和食譜未必都能被傳承下去，但是，透過新媒體的記錄，以及基於人類對於美食的感官食慾需求，這一份資訊除了對即將消失的事物有意義外，也許在未來的某一天，也能讓外星人，或是未來的人類，由此一窺過去文明的飲食樣貌。

參與者可利用現場道具，體驗在漁港採買現撈新鮮魚貨的場景。圖源｜作者提供，鑿光影像陳麒年攝

從這個觀察出發，在故事線上，我們由個人餐桌淡出，轉身看向窗外的城市，高樓大廈燈火通明，每一面窗，都象徵一個正在吃飯的個人或家庭，組成了城市整體畫面。展覽現場則由高高低低的顯示器組成（例如傳統電視、液晶螢幕等），遠看如同大大小小窗戶構成的城市。走近一看，螢幕上播放著烹飪影像，委託世界上不同角落的人烹調鯖魚，展示他們獨家的料理方式，而且可以隨著季節隨時更新內容。透過展現美食烹飪方式與食譜分享，更為貼近人性，參與者不但有機會拓展視野，看看其他文化料理同一食材的不同方式，也更容易親近由食慾造就的全球性鯖魚飲食文化。

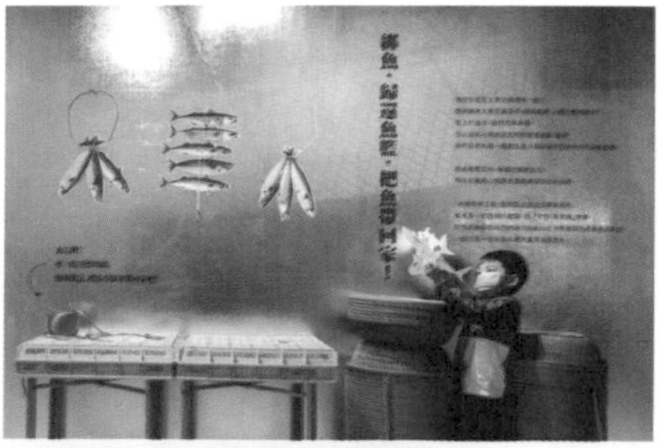

至此，整個展演體驗大致結束，回歸現實，參與者慢慢隨著動線前進，走入餐廳以及販售區。

以上的半虛構案例，以「體驗設計」作為出發點，應用了非常多不同的視角轉換，不管是軟體故事線，又或是硬體展覽裝置設計，經由線性或主題性等不同方式加以組織，豐富執行方式，來回應手中擁有的「媒介」及「概念」。透過類似「策展」的做法，以不同的規模區分互動的型態，但是著重在體驗溝通素材，甚至可以再延伸出一些較小規模的食物設計體驗。例如，同樣基於永續飲食前提，我們也構思了透過魚骨炸物或開發風乾內臟香料粉等食品，搭配特定的包裝袋與遊戲設計，傳達英國大廚弗格斯．亨德森（Fergus Henderson）「從鼻到尾」（Gill to fin）的飲食哲學，參與者一方面可以學習認識魚的每一個部位，另一方面能透過感官直接感受魚身包括內臟、骨頭都能物盡其用的創意可能。

而許多時候，在策劃及製作作品過程中，總是會不斷地

修正，隨著時間，以及觀點的聚焦，隨時會加入許多新資訊，這讓我們必須柔軟，保有隨時調整、重新打破結構的彈性，讓新的資訊、隨機的獲得，能自然而然的進入作品中。

——檢查作品的多元構成性：運用軟模組思維系統圖

綜觀以上，回應「為什麼」、「用什麼」、「如何做」三者，缺乏其一都無法完整體現食物設計構成的精髓。在過程中，如果想要更全面的檢視設計，看到作品特質的溝通或是解決問題等最著重的優先性（priority），前面介紹過的軟模組思維系統圖會是很好用的工具，能以更系統化的方式綜合出資訊，幫助我們判斷作品的「質量」以及「呈現比例」。

接下來，我們將以東尼的寂寞巧克力（簡稱T）與Neyuki雪地起司蛋糕（簡稱N）的軟模組圖為例，進行兩者構成元素的比對驗證。若以燈泡亮燈所需的串聯線路通電來比喻，圖中不同區塊的項目是小燈泡，透過其數量多寡、比例，可以評估這個作品的多元構成性，以及後續可能造就的效益。而圖中色彩、亮度的漸層

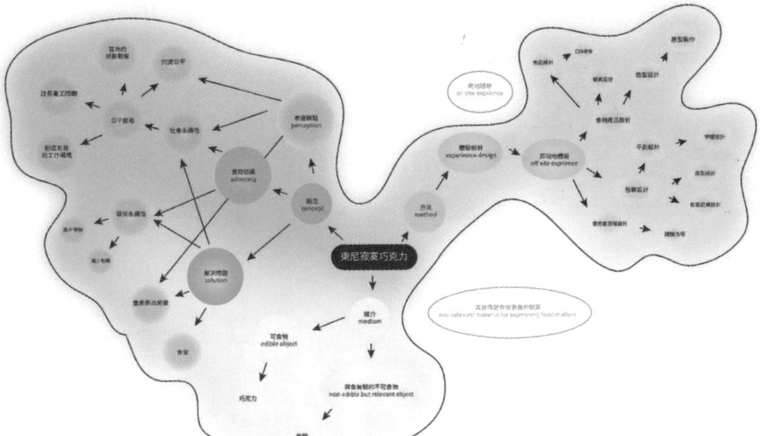

東尼的寂寞巧克力（簡稱T）軟模組思維系統圖。圖源｜作者繪製

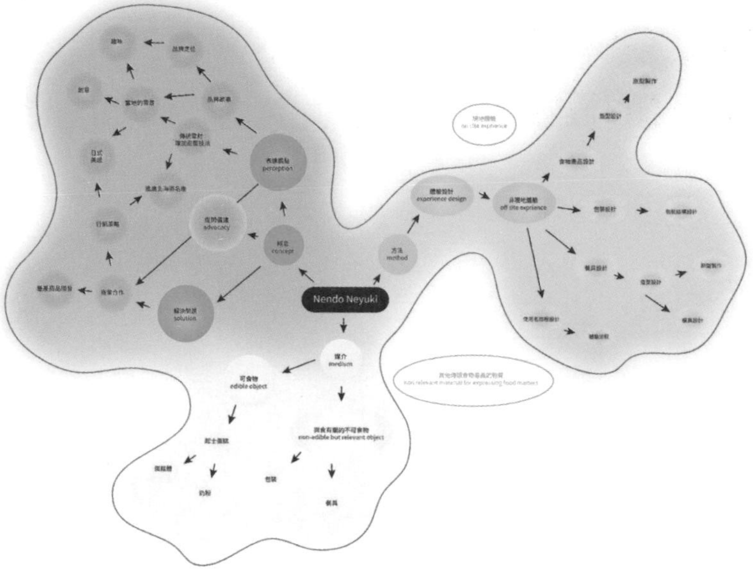

Neyuki雪地起司蛋糕（簡稱N）軟模組思維系統圖。圖源｜作者繪製

強弱，則是表現該構成特質的強弱（未必是好壞），因此，最後圖表輪廓看起來類似的作品，其實可能象徵著完全不同目的的產出。

軟模組圖實例比對驗證：
東尼的寂寞巧克力、Neyuki雪地起司蛋糕

可以看出，T和N兩者最後產出都是商業產品，但是出發點不同，過程以及後續的效益目標也不一樣。了解以上異同後，會發現軟模組系統圖的亮燈比例，除了顯示其特質，更重要的是從誰的角度去看，去判斷作品與體驗者的關聯度（relevancy）。例如，商業，是為了促進銷售；而永續飲食開發，在促進銷售的同時，可能也包含了系統設計改變產品製造的循環。

這樣的軟模組思維可以幫助我們分析案例不同的特質，對必要構成做出初步的分類判斷。同時，也能夠讓我們在設計食物設計產品、系統、體驗上，檢視不足或是過多的部分，進行修正。在設計執行方面，則是提供了初步的框架，讓我們能夠找到方向，繼續延伸可能需要的跨界合作又或是多元的媒介呈現。

食物體驗設計之必要構成		東尼的寂寞巧克力 T	Neyuki 雪地起司蛋糕 N
爲什麼／概念	表達觀點	◎透過模具型態設計，增加食用困難度，讓大家體驗到「不公平」的存在。	◎觀察北海道森林雪景之美及當地雪藏保存的特性，將此意象，在體驗禮盒中呈現，體現了地方伴手禮之直覺特色。
	提問倡議	◎延續「公平」焦點，在包裝上提供資訊，與消費者溝通所要傳達的「公平貿易」議題。	◎沒有特別表明。
	解決問題	◎最後產出是商業產品。 ◎觀察到了巧克力產業的剝削以及造成的社會問題，不只透過設計，讓消費者感受現存的不公平性，在整體的產出上，也把關製程和生產環境符合公平貿易原則，透過商品上市，更系統性的造就當地友善的工作機會。	◎最後產出是商業產品。 ◎運用創意，讓手中的材料價值最大化。透過有趣的互動及美感觀察的實現，改變了人拿到一般蛋糕打開就吃然後就結束的動作，在行為間賦予了趣味。 ◎因美感與創意的發揮，讓商品有機會熱賣，達成商業委託設計改造促成銷售的任務。
用什麼／媒介	可食物	◎巧克力本體。	◎多層次的利用糖粉及蛋糕體，演繹把東西從雪中取出的真實視覺體驗。
	與食有關的不可食物	◎以簡單的紙包裝與錫箔來平面化，達到運輸效率以及保護的作用。	◎透過紙盒包裝以及樹形的叉子，完整了視覺外的行為體驗。
如何做／方法	體驗設計層面	◎皆為非現地體驗。	
	其他層面	◎可能都有更根本系統性的開發、產品設計模具等，為不同設計單位造就完整作品的獨家 know-how。	

「為什麼」、「用什麼」、「如何做」，是生成作品「靈魂」及「身體」的三個提問驗證，分別對應到概念、媒介、方法三個食物體驗設計之必要構成，之所以將其視為一個軟模組系統，在於隨時都可以因為需求調動、變化。框架僅是輔助，不是公式。在我們自己實務經驗中，常常發現要完整傳達作品，所有的靈感、事件的發生，都有一定的隨機性，很少照著理想的規劃、順序發生。若是陷入框架與邏輯的思考慣性陷阱，很容易淪為形式。

義大利孟菲斯（Memphis）設計運動核心人物埃托雷・索特薩斯（Ettore Sottsass）曾說：「當我開始思考創造物件的合理性，我理解到物件是被製造來協助人們生活。換句話說，賦予物件一個作為療癒行為般的目的，喚醒感知，使每個人都能展開屬於自己的冒險。」[3] 賦予作品療癒性的目的，讓作品成為體驗者生活中的一個經驗，提供思考、線索、能量，正是食物體驗設計存在的必要。為此，請讓我們一起探索框架以外其他看不見的輪廓，因為那些可能才是特色、亮點、感動發生的潛在之處。

3｜引自《陶瓷經驗談》，1971。

Chapter 12 食物體驗設計的精準度養成

前面介紹的案例及框架等工具、原則，提供建構食物設計作品的輔助路徑，但形式之外，還有一些無形的素養或能力，有助於凝聚設計的靈魂和血肉，而這跟設計者自身的經驗累積、對於周遭感受與體驗的敏感度密切相關。必要時，搭配一些設計方法的應用，讓想呈現的體驗更精準，就更能建構出流暢傳遞概念的作品。

食物，因為其本質上更多層次的象徵，透過食物設計，我們不只倡議更理想的未來，同時也伴隨著科技與時間的演進，照顧著人類感知伴隨的心理需求變化，讓我們能更好地適應。數千年來，隨著科技進步，在設計改善生活之效率、體驗的進程上，人類對於某些事物的心理需求有著微幅調整，但是論及「抽象」意義之於個人的情感、記憶、感受等所帶來的「共感」及「同理」，並沒有多大的不同。例如家庭中的餐桌，不管是古時候能容納十多人家族共餐的長桌，或是現在單身者利用書桌兼當餐桌，邊吃邊視訊家人，雖然餐桌形式有了變化，但都還是延續著歷史使用的特質，也扮演維繫家庭連結的載體，而食物帶來的療癒性、社交性則沒有太多改變。

這個演進過程中大大小小有形無形的變與不變，或對未來的推測，都是食物設計的潛在題材與線索，等著我們去發掘，探尋作品的意義、目的，並且精準傳達給體驗者。

深化體驗的五項素養——提升作品形式以外的感知強度

Cultivate your sensitivity toward food design

落實食物體驗設計所需的敏銳度，基本上融匯自五種面向的能力或素養——觀察力、感動力、吸引力、美感力、想像力，而且可以有意識的在日常生活中練習獲得。設計者如果能時時有意識的鍛鍊自己的敏銳度，平凡的日常也會像打開雷達一樣，有想像的標的物，會更常發現很多有趣的題材、細膩的互動模式，不只可以應用在食物設計，也能在其他各種體驗上發揮作用，建構出更立體、有「靈魂」的作品。

——觀察力：日常的感知觀察取材

微觀宏觀，脈絡觀察

小時候，是否總是覺得身邊的大人跟街道都特別的巨大？同一個地方，長大後走過，卻感覺變小了。其實最直接的，就是因為你長高、長大了，視角有了變化，周遭看起來當然相對性的變小。有個建築系友人，她每到一個新城市，首先便是直覺的觀察城市的尺度（scale），例如建築與建築的關係、建築的高度、街道的寬度等。她以自己作為比例尺，以此去觀察城市與自己、與街上行人的關係。相較於時常聚焦在小型物件、雕琢產品細節的設計師們，如果偶爾能退後，從微觀擴充到宏觀，感受物件之外的「關係」，觀察空間中所有的構成與關聯，便能更清楚地看到所有的物件如何各司其職的串聯著，單一物件的存在特質也將更明顯的浮現。

有一個英文片語「read the air」，直譯閱讀空氣，實為察言觀色。空氣就像是填充物與物之間的載體，在設計的物件與周遭的環境之間，就填充著各式各樣無形的「空氣」或「氣氛」，或是其他無形的連結、關係，完整構成一個場域獨特的意義。若隨著時間軸，觀察空間變化與其他已存在物件的關係，則是形成了脈絡（context）。為了讓新的設計融入情境中，就離不開脈絡，需要好好的觀察整個環境的構成，以及設計物與其他物件的關係。

「微觀到宏觀」而後「宏觀到微觀」的練習，先是透過尺度，觀察物與物之間實質的關係，嘗試站在不同的角度去看又有什麼不同的感知經驗；然後，觀察這些物件之間無形的關係，更細膩的將物件放在脈絡之使用情境中來設想。

例如，以設計餐具來說，日本家中的餐具，需要「就口」的都有辨識性，例如湯碗、飯碗、茶杯等，如果要符合這個「容易辨識」的情境脈絡，設計方便使用之物，則需要可以一眼看出由高到低、由大到小，有的是爸爸的、媽媽的，有的是小孩的，在設計上便須將這樣的背景需求納入考量，而在脈絡上則可以觀察到反映了上下階級分明的文化習性。反之，如果在對應脈絡的設計中，想要強調平等，則可以打破這個原則，設計出與習性相反的物件來強調觀點。

建議平常多練習透過微觀、宏觀的角度轉換，觀察空間中事物的尺度以及彼此之間的關係，再慢慢深入造就其脈絡的原因作為觀察的方向。

琢磨五感，感知觀察

觀察力的另一個重點在於琢磨自己的感知觀察，最直觀的是透過五感。食物在功能上，本就具有強烈的五感體驗特質，我們在執行食物設計體驗中，也發現更多的感知經驗仰賴的是食之外的事，造就了體驗時心理上的感覺，像是現場的氣氛、空間的光線、聲音、同桌的人、當天的心情等等。以飲食空間的聲音來說，已經有許多心理研究證明，音樂的類型、速度，會改變消費者胃腸的消化；又或是不同的頻率，可以改變味覺中辣的程度。而以飲食空間的光線來說，例如前面案例的無光晚餐（參見P.58-61），剝奪視覺，讓人更直覺的用上其他所有感官來體驗食物的味道。這些都是透過飲食之外的五感經驗控制，來創造不同的感受，也是目前許多餐廳、食物設計在體驗的設計上，著重創造的部分。

而更根本來說，在日常敏銳度的練習，我們認為關鍵是「放慢速度」。進到任何飲食環境，在吃之前總會有一段緩衝，這是進行觀察、在心中做筆記的好時機，可以看看空間的氣氛、配置、燈光、容器具的顏色、觸感、聲響、音樂等給人的感覺如何。因為，在飲食本身的體驗之中，原始的感官特質及衝擊性皆相對強，在當下忙著體驗或是進食，通常很難即時有更多想像的發生，多半靠著事後回想。所以，下次進到餐廳吃飯或參與飲食的體驗，記得放慢速度，感知四周，細細的「品嘗」食物之外的事物。

——感動力：先有感動，再談意義

令你感動的事情，一旦體驗過，就算平常忘記了，只要重新經歷類似的感官經驗，便又能在腦海中喚醒。《彷彿，最後一次》（*As If It Is the Last Time*）即景劇場，是讓我們印象最深刻的體驗互動藝術作品，那是二〇一一年，英國聲音藝術團體Circumstances受台北當代藝術館之邀，在台北市西門町進行的一場快閃活動。像是一個祕密的社會實驗，必須兩人一組預先報名，報名成功，會獲得兩個MP3音檔，在活動當日將檔案置入個人隨身聽，準時抵達西門町最熱鬧的廣場中間。當天下著雨，我們不知道現場會發生什麼事情、有多少人參加，只能在指定的區域範圍，聽從藝術家透過MP3冥想般的指示、音樂做出行動。慢慢的，行走的人群中，有一些人開始出現與一般路人不同的動作變化，或微笑，或對著店面關門後反光的玻璃鏡面沉思，或與陌生人攜手跳起舞……當MP3指引我們想像如臨世界末日般，觀看著自己熟悉的城市，各種未曾留意的遠近細節霎時湧向感官，情緒激盪令人淚崩。即使過了十年之久，只要來到西門町，都還能透過記憶，感受到當天的溫度、濕度、心情、人們互動的隱匿默契、城市的景色。這個體驗變成了充滿意義的經驗，一份生活中的禮物，讓人更懂得在平凡的日常發現更多細微之事。雖然，作品是透過聲音作為媒介，但是同樣運用劇場手法，帶入情境、故事、互動、體驗，營造出人與人連結的契機。這樣的思維，很適合應用在食物體驗設計，讓感動更進一步昇華，留存意義。

感動帶來的影響力，可以更良善的協助誤會的團體和解，可以幫忙改善更加循環的生產系統，可以促成在架空情境之中換位思考。情緒是身體的延伸，是記憶、感受交織的產物，觸動每一個人的「點」，因個別的生長背景、經歷過的事物而異；不變的是唯有先感動了自己，設計的體驗才能觸動他人，創造意義。不妨在生活中，多留意哪些事情讓自己感動，提供怎樣特別的情緒體驗，尤其是看不見的事情。

——吸引力：創造誘因，激發回應

喚起注意，促發接觸意願

在我們的觀點，吸引力、美感與實質上的目的意義是相輔相成的。打個比方，小時候生病要吃藥，就算知道藥對身體病痛治療有效，但是藥苦大家都不會想吃。而某些藥物或營養品，搭配了糖衣或是較為不可怕的造型，多了這一層味覺、視覺的改變，增加了一點「吸引力」的特質，就能解決許多小孩對於營養物、藥品味道的恐懼。這種設計方式的核心是「創造誘因」。

在食物設計領域，因為食物固有的五感特質及實質的功能性，食物本身就已經是有足夠吸引力的誘因，但是如何更深刻地帶出意義呢？吃的設計師瑪萊雅·弗赫桑在接受我們採訪時曾提到，當她在設計作品時，並不強求他人理解更深的意涵，而是透過食物，不管在形態上或是體驗上帶給體驗者美好的感受，可能有趣、有美感、美味可口等等，之後，如果體驗者足夠敏銳，不用刻意邀請，他們便能細細品味創作背後的深意。許多的藝術創作，雖然在互動中看似有趣，其實常常藏著更深、更黑暗、值得反思的議題。通常這些議題，如果直觀地去看，人會感到不適，會想要迴避。但是透過體驗，創造出吸引力，你會發現其中某些元素喚起你的注意，於是開始接觸，生出感受，如果能因此產生興趣或好奇心，你才會更進一步的去了解議題，又或是以自己的方式去回應。

製造尾韻，善用限定性

生活中具有吸引力而且能促成體驗的事物，大多都很難忘，更進階的透過設計，突破文字、語言的局限，改變了深澀話題的溝通方式。在這個年代，隨著網路資訊大量在生活中出現，選擇相對的多元，若無法有足夠的吸引力、亮點，很容易在第一時間就錯失與他人交流的機會。而對於設計者來說，除了藉此加持扎實的內容、平衡的產出，更大的考驗在於，如何讓這些吸引力，隨著內容，帶出足夠的長尾效應（long tail）。設計出來的體驗是否有持續的尾韻，能讓人一再地想要認識、品嘗、感受、回味，才是真正的課題所在。

體驗的「無可取代性」與「限定性」也能造就吸引力，作為一個楔子，吸引他人認識議題。食物透過體驗設計，除了本質上具有吸引力、令人喜歡的特質，也可以利用許多食物必須透過現場體驗、錯過就沒有的方式，帶出體驗意義背後的精髓。

——美感力：聚焦於「質」，傳達得宜

呼應目的，傳遞價值

談到吸引力，就不能不談美感。這也是大家對於設計、藝術的刻板印象，常常誤會設計的功能僅是透過裝飾提供物件美麗的外觀。美是一種功能，而這個功能，可以透過「質量」的掌握，達成完成目的的效益。重點不在美，而在是否傳達得宜。

有一個簡單的小練習可以幫助你領會這一點。鄰頁的六個魚罐頭，請問你覺得「哪個比較美？」「哪個可能最貴？」「哪個可能最傳統、美味？」「哪個你不想吃？」「哪個你會想買來送人？」「哪個帶有歐洲的感覺？」。隨著這些問題後，再追問「為什麼？」，便能更進一步知曉自己對於事物的看法。在與食物有關的包裝設計上，不同的設計，都能呼應不同主觀記憶的特別感受，這些美感因素，直觀的影響食物作為商品銷售的視覺體驗。有的人可能看到第二個的包裝覺得俗氣，但是

「engraft」環保餐具美到讓人願意重複使用。圖源｜www.northing.no

有的人卻覺得它看起來最正宗美味，這正是不同美感、設計能夠傳遞的「價值」意涵。

以美助攻，誘發改變

設計的美感還能起到改變行為的作用，中國設計師鄧綺雲「engraft」（嫁接）餐具系列作品，便是一個明顯案例。設計師觀察到大自然之中，已經有許多具有潛在功能的形態，例如芹菜柄像叉子的把手，朝鮮薊（artichoke）的瓣則像湯匙一樣有撈盛的功能性。在強調美感的前提下，設計師透過人類餐具與植物自然形態的嫁接，掌握色彩漸層、造型等，使用生物可降解的PLA材質製作，一件件美麗的餐具就此誕生，而且這跟一般的環保塑膠餐具一樣，當你不需要時隨手丟掉也可以。但是，因為欣賞這樣的美感，當你使用完餐具後，會捨得丟棄嗎？還是想留著重複使用？「美」能夠傳達的意義，以及能夠促成的行動、哲思，比你想像中的裝飾性還要多，潛能強大。

——想像力：科技並行，革新體驗

對於想像力和科技的關係，設計師奈莉・奧克斯曼（Neri Oxman）如此表示：「如果我們要生存下去，必須用設計突破既有模式。但是科技趕上了想像力，因此想像力有了責任。」從二十世紀跨進二十一世紀，人類的世界總算更像科幻小說般，慢慢走入無形、虛擬化的世界，而食物的人造體驗層次，也逐漸走出實驗室、高造價體驗限制，逐漸看到在生活中實現的可能。

圖源｜Yahoo購物中心

圖源｜Yahoo購物中心

圖源｜good design market KOK

圖源｜Colono Spanien Gourmet Online Shop

圖源｜FUN! JAPAN Select Shop

圖源｜Salvador - Pablo Martínez Díaz on Behance

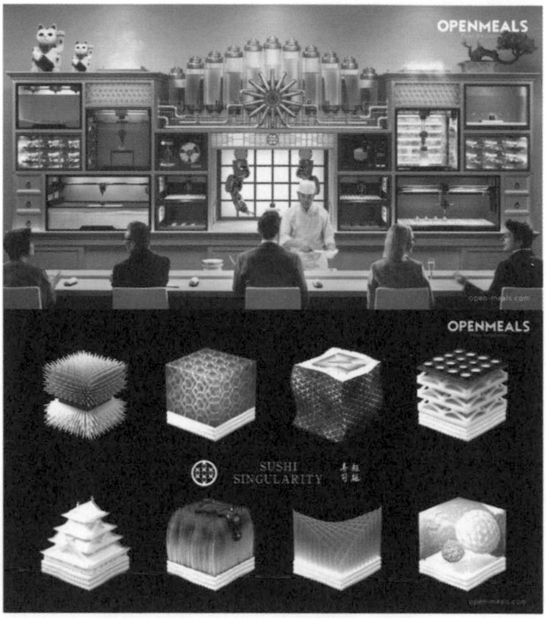

奇異點壽司餐廳利用人工智能和3D列印技術為顧客客製化壽司。圖源｜Open Meals官網

食物數位化，挑戰眞實

像是前面章節提到開發「電馭和菓子」的日本新創公司Open Meals，就提出了人類的第五次革命，在採集、已知用火走到當代，下一階段便是食物的數位化。他們開設的概念店「奇異點壽司餐廳」（Sushi Singularity），利用未來人工智能自動化，讓機器習得壽司匠人的技術，在顧客面前協助製作。另外，在顧客抵達前，透過預先寄出的尿檢採集組，分析顧客的DNA中的健康資訊，而後設計出符合不同人所需的營養補充食物。而這些做法，都已經逐漸在可以觸及的未來發生。

許多飲食品牌，也利用數位科技的特質，開始將虛擬與食物作結合。在新冠疫情期間，經過一年的研究，日本明治大學教授宮下芳明開發出第一台味覺電視，透過語音互動，以十種不同味道為基礎，機器便能合成出二十種調味噴灑到螢幕薄膜，觀眾可以在世界各地，舔食到畫面中的滋味。

食物設計先驅馬蒂・吉塞也透過開源（open source）的思維，在二〇〇三年提出MTKS-3開源廚房系統的概念，將構成廚房的功能模組化，解放發生場域的可能性。而近幾年，他陸續透過3D列印實現了許多對於未來食物製造的推測與批判。例如，二〇一七年的《數位食物》

（*Digital Food*）結合「營養、有效原料、結構、美食學」四個準則，構成了一系列的實驗食物。二〇一九年，他進一步發表《數位暗黑食物》（*Digital DARK Food*），回應未來科技雖然可以製造出完美重現營養、美味又環保的食物，但是同時間也剝奪了身體真實的感受，與食物原始自然的連結脫離，透過這個創作計畫，製造出聚焦「脹氣、打嗝、噁心」的暗黑食物，重現真實中可能帶來的短暫不適感受，在完美的食物裡，找回了體驗「真實」的感覺。

調整系統，互利共生

透過食物設計，發揮更細膩的想像，將我們對熟悉事物的五感體驗、多維度的思辯應用在科技中，讓科技協助我們的生活。而在滿足服務人類之外，目前更當務之急的，是跳脫「人類為主」的觀點，慎重的把自然、其他的物種放入循環的考量，思考以「誰」的角度照顧自然。

過去的科技發展，由於以人為主位，放在解決問題核心，才直接、間接的造成了許多不可逆的生態浩劫與破壞。而如果人類具有如此的主宰能力，是否能夠更友善、更全面的站在其他物種、環境的視角，探索如何利用科技，修復自然，從系統層面，提供不同物種生存所需養分，互利共生。這是科技的責任，也是想像力的責任。

Construct better food design experience

建構體驗的設計方法——從發散到收斂，幫助想法聚焦落實

當敏銳度擴展了，想法、感受的層面也會變得豐富，在體驗的建構過程中，如何做出不離題的適切選擇，並能與跨界合作者溝通分享，是從事食物設計常會面臨的問題。從過去不同的國際、國內設計專案經驗中，我們發現，常用且通用、協助集體決策的設計方法，五根手指數得出來。雖然創意的產生未必與時間效率、理論的合理性成正比，但是很重要的一點是，透過紙筆、視覺，讓腦中的想法、計畫落實在平面後，才能夠像蓋房子一樣，一步一步，把體驗從計畫中扎扎實實的建構起來。

以下提出的設計方法，結合了我們不同的實務經驗與教學心得，希望帶大家逐一解決在食物設計體驗構成中所遇到的難題，透過視覺化、文字化落實想像力。

方法一：頭腦風暴心智圖

Brainstorm Mind Mapping

情境一：我們有很多素材，但不知道怎麼串聯？

情境二：想法很多，不知道該怎麼開始？

情境三：每個人都很多意見，如何找到共識？

難易度：★

在設計專案初期，遇到思緒混亂或僅有模糊的理念時，心智圖是一種有效的方法，能夠在發散到收斂的過程中整理思路。透過單字元的聯想，我們可以發現可能使作品獨特的關鍵字，例如：紅色—蘋果—牛頓—引力。

在發散階段，不必追求邏輯性；而在收斂階段，則建議尋找具有共同特質的關鍵字，最後找出階段性目標。這方法也常用於尚未達成共識時，通過收斂找出集體的核心共識與價值，例如，在初步方向上完成概念設定。然而，要注意這個方法並非毫無邊界，建議以時間、數量、次數作為收斂的控制方式。

從過去的學習和教學經驗來看，在有限或短暫的時間內，人們通常能夠展現出突出的直覺和直觀，找到具有關鍵意義的單詞。每個過程中，發散和收斂交替進

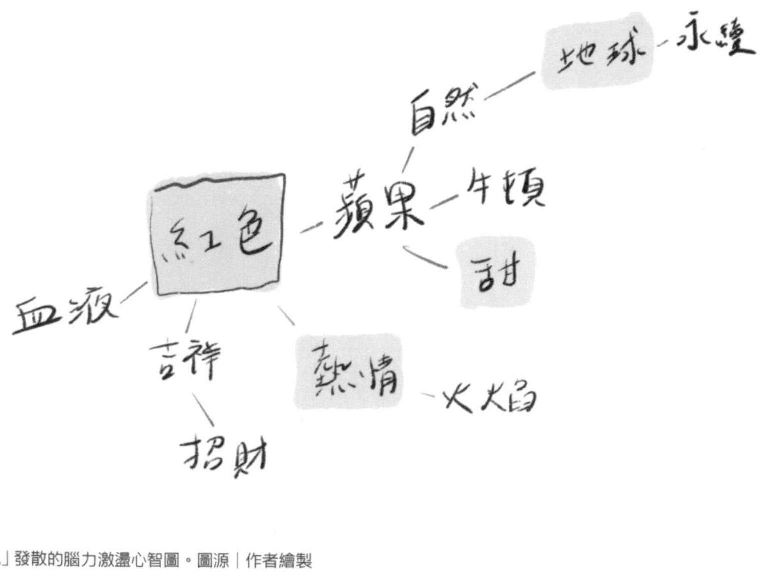

從「紅色」發散的腦力激盪心智圖。圖源｜作者繪製

行，平均約為二．五次（「發散」加「收斂」為一次）。可以通過對話找出許多可能性，若對階段性結論不滿意，則保留階段性重啟，不必完全重新開始。

這方法可以個人或多人一同嘗試，多人時可由主持人協助以第三方的角度抽離。

另外，關鍵的練習在於發散與收斂之間的「說明」分享環節。這個動作賦予聯想和單詞更關鍵性的連結與意義。如果主持人能夠提出精確的問題來引導，則可進一步協助集體思考。不過這樣的能力需要經驗累積和不斷嘗試。在整個過程中，大家也要保持彈性並隨時進行修正。

需要工具：大張白紙數張，不同顏色的筆。

需要人數：

一人以上，一人就以自己爲控制單位。

多人則可保留一人作爲主持人。

建議流程：

❶ 準備大張白紙，正中間寫上核心單詞。

❷ 第一次發散：十至十五分鐘，預計產生最多單詞，每人一百字詞，使用不同顏色區分，也可以組為單位。

❸ 第一次收斂：四十至六十分鐘（視人數），每個人／組嘗試分享聯想單詞的路線。逐漸討論並找出共識的關鍵字，例如找出重複字眼等。每人以一人一票的方式，圈選最有感覺的關鍵字，最後留下收斂完成的十個關鍵字。

❹ 第二次發散：十分鐘，將十個關鍵字橫寫在白紙正中間，再分別產出單詞，每人約寫十五個左右，一次一人輪流寫，可以在關鍵字往上或往下增加字眼，下一個人則延續前人的單詞繼續聯想。輪寫階段完成後，留出三至五分鐘讓有更多想法的人添加字眼。

❺ 第二次收斂：三十分鐘，由主持人或個人將十個關鍵字的延續單詞依序進行分享，並針對內容提供觀點。再次使用圈選投票或刪去法來縮減至一至三個關鍵字。如果結果仍有許多可能性或完全離題，可以重複第一次和第二次的發散與收斂步驟。

❻ 收尾：當收斂到單一關鍵字時，紙上一定有許多相關或大家共感的字眼。這時，有兩種方法可以嘗試，一是組成一句描述此次作品關鍵的單句，例如：由蘋果開始發散，最後得到紅色的關鍵字，此時，紙上可能有紋理、缺陷、生長痕跡等詞彙。我們可以試著將紙上的結果組裝句子、也可以解釋這次心智圖的發展過程。另一種方法則是跳脫心智圖練習，將腦力激盪的結果與當前的課題或限制進行比較，找到實際的執行方向和方法。

方法二：情境板
Mood Boarding

情境一：非設計專業，不知如何讓想像變成實體？

情境二：有抽象的感覺，不知道如何具體與設計師、研發人員溝通？

難易度：★★

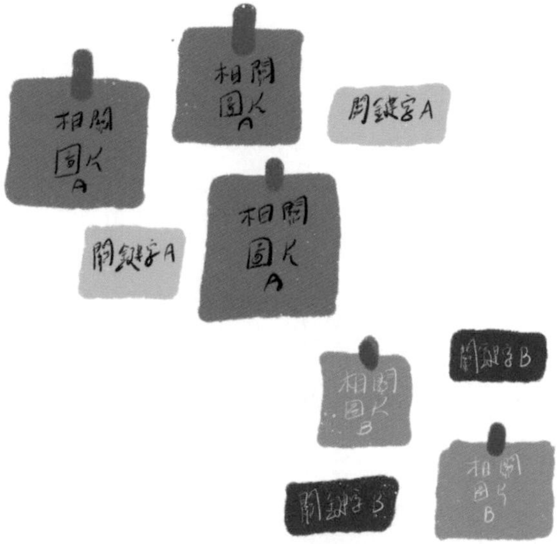

情境板是人人都可上手的視覺參考溝通工具。圖源｜作者繪製

在開始任何專案前，我們常常上網尋找圖片，構建我們想像中作品的理想樣貌。合作對象之間常常對一件事有不同的想法，有些想法難以用語言表達。尤其是在食物設計中，許多概念是情感或尚未實體化的，可能在現實世界中尚不存在。在跨界溝通中，單靠語言往往不足夠。

對於擅長視覺和設計的人來說，他們能夠將想像視覺化，用視覺繪畫或建構模型的方式表達。然而，對於不擅長視覺傳達的人來說，想像力無法圖像化，是很吃力的事情。這時情境板就是一種很好的視覺化方式。視覺比語言解釋更直觀，能讓其他人了解你的觀點和潛在的設計方向。

現在有許多在線工具可供使用，例如：Pinterest可以協助你釘選有興趣的圖片到自己的資料夾中，Miro則可以幫助你在線上建立情境板。

然而，情境板不僅僅是將照片放入資料夾，而是在具體目的下，找到大量與你想像相似的影像，並通過分類和標註感受、情緒和意義的方式進行整理。有點類似心智圖的收斂過程，這些整理出來的影像可以成為一個大型體驗的視覺參考工具，或者是具體產出的樣貌推測，通過影像分析特色和特質。

然後，我們不是直接照著圖片來製作作品，而是讓它們成為一個參考來輔助建構作品或與他人溝通。這個方法非常適合用在建構食物設計體驗時，將感受具現化之前的過程。

需要工具：

數位：利用可以自由拖曳影像的軟體，例如Google簡報。

目前，有許多方便使用的免費和付費軟體，推薦使用Miro，特點是環保。

紙本：印表機（或委託列印），剪刀，膠帶，彩色便條紙，一個大的平面（牆壁／紙板／白板，可貼合圖片且易於移動）。

需要人數：一人以上。

建議流程：

❶ 在限定的時間內，自由地在網路上搜集所有與感覺有關的圖片。為避免無限擴張，可以在搜集過程中先將相似的圖片進行初步篩選和分類，數量可以自由定義。

❷ 如果是多人的群體，將篩選後的圖片剪下來。然後，將每個人準備的圖片貼在大的平面上，進行分類。當所有人的圖片都貼好後，開始移動圖片，將視覺或相似的圖片放在同一區塊或附近的區域。

❸ 接下來，大家可以將這些集結的圖片再次進行類似的分類。同時，討論那些與整體不相關或落單的圖片，可以選擇移除或放在旁邊。留下來的集結圖片如果有類似關聯性，可以靠在一起甚至重疊。

❹ 完成分類後，使用便條紙將圖片帶給你的感受、關鍵字、啟發貼在圖片旁邊。每個人可以盡量多寫。

❺ 根據需求目的，這些關鍵字結合圖片可以成為整體作品可能的氛圍演示觀點，只需選擇與重疊處相關的圖片搭配關鍵字呈現。

此外，你還可以通過拼貼藝術的方式將這些圖片組合起來，製作出更具體的虛擬場景。這種手法在激進設計流派中非常著名，例如知名的實驗建築團隊Superstudio，他們在科技尚未成熟的年代通過手工剪貼集合影像，將未來的想像視覺化。在當代，可以參考義大利設計團隊Studio Pepe，在二〇一八年米蘭家具展的「Club Unseen」計畫中，他們設計了一個邀請制的傢俱調酒沙龍，只有通過特定管道或邀請才能找到並進入，他們也使用了拼貼的方式，以間接、溫和且神祕的方式展現可能的展間物件和氛圍。

如果你想設計的是物件的形態，可以觀察和收集圖片帶來的造型、顏色等物理特徵，例如：粗糙、有機形態、未來感。這些可以成為你設計的關鍵字，幫助你專注並嘗試設計和製作。

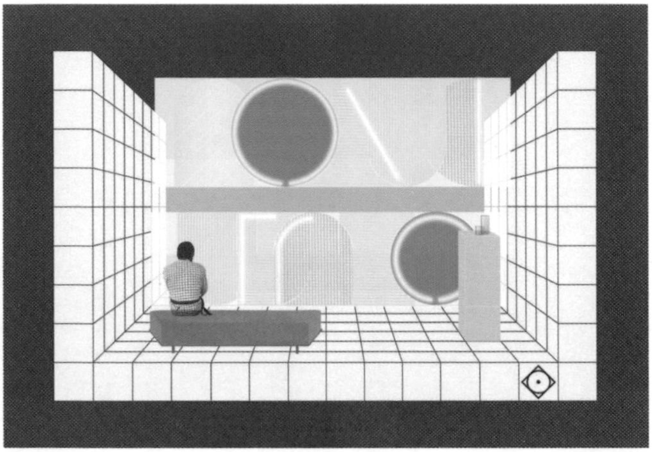

Studio Pepe將隱藏活動Club Unseen的體驗，以拼貼方式呈現情境，引發外界好奇，展現工作室美感。圖源｜Studiopepe 官網

Superstudio將對未來的想像透過拼貼予以視覺化的手法，也可以運用於情境板。
圖源｜New York Times

方法三｜紙上劇場
Visual Prototyping

情境一：想設計食物設計體驗，不知道怎麼組織。
情境二：想為一個主題發想一系列的五感體驗。
情境三：想為自家食品開發一套不同的開箱體驗。
難易度：★★★

在落實想法前，須注意到作品中不同體驗的佈局，怎麼設計才能夠讓體驗的起承轉合有良好的連接，不至於因生硬、尷尬的轉場，造成醞釀的情緒、感受瞬間消失，或是摸不著頭緒。如同產品或空間在生產、建造前，會透過不同的方式製造模型、打樣原型，進行測試或是判斷結構，體驗設計也可以在落實前先在紙面上進行視覺化打樣，即紙上劇場。簡單來說，就是將腦中對於一個體驗題材的種種想像，落實在紙面上，經由演繹，檢視連結不同體驗的更多細節，將腦中不著邊際的想像，轉化成2D紙面，最後再轉成實際的體驗的轉化過程。

在食物設計體驗的策劃面上，不需要設計專業或繪畫專長，透過紙上劇場這種簡單的視覺化方式，就足夠判斷目前所掌握的體驗發生範疇。它的基本概念有點像小時候玩娃娃屋，以縮小規模的體驗設計實體，發揮想像力，從俯瞰的角度來檢視整個空間內與時間軸上，食物設計體驗的工作流程（workflow）動線，而且可以套用在不管產品的體驗經驗或是空間型的體驗上。這樣俯瞰的視覺檢視法，可以用在檢驗空間動線（space workflow），確認是否有障礙物，以及可能上菜或是備料空間等流程；同時，也能確認體驗流程（experience workflow），即概念與腳本落實在整體體驗的配置，藉此初步檢視體驗設計的儀式性及感受的動作是否順暢。

體驗的發生，不論規模大小，必然受到時間限制，有開始與結束。所以，在紙面上要標示發生的時間性。先行判斷「起點」與「終點」，以不同的顏色標記體驗的開始與結束，兩者之間則是完成體驗的所有子項目。

通過基礎的紙上劇場將體驗視覺化，可以更立體、更直接的與他人討論、檢視實際的建構，包含體驗空間的展覽設計、物件製作的呈現等，將其安置在紙面的不同角落，隨著測試，視覺上的打樣，隨時修正，讓腦中的想像力透過紙上劇場排演。若希望進階延伸，則可以參考更偏向服務設計的使用者旅程地圖（User Journey Map）或是體驗地圖（Experience maps）等專業的設計評量方式。

需要工具：紙、色筆、筆、一枚一元硬幣。

需要人數：一人以上。

建議流程：

❶ 在紙面上定義出體驗的空間，可以是空間圖等比例縮小，框出空間初步的範圍；若尚未有具體的空間，則可以以白紙畫出大致範圍或一個長方格，象徵理想的範圍。

❷ 體驗的「起點」與「終點」，分別以兩色定義。若已有具體空間，則視實際進出位置考量；若尚無，可以把開始到結束分別配置於長方格短邊兩端。

❸ 以簡短語句，具體定義出希望體驗者在體驗中獲得什麼。例如，「我希望體驗者可以透過五感，認識宜蘭友善種植的天然金棗蜜餞，學習辨識與化合口味金棗蜜餞的差異，讓大家排除食安疑慮，重新認識這個傳統美食」。

❹ 根據上述定義，提取出要讓體驗者體驗到的三

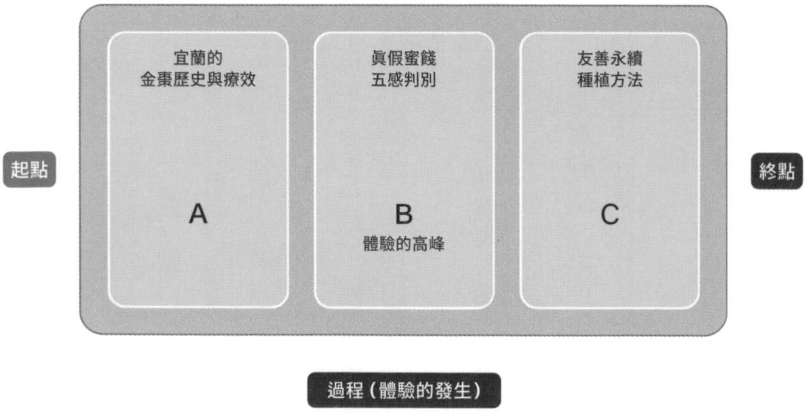

紙上劇場標示體驗的起點與終點，以及兩者之間所有子項目的體驗核心。圖源｜作者繪製

個核心。例如，「宜蘭的金棗歷史與療效」、「真假蜜餞五感判別」、「友善永續種植方法」。可以先濃縮三個為主，如果有需要再擴增。

❺ 在前述的長方格中，簡單畫出三個格子，格子與格子中間保留空白。如果有具體的空間圖，則排除起始後，可以粗略的以不同顏色，將三個格子的區域框出來。

❻ 以上濃縮出的三個核心項目，選一個最重要的，當作整體體驗的「亮點」，將其填在中間的B格子中。這將是故事線中最有可能帶出最多體驗、學習、反轉刻板印象的項目，也是創作者最核心想要讓大家獲得感受的項目，例如，「真假蜜餞五感判別」。

❼ 填入「亮點」後，再將另外兩個次要的重點分別填入A與C格子。這時，會看到長方格與ABC中間有「空白」，還需要連結起來才行，也就是需要考量「起點→空白→A→空白→B→空白→C→空白→結束」，代表著體驗流程的順暢串接。以金棗蜜餞為例，整體的安排可能如下：

開始（入口）

↓空白：空間漸低，過了山洞模擬穿越雪隧，低身進入看到下個階段的金棗樹叢

↓A：宜蘭的金棗歷史與療效（在展覽樹叢中，許多資訊像金棗一樣被掛在樹上，需要翻找來讀到一些小故事，周遭蟲鳴鳥叫，濕度增加）

↓空白：透過聲音轉換場景到市場

↓B：真假蜜餞五感判別（市場中的雜貨小販，以遊戲方式，請參與者選出一個感官，而在兩個傳統的蜜餞桶中，體驗者可以以該感官，判斷要拿取哪一個。食入後，盤底裝置會顯現其真偽。若選到真的，會有一小包種子）

↓空白：市場人聲鼎沸隨著遠離而減弱，取而代之是蟲鳴鳥叫

↓C：友善永續種植方法（回歸樹林中，有友善環境種植的介紹等，樹林越漸低矮，直到消失成光禿禿的盆栽，便邀請獲得種子的參與者植入

↓空白：由低到高走出山洞

↓結束。

這個假設案例只是簡單呈現一個連結的過程，其中當然還有許多像是安全性、場域性等因素要考量、調整。但是，在體驗原則中，先以現實金棗會出現的場所引入體驗場域，讓參與者第一線體驗，隨著空白漸變、銜接不同點，過程中合理的透過聲音、空間氛圍、留白，製造體驗的轉移，讓ABC從進入到出去的過程，都在一個大主題範圍下完成。這個原則可以應用在思考各種規模的食物設計體驗的完整度。

❽ ABC大項目內，還可以在其中視規模，於各自框內結構中生成更多的ABC分項體驗。例如，「真假蜜餞五感判別」，又可以細分成「視覺判斷區」、「氣味判斷區」、「觸覺判斷區」，並進一步以同樣的方法將不同判斷區塊的體驗串聯起來，發揮想像力，強化其中的內容，設計出符合傳遞目的的裝置。

❾ 整體的體驗完整度，是看空白相連的品質，每一處連結都需要想想是否跟其他的連結有所相關，是否有加分的助益，或是讓體驗變得更模糊？

❿ 拿出一元銅板，代替創作者走入紙上劇場的體驗之中，就像玩扮家家酒一樣，想像自己走過這個流程的過程，進行測試、修正。

⓫ 應用方法四和五來協助演繹。腦傾印可以協助在測試走完全程時，以話語或文字，把所有體驗中的想法一次傾出。另外也可應用「角色扮演」來輔助紙上劇場，檢驗關係腳本。這個方法，時常用來練習互動的合理性，例如角色A說什麼，角色B可能怎麼應答、動作、回應，應用在體驗設計中，則是能夠更周全、細膩的提前設想參與者可能會遇到的困難、問題或是盲點。借助角色扮演，站在不同方的角色觀點，反覆演繹可能的發生、互動、對話等任何製造的連結，能夠幫助我們掌握體驗很重要的元素「節奏」，並且透過設計，聚焦在不同體驗項目想要強調的核心意義。因此，當體驗內容更加清晰時，不妨加入其他的角色，例如參與者數名等，從俯瞰來觀察，自言自語對話，或是邀請他人來扮演對應角色，釐清在體驗場域中彼此的關係，幫助入戲。

1 | the act or an instance of comprehensively and uncritically expressing and recording one's thoughts and ideas (as on a particular topic)

方法四｜腦傾印｜Brain Dump
從頭到尾寫下所有想法

情境一：想增加食物設計體驗故事力。

情境二：希望在體驗中增加更多細膩的情緒。

情境三：體驗與體驗之間關聯度不夠，想更流暢。

難易度：★

腦傾印是一種直覺的自由書寫方法，根據韋氏線上辭典（Merriam-Webster Online Dictionary）的定義，它指的是毫不保留地表達和記錄自己的思緒和想法，尤其針對特定主題。[1] 雖然這個方法首次出現於一九八五年，並且被廣泛應用於許多談整理思緒的暢銷書籍中，但其發明者仍然存在爭議。

記得初次接觸腦傾印的目的是希望透過這種方式來檢視自己的人生並進行自我療癒。只需一本筆記本和一支筆，將自己生命中的所有回憶和此刻在腦海中浮現的事件、內心的疑問全部無修飾地寫下來，第一次寫就連續寫了六個小時沒間斷。完成後，除了能夠回顧過去的經歷和傷痛，還能發現許多細微而被遺忘的小事。許多

使用腦傾印的直覺書寫，尋找常被忽視的細膩靈感。圖源｜作者繪製

人使用這種方法，不僅是為了自我療癒和尋找靈感，同時也能藉此釋放壓力，澄清內心的混亂。

當我們設計體驗時，若過於注重邏輯和架構，試圖尋找「合理」的答案，往往會讓體驗變得乏味，甚至變得可預測。而當回想起那些讓自己感動的時刻，通常是一些微不足道、細緻且個人化的經驗。當這樣的經驗被轉化為作品，觸動到他人共鳴，這樣的時刻往往會令人難以忘懷。

腦傾印是一種需要充足時間和空間的方法，有些人會使用條列方式逐條列出腦中的資訊。而我們的方法則更像是意識流，以特定主題或半完成的體驗框架為基礎，從體驗者的第一人稱視角出發，配合情感和想像力，將場景中可能出現的互動和情緒毫無保留地寫下。當然，除了體驗者本身的視角，也可以從其他物品或其他工作人員的角色來發散思考。

在食物設計體驗中，腦傾印尤其適用於團隊成員之間的使用，每個人都獨立書寫，然後交叉比對，尋找相同和不同的觀點。這種方法可以幫助我們找到共通的想法，同時也能發現獨特、真正觸及內心深處的感受，從而豐富體驗設計、提升劇本的流暢度和細節的貼合度。

需要工具：

數位：google doc等雲端筆記軟體，
個人推薦Notion。

紙本：慣用書寫的筆記本或是白紙。

需要人數：一人以上。

建議流程：

❶ 找一個安靜無人打擾的空間，確保至少有一至兩小時的自由時間。

❷ 開始前，先靜心一分鐘。建議進行深呼吸，吸氣六秒，呼氣六秒，讓心情平靜下來。

❸ 在紙上或電腦中，以標題的形式寫下你想探索的主題和體驗框架。

❹ 然後，讓意識自由流動，隨著時間的推進，將腦中浮現的所有事物都毫無保留地寫下來。

❺ 完成後，可以自行檢視你所寫下的內容，或者與他人進行交叉比對和深入討論。

❻ 接下來，可以使用兩色螢光筆，將相同和相異的內容分類標記，以便更清晰地了解其中的相關性。

結語

浩瀚的食物設計小宇宙

詹慧珍、黃若潔

食物，對我們來說，彷彿一個囊括浩瀚知識的宇宙，被賦予最豐富精彩的學問，包含生物學、人類學、感官學、政治學、經濟學、藝術學、科學、設計思考等舉凡跟我們食衣住行育樂有關的一切，實在忍不住想致敬我們每天吃到肚子裡的「食物」。

就因為食物是那麼可敬浩瀚，設計是如此專業靈敏，坦白說，要寫華文世界第一本食物設計書，是有些惶恐的。畢竟寫書的專業人士比比皆是，出書也不像教課、演講，現場有修正或討論的空間。出書是單向溝通，我們擔心哪裡寫得不夠完整或不盡周到。但回想出書的初衷，無非是希望讓對食物設計有興趣的人，能夠從我們的書寫，快速得到「食物設計是什麼」的框架和輪廓。畢竟在現實考量下，有些人的經濟能力無法到海外就讀食物設計，或沒有時間繼續深造求學。再者，也不用像我們一開始踏進食物設計的圈子那樣，總是網路搜尋文獻和論文，訂購國外昂貴的原文書，來回比對真實性，自己尋找答案和方向。從二〇一六年投入食物設計至今，出書一直是食物設計布道這條路的目標，但先前由於累積的經驗還不夠多，我們也是在創作實踐的過程中，以文獻理論比對實務經驗，邊做邊探索，邊做邊修正，直到現在，我們知道出這本書的時機到了。

出版這本書希望拋磚引玉，讓更多對食物設計有興趣的朋友能跟我們一起切磋交流。這本書不是技術或廚藝的交棒，我們除了提供食物設計這門學科的線索和指引，也分享自己與他人的經驗和故事。同時希望藉此提醒熱愛設計的你和我，不要只專注設計眼前的東西，而是在設計的過程中，能夠多一點點系統性的永續思考。我們也期許正在探索「食物設計」的你，終究會在個人學習的經驗中，創造出自己食物設計的方法學，重新理解、定義自己心中的食物設計。

食物設計在台灣走到現在，不管是出現在餐旅服務、教育、文化藝術、商業、食品產業等各界，我們很高興看到有越來越多人對它充滿好奇與熱忱，願意去親近認識，並進一步踏進這個領域，讓食物設計在台灣走出自己的味道。人類學家瑪格麗特・米德（Margaret Mead）說過：「永遠不要懷疑一小群堅定的人能夠改變世界。事實上，世界一向是由這些人所改變的。」每一個新概念的引進或新產品上市，都需要花時間耕耘，慢慢灌溉，種子才會開花結果，而我們知道自己灑出去的種子，開始開花結果了。期許未來有更多專業團隊，在台灣的食物設計、食物教育、食安等議題，激起新的正向對話。我們也將在這條路上，繼續當個堅定的食物設計布道者，持續實踐心中認為真正有意義的事情。

Bompas and Parr (food design UK pioneer)
Charles Michel (chef and activist)
Marije Vogelzang (the mother of eating design)
Potentially some course staff from CSM Culture, Criticism and Curation subject

人物譯名對照

3劃
山姆・邦帕斯 Sam Bompas

5劃
布魯斯・史提巴 Bryce Steba
卡洛琳・尼布林 Carolien Niebling
弗格斯・亨德森 Fergus Henderson
加斯帕・卡巴雷洛・德・塞戈維亞 Gaspar Caballero de Segovia
尼古拉・埃利茨加德 Nicolai Ellitsgaard

6劃
艾倫・戴維森 Alan Davidson
艾雷茲・科馬羅夫斯基 Erez Komarovsky
米哈爾・艾維塔 Michal Evyatar
安東尼・鄧恩 Anthony Dunne
安卡・庫拉・辛 Onkar Kular Singh
西賽爾・道拉斯 Sissel Tolaas

7劃
克莉絲緹娜・阿加帕基斯 Christina Agapakis
克羅伊・盧澤威爾德 Chloé Rutzerveld
克里斯蒂娜・契卡 Krisztina Czika
佐藤大 Oki Sato

8劃
亞當・賽納 Adam Sayner
法蘭雀絲卡・尚博羅 Francesca Zampollo
奈莉・奧克斯曼 Neri Oxman

9劃
查爾斯・史賓斯 Charles Spence
哈利・帕爾 Harry Parr
英嘉・科諾克 Inga Knölke
約翰娜・西勒曼 Johanna Seelemann
約漢娜・易柏 Johanne Ib
約瑟夫・博伊斯 Joseph Beuys
柯特・凡・曼斯沃特 Koert van Mensvoort
保羅・比赫 Paul Pairet
保羅・史塔曼茲 Paul Stamets
威廉・吉布森 William Gibson

10劃
埃托雷・索特薩斯 Ettore Sottsass
馬蒂・吉塞 Martí Guixé
馬丁・格蘭 Martin Gran
馬丁・薩蒂 Martin Sati
特恩・範・德・庫肯 Teun van de Keuken

11劃
陳伯康 Aric Chen
荷莉・古朗德 Holly Grounds
梅登・利維 Meydan Levy
梅雷迪絲・米凱爾 Meredith Micale
麥克・李 Mike Lee

12劃
費南多・拉波斯 Fernando Laposse
費蘭・阿德里亞 Ferran Adrià
菲歐娜・拉比 Fiona Raby
凱夏・格萊特斯 Katja Gruijters
斯蒂凡諾・喬凡諾尼 Stefano Giovannoni
斯圖爾特・維斯 Stuart Vyse

13劃
愛德華・羅素 Edward Russell
路易吉・奧利維耶里 Luigi Olivieri
奧克塔維・羅菲斯 Octavi Rofes

14劃
瑪格麗特・米德 Margaret Mead
瑪萊雅・弗赫桑 Marije Vogelzang
福岡正信 Masanobu Fukuoka

15劃
歐默・波拉克 Omer Polak
潘蜜拉・霍華 Pamela Howard

17劃
邁克・利波德 Michael Lippold
賽門・西奈克 Simon Sinek

19劃以上
關・凡・德・史旺 Gwen van der Zwan
羅珊・布瑞南 Roxanne Brennen
露易絲・克諾伯特 Louise Knoppert

食物設計閱讀書單

食物設計真的是門大學問，在此提供一些我們嚴選與飲食系統或食物設計有關的書籍、專文或影片，也特別感謝香港的深食食物設計工作室整理、推薦相關書單。不妨選一本書，每天用吃一頓飯的時間抽空閱讀，開啟食物設計的旅程！

中文書單

余宛如 (2020)。《明日的餐桌》。
芭柏・史塔基 (2020)。《味覺獵人：舌尖上的科學與美食癡迷症指南》。
米歇耶拉・德蘇榭 (2020)。《爭議的美味：鵝肝與食物政治學》。
安東尼・鄧恩、菲歐娜・拉比 (2019)。《推測設計：設計、想像與社會夢想》。
麥可・波倫 (2019)。《雜食者的兩難：速食、有機和野生食物的自然史》。
查爾斯・史賓斯 (2018)。《美味的科學：從擺盤、食器到用餐情境的飲食新科學》。
黛安・艾克曼 (2018)。《感官之旅》。
碧・威爾森 (2017)。《食物如何改變人：從第一口餵養，到商業化浪潮下的全球味覺革命》。
丹・巴柏 (2016)。《第三餐盤》。
朱立安・巴吉尼 (2014)。《吃的美德：餐桌上的哲學思考》。
李清志 (2013)。《吃建築：都市偵探的飲食空間觀察》。
李欣頻 (2001)。《食物戀：李欣頻的30件飲食證據》。

外文書單

1. Ideas on food and eating

Marinetti, F. T. (1989). *The Futurist Cookbook*.
Stummerer, S., & Hablesreiter, M. (2013). *Eat Design*.
Stummerer, S., & Hablesreiter, M. (2020). *Food Design Small*.
Stummerer, S., & Hablesreiter, M. (2009). *Food Design XL*.

2. On food design

Guixé, M. (2015). *Food Designing*. Corraini Edizioni.
Vogelzang, M. (2008). *Eat Love*. Bis Publishers.
Zampollo, F. (2016). *What is Food Design? The complete overview of all Food Design sub-disciplines and how they merge*. Academia, https://www.academia. edu/30048438/What_is_Food_Design_The_complete_overview_of_all_Food_Design_sub-disciplines_and_how_they_merge.
Zampollo, F. (2015). Welcome to Food Design. *International Journal of Food Design*.
Zampollo, F. (2013). Introducing Food Design. In: Cleeren, S. & Smith, A. (Eds.) *Food Inspires Design*. Stichting Kunstboek.
Sweetapple, K., & Warriner, G. (Eds.) (2017). *Food Futures: Sensory Explorations in Food Design*.
Klanten, R., Ehmann, S., Moreno, S., Raymond, M., & Sanderson, C. (Eds.) (2009). *crEATe.: Eating, Design and Future Food*,

3. On human-food-interaction

Dolejšová, M. (2018). *Edible Speculations: Designing for Human-Food Interaction*. Doctoral dissertation, National University of Singapore.
Dolejšová, M. (2020). Edible Speculations: Designing Everyday Oracles for Food Futures. *Global Discourse*.

4. On speculative and critical design, discourse and communications

Dunne, A., & Raby, F. (2013). *Speculative Everything: Design, Fiction, and Social Dreaming*. MIT Press.
Malpass, M. (2017). *Critical Design in Context: History, Theory, and Practice*. Bloomsbury Publishing.
Ruiz, J. R. (2009). Sociological Discourse Analysis: Methods and Logic. In *Forum Qualitative Sozialforschung* (Vol. 10, No. 2).
Shannon, C. E. (2001). A Mathematical Theory of Communication. ACM SIGMOBILE *Mobile Computing and Communications Review*, 5 (1), 3-55.
Tharp, B. M., & Tharp, S. M. (2013). Discursive Design Basics: Mode and Audience. *Nordes*, 1 (5).

5. On food

The School of Life. (2019). *Thinking and Eating: Recipe to Nourish and Inspire*. The School of Life.
S. Q. Wang (Edt.). (2014). *Food Player*. Page One Publishing.

6. On the uncontrollable current

Taylor A. (Director). (2008). *Examined Life*. [Film; DVD release]
Human Library:
Martin and Sonja @ Honey and Bunny (pioneering food designer/ artist)
Martí Guixé (food design pioneer and multi-disciplinary designer)